Lothar de Maizière

Ich will, dass meine Kinder nicht mehr lügen müssen

Lothar de Maizière

Ich will, dass meine Kinder nicht mehr lügen müssen

Meine Geschichte der deutschen Einheit

Unter Mitarbeit von Volker Resing

HERDER

FREIBURG · BASEL · WIEN

2. Auflage

© Verlag Herder GmbH, Freiburg im Breisgau 2010
Alle Rechte vorbehalten
www.herder.de

Satz: Barbara Herrmann, Freiburg
Herstellung: fgb · freiburger graphische betriebe
www.fgb.de

Gedruckt auf umweltfreundlichem, chlorfrei gebleichtem Papier
Printed in Germany

ISBN 978-3-451-30355-5

Für Marianne
und alle, die mich ermutigt haben,
dies Buch zu schreiben

Inhalt

Vorwort von Michail Gorbatschow

IN DEUTSCHLAND UND in Russland ist Lothar de Maizière als eine hochkultivierte und reich begabte Persönlichkeit gut bekannt. Seinem Lebenslauf nach zu urteilen hat er sich nicht extra auf die Teilnahme an der „großen Politik" vorbereitet. Doch als es das Leben von ihm verlangte, den Posten des Regierungschefs der DDR zu übernehmen, hat er sich voll und ganz dieser Arbeit gewidmet, angetrieben von bürgerlicher Verantwortung und aufrichtigem Streben nach der Wiedervereinigung Deutschlands.

Nach dem feierlichen Staatsakt im Herbst 1990 begann der komplizierte Prozess des Zusammenwachsens von zwei Teilen Deutschlands, die weit auseinandergetrieben worden waren. Lothar de Maizières sachliche und objektive Bewertung der Vergangenheit und Gegenwart hilft, Wege zur Lösung von auftretenden Problemen zu finden, die so wenig schmerzlich und so gerecht wie möglich sind.

Im Verlaufe der letzten Jahre hatte ich das Glück, im Lenkungsausschuss des deutsch-russischen Forums *Petersburger Dialog*, wo wir beide Kovorsitzende waren, Hand in Hand mit Lothar de Maizière zu arbeiten. Die Aufgabe dieser gesellschaftlichen Organisation, die vom deutschen Bundeskanzler und vom russischen Präsidenten ins Leben gerufen wurde, ist es, die Annäherung von unseren Staaten auf dem Niveau der einfachen Menschen und deren Familien, der einzelnen Städte und Bürgergesellschaften zu fördern.

Mit Freude stellte ich fest, dass de Maizière ebenso wie ich von der absoluten Notwendigkeit und Fruchtbarkeit der guten Zusammenarbeit zwischen Russland und Deutschland nicht nur für unsere Länder, sondern auch für Europa und die ganze Welt überzeugt ist. Sein Beitrag zur Vertiefung und Verbesserung der Beziehungen zwischen Deutschen und Russen ist unschätzbar.

Auch seine menschlichen Qualitäten möchte ich hier nicht unerwähnt lassen. Lothar de Maizière ist eine in höchstem Maße moralische und anständige Persönlichkeit. Er ist ein feinfühliger und rücksichtsvoller Mensch, und dennoch handelt er unbeirrt und entschlossen, wenn es notwendig ist. Und immer handelt er prinzipienfest.

Ich bin froh, Lothar de Maizière meinen Freund nennen zu dürfen. Ich freue mich über sein Buch, das diese Zeit noch einmal lebendig werden lässt. Es ist dringend nötig, auch die Sicht von Lothar de Maizière auf die Ereignisse von 1989/90 zur Kenntnis zu nehmen, um ein umfassendes Bild von der Geschichte zu erhalten und daraus Rückschlüsse für die Zukunft zu ziehen.

Wie ich Politiker wurde

ICH WAR KEIN Politiker, und vielleicht bin ich es auch nie ganz geworden. In der Nacht vom 9. auf den 10. November 1989 saß ich in meiner damaligen Wohnung in der Nähe des Treptower Parks in Ostberlin vor dem Fernseher und sah, wie die Menschen von Ost nach West strömten und jubelten. Unvorstellbar: Die Mauer war gefallen. Weltgeschichte vor der Haustür. Und ich sollte am nächsten Morgen um 10 Uhr zum neuen CDU-Vorsitzenden der DDR gewählt werden. Erst ein paar Tage zuvor hatte ich meine Zusage gegeben. Jetzt befielen mich wieder Zweifel. War das die richtige Entscheidung? Der richtige Zeitpunkt? War das mein Weg? Erst Musiker und Anwalt, dann Politiker? Vor über 30 Jahren als 16-Jähriger war ich in die Blockpartei eingetreten, sicher auch aus Opportunismus, um den Fängen der SED zu entgehen. Was mich anzog war, dass es eine Partei mit dem christlichen „C" überhaupt gab. Doch nie zuvor hatte ich eine Funktion in der Partei gehabt. Meine Welt war die Kirche geworden, als Vizepräses der Synode des Bundes der Evangelischen Kirchen der DDR bewegte ich mich in einem teils kritischen, teils distanzierten Umfeld zum System und verstand mich doch eher als Teil der Opposition. In dieser Nacht, als alle feierten, ging mir das alles noch einmal durch den Kopf.

Am Abend des 9. November 1989 war ich in der Französischen Friedrichstadt-Kirche am Gendarmenmarkt. Dorthin hatte die evangelische Kirche eingeladen. Zu dieser durchaus ungewöhnlichen Veranstaltung, einer Art Vorläufer des Runden Tisches, waren erstmals sowohl Vertreter der alten Parteien gekommen, verächtlich auch Blockparteien genannt, als auch Vertreter aller neuen Gruppierungen, darunter Demokratie jetzt, Initiative

11

Frieden und Menschenrechte, Demokratischer Aufbruch, Grüne Liga und auch Vertreter der am 7. Oktober 1989 neu gegründeten SDP, wie sich die Sozialdemokratie damals noch nannte. Diesem für die DDR völlig neuen Zusammentreffen vorausgegangen war die mächtige Demonstration am 4. November 1989 – die auf dem Berliner Alexanderplatz –, wo Vertreter der verschiedensten Richtungen sich mit dem problematischen Zustand der DDR auseinandersetzten. Auch ich habe dort mit Kollegen gestanden und war überwältigt von der Stimmung. Danach war nichts mehr wie vorher.

Die Tagung in der Französischen Friedrichstadt-Kirche stand unter dem Motto „Wie weiter in diesem Land?". Anwesend war auch Konsistorialpräsident Manfred Stolpe. Er gehört sicher zu meinen wichtigsten Vertrauten auf dem öffentlichen Parkett der DDR. Ohne ihn hätte mein Weg in die Politik ganz anders ausgesehen. Ich kenne ihn seit Mitte der Siebzigerjahre. Schon bald, nachdem ich am 1. Mai 1976 als Anwalt zugelassen worden war, kam ich mit ihm in Kontakt, und er fragte mich, ob ich bereit sei, christliche Bürger, die sich Hilfe suchend an ihn bzw. an andere kirchliche Vertreter wenden würden, in rechtlichen Belangen zu vertreten. Ich entsinne mich, dass wir uns beide von Anfang an gut verstanden, dass die Chemie stimmte. Die uns beiden eigene Art, schnörkellos zu denken und zu argumentieren, nicht lange um eine Sache herumzureden, sondern schnell auf den Punkt zu kommen, hat uns, glaube ich, in besonderer Weise verbunden. Wir hatten beide ein besonderes Vergnügen daran, nicht nur strategische Ziele zu benennen, sondern auch eine Taktik zu ersinnen, wie diese am besten zu erreichen sind. Wir wussten halt, wie man in der DDR, wenn man durch die Vordertür nicht hineinkam, durch die Hintertür dennoch zum Ziel kam. Und in welchem Ministerium der DDR es die meisten Hintertüren gab, das wussten wir beide auch.

Moderiert wurde die Veranstaltung vom Superintendenten des Kirchenkreises Pankow-Weißensee Werner Kretschel, mit dem ich seit Jahren freundschaftlich verbunden bin. Die Kirche war voll besetzt, und es herrschte eine – man kann fast sagen – angeheizte Stimmung. Ja, man konnte es mit den Händen greifen, dass alle dachten, so kann es in diesem Land nicht weitergehen. Aber wie es weitergehen sollte, war allen noch ziemlich unklar. Die Französische Friedrichstadt-Kirche – von den Berlinern kurz Französischer Dom genannt – hat eine bekannt schlechte Akustik, so dass man nur dann verstanden wird, wenn man von der Kanzel spricht. Viele der Redner hatten, so auch ich, erhebliche Probleme auf eine Kanzel zu steigen. Zumindest waren politische Reden von der Kanzel für uns etwas relativ Neues.

Der Vertreter der SED, die sich damals noch nicht umbenannt hatte, scheute sich davor wie der Teufel vor dem Weihwasser. Ich war gebeten worden, dort erstmalig für die CDU zu sprechen. Gerald Götting, der langjährige Vorsitzende der ostdeutschen CDU, war am 2. November zurückgetreten oder besser gesagt, „zurückgetreten worden". Für den 10. November war

Am 9. November 1989 in der Französischen Friedrichstadt-Kirche

eine Sitzung des Hauptvorstandes einberufen worden, auf der ein neuer Vorsitzender der ostdeutschen CDU gewählt werden sollte. Ich war nun einer der Kandidaten, und insofern war es wohl folgerichtig, dass man mich bat, dort für die CDU zu sprechen. Die Redezeit war auf maximal fünf Minuten begrenzt, so dass ich mir sehr genau überlegte, welche Anliegen ich rüberbringen wollte. Zwei Gedanken waren es, die mir in besonderer Weise wichtig waren. Zum einen wollte ich deutlich machen, dass auch die CDU einen maßgeblichen Beitrag bei der Reformierung des Landes leisten will. Dabei will die CDU die Forderung aufnehmen, so formulierte ich, die Wochen zuvor auf der Synode des Bundes der Evangelischen Kirchen vom 15. bis 19. September 1989 in Eisenach aufgestellt worden waren. Diese Anbindung an die Kirchen schien mir für die CDU Glaubwürdigkeit zu garantieren. Zum anderen wollte ich klarmachen, dass die CDU diesen Beitrag nur dann leisten kann, wenn sie sich aus der babylonischen Gefangenschaft, das heißt der Umklammerung durch die SED, befreit. Mit diesen zwei Punkten, Bindung an kirchliche Positionen und Loslösung aus dem Block, habe ich schon zu diesem frühen Zeitpunkt klargestellt, auf welcher Seite die CDU meiner Ansicht nach fortan kämpfen müsse. Es ist ein besonderer Schnitt, der der CDU, anders als anderen Blockparteien, gelungen ist und der für den weiteren Verlauf entscheidend sein wird.

Ich habe bei meiner Rede im Französischen Dom, eigentlich meiner ersten im engeren Sinne politischen Rede überhaupt, zurückgegriffen auf die Thesen der Barmer Erklärung, auf die Thesen, die die Bekennende Kirche 1934 bei ihrer konstituierenden Synode in Barmen-Elberfeld aufgestellt hatte. Hier insbesondere auf die zweite These der Barmer Erklärung, in der es heißt: „Wir verwerfen die falsche Lehre, als gebe es Bereiche unseres Lebens, in denen wir nicht Jesus Christus, sondern anderen Herren zu eigen wären, Bereiche, in denen wir nicht der Rechtfertigung und Heiligung durch ihn bedürften."

In den sechs Thesen der Barmer Erklärung werden – jeweils gestützt auf ein Bibelzitat – positive Forderungen an die evangelische Kirche und an die evangelischen Christen gestellt, und diese werden jeweils kommentiert mit einer Verwerfungsklausel. Und gerade diese Verwerfungsklausel der zweiten Barmer These, dass wir eben nicht anderen Herren zu eigen wären, schien mir wichtig zu sein. Ob ich in der aufgeregten Atmosphäre mit diesen Ausführungen die Zuhörer erreicht habe, ist mir noch heute nicht gewiss. Sie waren aber für mich und mein Selbstverständnis, auch im Hinblick auf die Tatsache, dass am nächsten Tag möglicherweise ich zum neuen Vorsitzenden der ostdeutschen CDU gewählt werden würde, besonders wichtig. Viele mir bekannte Gesichter waren in der Kirche anwesend, die ich aus der kirchlichen Arbeit kannte. Ich erinnere mich unter anderem an Rainer Eppelmann, aber auch an Gerd Poppe von der Initiative Frieden und Menschenrechte. Im Ganzen herrschte aber weniger eine Aufbruchsstimmung als vielmehr eine ziemliche Bedrückung über die wahrgenommene Realität.

In diese Veranstaltung hinein kam ein junger Mann und verkündete, dass die Mauer offen sei. Zunächst herrschte ungläubiges Staunen. Doch er beteuerte, dass er dies aus dem Fernsehen oder aus dem Rundfunk erfahren habe und dass er davon ausgehe, dass die Mauer tatsächlich geöffnet ist. Zunächst herrschte ziemliche Unruhe und ich dachte, nun würden alle die Kirche verlassen. Werner Kretschel ermahnte jedoch alle Anwesenden zu bleiben. Zwei von den neuen Gruppen hätten noch nicht die Möglichkeit gehabt zu sprechen, deshalb wäre es unfair, jetzt zu gehen. Wir sollten uns noch die Zukunftsvorstellungen dieser beiden bisher nicht angehörten Gruppen anhören. Und so geschah es. Es mag aus heutiger Sicht merkwürdig erscheinen, aber es entsprach der hohen Disziplin, die die Menschen seinerzeit an den Tag legten. Nach dem Motto: Wir bringen diese Veranstaltung in der gewohnten, auch im kirchlichen Rahmen üblichen Ordnung zu Ende und werden dann weitersehen.

Nach dem Ende der Veranstaltung ging ich nicht wie alle anderen zur Mauer, sondern begab mich nach Hause. Die Rede, die ich für den Folgetag schon vorbereitet hatte, war nun überholt, die Realität war schneller. Ich musste mir etwas Neues einfallen lassen. Im Fernsehen sah ich dann die jubelnden Menschen, die über die Bornholmer Brücke strömten, die Trabbis, die dort fuhren und von den Westberlinern euphorisch begrüßt wurden. Ich gestehe, dass ich ein ambivalentes Gefühl hatte. Einerseits unendliche Freude, dass dieser Albtraum Mauer nach 28 Jahren vorbei war, und zum anderen die Befürchtung, dass doch noch das Chaos ausbrechen könnte, dass die politische Führung versuchen würde, diesen Vorgang rückgängig zu machen, dass Moskau sich anders äußern würde, als zu hoffen war. Dennoch war mir klar, dass eine neue Zeitrechnung beginnt, dass es zu Veränderungen kommen würde, wie wir sie in Jahren oder Jahrzehnten nicht erlebt hatten. Umso mehr befielen mich Zweifel, ob es richtig sei, mich am Folgetag der Wahl zum Parteivorsitzenden der ostdeutschen CDU zu stellen. Doch ein Zurückweichen konnte es nicht mehr geben, so sagte ich mir. Inzwischen hatte ich schon zu viele Rückmeldungen aus einzelnen Orts- und Kreisverbänden der CDU bekommen, die ihre Hoffnungen auf eine Erneuerung der Partei und eine Rückbesinnung auf ihre ursprünglichen Werte setzten.

Zu dem Zeitpunkt war ich im normalen Leben Anwalt, verteidigte viele Oppositionelle und viele so genannte Republikflüchtlinge. Und doch kam ich nicht heraus aus den Zwängen des SED-Staates mit seinen Sonderregeln, war natürlich auch Teil des Justizbetriebs mit seinen Willkürakten und nicht rechtsstaatlichen Vorgehensweisen. Ich hatte in meiner Anwaltstätigkeit regelmäßig mit der Staatssicherheit zu tun. Inoffizieller Mitarbeiter war ich nie, auch wenn die Stasi mich möglicherweise unter dem Decknamen „Czerni" geführt haben sollte. Mit meiner späteren politischen Tätigkeit verband sich bei meinen Kritikern das große ideologische Missverständnis, man könnte mir anhand von Blockpartei und Stasi-Aktenfunden eine irgendwie geartete geistige oder praktische Kollaboration mit dem System nachweisen. Es gab einige Anhänger dieser Sichtweise und manche hängen ihr auch heute, 20 Jahre nach Mauerfall und Wiedervereinigung, noch an. Alles das ahnte ich in jener Nacht vom 9. auf den 10. November 1989 vielleicht tief im Unterbewusstsein, aber ich wusste es natürlich nicht, als ich entschied, in das politische Geschäft einzusteigen.

CDU-Vorsitz, was bedeutete das? Was war die CDU, außer einer Marionette? Wie war die Ausgangslage? Darüber machte ich mir in dieser Nacht Gedanken. Zunächst war für die neu entstandene DDR-Opposition Ende 1989 natürlich die klare Abgrenzung zu den Blockparteien wichtig. Aus ihrer Sicht mussten die Mitläufer im System die Feinde der Revolution sein. Merkwürdigerweise waren dann die inhaltlichen Ziele der Revolutionäre bisweilen „sozialistischer" und ähnelten dem ideologischen Fundus des bekämpften Regimes mehr, als sie vielleicht meinten. Dann gab es bei einigen Westdeutschen den Wunsch, nicht den Fehler der 50er Jahre zu wiederholen und Täter laufen zu lassen bzw. große Teile der alten Nomenklatur in die demokratische Gesellschaft zu übernehmen. Das konnte ich noch nicht ahnen. Auch die Strategie einer sich wandelnden SED konnte ich nicht voraussehen. Es bildete sich Ende 1989/Anfang 1990 bei der neuen PDS der Wunsch heraus, die Aufarbeitung der Diktatur zu kanalisieren, deswegen schien die Konzentration auf die Stasi sinnvoll, da diese Debatte bis heute ablenkt von der SED selbst. Die DDR war eine Parteidiktatur, die Stasi war da nur Helfer. Und schließlich gab es natürlich bei den „siegreichen" Anti-Kommunisten im Westen den Wunsch, endlich Köpfe rollen zu sehen. Der Sieg der Freiheit sollte kein Durchwursteln derer erlauben, die nicht für die Freiheit gekämpft hatten. Hätte ich es gewusst, hätte ich vielleicht noch vorsichtiger agiert. Ich hatte also, bedingt durch meine Ausgangslage, durchaus an mehreren Fronten mit Gegnern zu tun, bisweilen ohne es zu wissen.

In dieser Nacht des 9. November 1989, als die Mauer fiel, war das alles so noch nicht klar zu sehen. Dennoch grübelte ich darüber nach, was auf mich zukommen würde. Ich war Vizevorsitzender des Berliner Anwaltskollegiums, also doch mit einer gewissen Führungsposition in dem wenig geliebten DDR-Gemeinwesen versehen. Was sollte meine Rolle jetzt sein in dieser Umbruchsituation, in der ja noch nichts klar war? Es war nicht klar, dass die DDR am Ende sein würde, auch nicht, dass die SED ihren Führungsanspruch aufgeben würde, schon gar nicht war klar, dass die gerade begonnene Revolution erfolgreich sein und unblutig weitergehen würde. Der ökonomische und auch ökologische Abgrund, vor dem die DDR stand, war keineswegs allgemein bekannt. Noch standen die Soldaten der Weltmacht Sowjetunion, deren Zerfall noch keineswegs absehbar war, in der DDR, noch war alles offen. Ich wusste in dieser Nacht, dass der Veränderungsprozess in der DDR unumkehrbar sein würde. Was ich nicht wusste war, dass sich in dieser Nacht die Welt veränderte, der Kalte Krieg vorbei sein und eine neue Weltordnung sich herausbilden würde.

Es war weit nach Mitternacht. Das Fernsehen sendete Sondersendungen. Natürlich war nicht absehbar oder auch nur denkbar, dass ausgerechnet die Spitze der Ost-CDU die günstigste Machtperspektive für die Umgestaltung und Demokratisierung der DDR und die Schaffung der Deutschen Einheit bieten würde. Die Vorstellungen von einem veränderten Sozialismus, die viele der Menschen in den neuen Gruppen im Kopf hatten, lagen mir eher fern. Und er lag auch einer Mehrheit der DDR-Bürger fern. Das dämmerte mir damals schon. Ich kannte einige Bürgerrechtler aus den Prozessen, in denen ich Oppositionelle verteidigt hatte, ich kannte ihren blühenden Idealismus. Was genau aber in der wackeligen Situation, in der sich das DDR-Regime Ende 1989 befand, zu erreichen sein würde, war noch nicht entschieden. Ungewissheit war die Stimmung der Stunde.

„Ich will, dass meine Kinder in der Schule nicht mehr lügen müssen." Das hatte ich zu Bischof Gottfried Forck gesagt, als ich ihm ein paar Tage zuvor um Rat gefragt hatte. Dass es keine zwei Wahrheiten mehr gibt, eine für zuhause und eine für draußen. Forck kannte mich gut und lange. Ihm konnte ich mich anvertrauen. Wir hatten ausführlich darüber gesprochen, ob es gehe, dass ich den CDU-Vorsitz übernähme, ob es klug sei, dies zu tun. Und welche Erfolgsaussichten es gebe, Partei und Staat zu verändern. Forck fragte auch, ob ich, wenn „die Verkrustungen wieder zuwüchsen" – ich erinnere mich genau an seine Formulierung –, wohl in meinen Anwaltsberuf zurückkehren könne. Er war auch ein praktisch denkender Seelsorger und fragte nach dem Verdienst im CDU-Vorsitz. Er wollte testen, ob ich finanzielle Interessen hätte. Doch darum ging es natürlich nicht. In der Summe sprachen viele politische Gründe dagegen, das Amt anzunehmen. Als ich dann das mit den Kindern und dem Lügen gesagt hatte, schaute mein Bischof mich überrascht an. „Wenn Sie die Hoffnung haben, dass dies gelingen kann, dann haben Sie keine andere Wahl und müssen es machen."

Es gab einen zweiten, den ich um Rat fragte. Es war mein Freund Gregor Gysi. Er war mein juristischer Kollege, SED-Mitglied, Vorsitzender des Rechtsanwaltskollegiums und mein Freund. Ich war sein Stellvertreter. Es war das erste Mal, dass ein CDU-Mann so eine Funktion innehatte. Um zu gewährleisten, dass bei Abwesenheit von Gysi auch ein SED-Mann zur Verfügung stand, musste deswegen ein zweiter Stellvertreter-Posten geschaffen werden.

In der Debatte um die Blockparteien wird heute 20 Jahre danach vieles schief betrachtet. Natürlich war die CDU keine Oppositionsgruppe, sie hat in der DDR mitgemacht. Und doch hatte sie in der Parteidiktatur des Arbeiter- und Bauernstaates nie wirklich Macht. Auch wenn sich die Posten noch so wichtig anhörten. Selbst CDU-Minister wussten meist weniger als ihre eigenen SED-Staatssekretäre. Es war in der Regel eine organisierte Staffage. Auch das ist eine Wahrheit. Aber vielleicht ist viel wichtiger zu erkennen, dass im Sozialismus nicht nur Kumpanei und

Korruption existierten, sondern ebenso Freundschaft und Respekt. Auch zwischen SED-Mitgliedern und anderen Menschen. Wer die DDR verstehen will, muss das begreifen. Meine gute Beziehung zu Gregor Gysi gehört also sicher ganz wesentlich zu meiner Geschichte als Politiker. Und wer daraus schon ableitet, dass ich sicher Stasi-Spitzel gewesen sei, der verweigert sich der sachlichen Betrachtung von historischen und persönlichen Vorgängen. Und wie beides zusammenhängt. Für die Revolution war das Freund-Feind-Denken wichtig, ein Glücksfall ist es immer, wenn man auf der Gegenseite auch jemanden hat, mit dem man reden kann. Auch das gehört dazu, damit eine Revolution friedlich bleibt. Und es ist nie selbstverständlich, dass kein Blut fließt, wenn die Nomenklatura ihre Macht abgeben soll.

Alles das konnte ich natürlich nicht wissen, als ich Gregor Gysi fragte, ob ich denn gegebenenfalls in die Anwaltstätigkeit zurück könnte nach einer Tätigkeit als CDU-Vorsitzender. Was er mir denn überhaupt raten würde? Er machte mir Mut und riet mir dazu, das Parteiamt zu übernehmen. Dann wisse er wenigstens, dass dort jemand sitze, mit dem man sprechen könne. Wir haben uns dann in den kommenden Wochen und Monaten auch politisch hart bekämpft. Sicher hatte er Anfang November 1989 noch nicht geahnt, wie schnell auch er an die Spitze seiner Partei kommen würde. Aber im Dezember rief er mich an und fragte, ob er PDS-Vorsitzender werden solle. Auch ich empfahl ihm, das Amt anzunehmen.

Vor Jahren schrieb Gregor Gysi in einem Buch, mir sei es offensichtlich noch weniger gelungen, meinen Parteifreunden klarzumachen als ihm den seinen, warum wir miteinander befreundet seien. Doch muss man es überhaupt erklären, ist man anderen gegenüber rechenschaftspflichtig darüber, wem man sich als Freund verbunden fühlt? Ich denke, nein. Gregor und ich lernten uns 1975 kennen. Er war schon sehr jung – ich glaube mit 23 Jahren – Anwalt geworden, ich kam erst im Alter von 35 Jahren in diesen Beruf, nachdem ich zuvor meinen Musikerberuf aufgegeben hatte. Wir fanden einander sympathisch, aber zunächst war unser Verhältnis mehr ein Konkurrenzverhältnis. Er, der Jüngere, war schon ein erfolgreicher Anwalt, ich wollte erst ein solcher werden. Er galt als juristischer Überflieger, musste allerdings zur Kenntnis nehmen, dass mir wegen guter Leistungen das ansonsten ein Jahr dauernde Assistenzjahr verkürzt und ich vorzeitig zum Anwalt zugelassen wurde.

Wenn wir – was nicht ausbleiben konnte – Gegner waren, versuchten wir mitunter weit über das notwendige Maß hinaus, die Interessen unserer Mandanten zu vertreten. Es gab Kollegen, die meinten, man könne für unsere Verhandlungen Eintrittskarten verkaufen. Diese Konkurrenz, die zwar nie ganz endete, machte dann einem ruhigeren freundschaftlichen Nebeneinander Platz. Wir haben viele gute Gespräche geführt und waren dankbar, dass sich diese nicht nur auf unseren Beruf bezogen. Gregor war neben dem Beruflichen an literarischen Fragen interessiert, an gesellschaftlichen und letztendlich auch an politischen. Er respektierte an mir meine Liebe zur Musik und letztlich wohl auch, dass ich bemüht war, mein Christsein ganz bewusst zu leben und nicht der allgemeinen Ideologie zu folgen. Im Laufe der Jahre haben wir auch mehrere sehr große und komplizierte Verfahren miteinander als Verteidiger bearbeitet. Dabei kamen uns unsere wechselseitigen Begabungen zugute. Er war mit Sicherheit derjenige, der am Ende des Verfahrens besser plädieren konnte. Dass unsere gemeinsame Arbeit für unsere Mandanten nützlich war, lag auch daran, dass ich in aller Regel die bessere Aktenkenntnis hatte. Im Jahre 1982 verbrachten wir zusammen eine Woche Winterurlaub auf meinem damaligen Wochenendgrundstück und haben uns in dieser Woche fast ausschließlich gestritten über weltanschauliche Fragen und insbesondere über politische Fragen. Ich weiß noch, dass ich wutentbrannt sagte: „Deine Partei und dieser Staat werden noch mal an ihrer Kulturlosigkeit verrecken." Was ihn zu der Antwort veranlasste: „Das sagen nur solche Leute wie Du, Du bist ja ein bourgeoises Fossil." Das musste ausgerechnet er sagen, der aus einer jüdisch-intellektuellen bürgerlichen Familie stammt. Wenn auch von unterschiedlichen Warten aus, haben wir uns an den Unzulänglichkeiten des uns umgebenden Regimes gerieben. Wir kämpften für die Einführung einer Verwaltungsgerichtsbarkeit in der DDR, oder stritten dafür, dass das Steuersystem reformiert werden sollte. Letztlich haben wir zusammen einige Zeit das Berliner Anwaltskollegium geleitet. Er war für die Außenvertretung zuständig. Ihm gelang es, durch seine guten Beziehungen den Einfluss von Staat und Partei auf die anwaltliche Tätigkeit weitgehend abzuwehren und so die Unabhängigkeit des Berufsstandes zu verteidigen. Ich hingegen war für die ökonomische und arbeitsorganisatorische Seite des Kollegiums der Rechtsanwälte in Berlin verantwortlich.

Ich glaube, diese Arbeitsteilung war für unsere Kollegen durchaus vorteilhaft. Im Herbst 1989 haben wir noch gemeinsam ein Reisegesetz entworfen. Unser Entwurf ging im Übrigen noch über das hinaus, was Schabowski am 9. November 1989 verkünden sollte. Doch ein Reisegesetz konnte dann glücklicherweise gar nicht mehr umgesetzt werden, da die DDR über Nacht durch die Öffnung der Mauer schlicht die Autorität über die Grenze verloren hatte. Als wir uns beide ermutigten, jeweils in unseren Parteien aktiv zu werden, waren wir uns einig, dass wir nun unsere politischen Unterschiede wohl würden austragen müssen. Aber wir versprachen uns in die Hand, dies nicht persönlich zu tun, sondern jeweils an der Sache orientiert. Wir sind beide noch heute stolz, dass uns dies gelungen ist.

Am 2. März 1990, mitten im Wahlkampf, wurde ich 50 Jahre alt, und ich hatte angesichts dieser Situation nicht die Größe, Gregor zu meinem Geburtstag einzuladen, so wie ich es in all den Vorjahren getan hatte. Gregor schrieb mir damals – und ich weiß, wie lästig ihm dies ist – einen handschriftlichen Brief, in dem er sinngemäß ausführte, dass die ganze Politik es nicht wert sei, ihretwegen unsere Freundschaft aufs Spiel zu setzen.

7. Mai 1990: In wenigen Minuten beginnt das Wahlstudio im Palast der
Republik zu den Kommunalwahlen in der DDR am 6. Mai. Gregor Gysi und
Lothar de Maizière kurz vor der Veranstaltung.
BArch, Bild 183–1990–0507–310 / Bernd Settnik

Dann wäre es schon besser, wir beide gäben die Politik auf. Ich
weiß, dass Gregor mir inzwischen diesen Kleinmut verziehen
hat, wie ich ihm das Wort vom „bourgeoisen Fossil". Als ich vor
einigen Jahren einen runden Geburtstag hatte, hielt er eine kleine Rede und sagte sinngemäß, er könne sich zwar nicht daran
erinnern, mich „bourgeoises Fossil" genannt zu haben, sei aber
dankbar dafür, dass im Jahr 1990 nach der ersten freien Volkskammerwahl noch so ein „bourgeoises Fossil" in der DDR he-
rumgestanden hätte und in die Pflicht gegangen wäre. Unsere
beiderseitigen Entwicklungen in der Politik haben wir nie ganz
verstanden. Er mag mir das Konservative nicht ganz abnehmen,
während ich manchmal Zweifel daran habe, dass die von ihm so
vehement vorgetragenen linken Positionen aus der Tiefe seines
Herzens stammen. Wir sehen uns heute viel zu selten, doch
wenn wir uns treffen, ist der Gesprächsfaden ohne Schwierigkeiten wieder aufgenommen. Wir sind beide davon überzeugt,

23

dass – wenn es der Ernstfall erforderte – wir uns aufeinander verlassen könnten.

In der Nacht des Mauerfalls blieb ich dann auch bei meiner Entscheidung und schrieb meine Rede neu. Ich hatte das Gefühl, die CDU der DDR müsse jetzt aus ihrem Dornröschenschlaf aufwachen, sich zu ihrer politischen Schuld in der Diktatur bekennen, aber gleichzeitig ihren Beitrag zur Erneuerung des Landes leisten. Mir schien, dass gerade der CDU diese Rolle zuwachsen könnte. Weil sie weder identisch mit der SED war, aber auch nicht zur Opposition zählte, könnte sie die vermittelnde Rolle spielen mit dem Ziel, die Demokratie zu erreichen, ohne dass zuvor Chaos ausbrechen und die Revolution noch scheitern würde. Das war meine feste Überzeugung, danach habe ich gehandelt. Am 10. November wachte die noch geteilte Nation auf und wusste nicht, was los war. Natürlich ging es mir auch so. Und doch übernahm ich den Vorsitz der DDR-CDU mit dem guten Gefühl, es müsse sich eben doch etwas bewegen lassen. Das erste Missverständnis aber, das an diesem Tag geboren wurde, war, dass ich ein Mann der Blockpartei sei. Es gehörte zu den wichtigsten Zielen der ersten Wochen, die Partei aus dem Block herauszuführen.

Mit diesem Tag, dem 10. November, begann meine aktive politische Zeit. Sie sollte gut ein Jahr dauern. Nicht mehr, aber auch nicht weniger. Ein Jahr für die Geschichtsbücher. Es war auch ein Jahr der Missverständnisse. In der Zeit war ich Regierungschef der demokratischen „Deutschen Demokratischen Republik", ich war vorher Mitglied im Kabinett der Übergangsregierung des Übergangssozialisten Hans Modrow, und ich war nachher Mitglied im Kabinett von Bundeskanzler Helmut Kohl. Es war die DDR, die unter meiner Führung der Bundesrepublik beitrat und damit ihre eigene Staatlichkeit aufgab und die Einheit Deutschlands ermöglichte. Es war die letzte demokratisch gewählte DDR-Regierung, die den Warschauer Pakt gemeinsam mit den neuen demokratisch gewordenen Partnern auflöste und den Zwei-plus-Vier-Vertrag unterschrieb und damit den Kalten Krieg beendete. Eine andere Regierung hätte auch anderes entscheiden können. Die Bürger der DDR haben in freien Wahlen sich für die Demokratie, die soziale Marktwirtschaft und die Deutsche Einheit entschieden. Das ist nicht in Bonn geregelt worden. Die DDR hat deutsche Geschichte geschrieben, nicht nur 1989 in den Demonstrationen, auch 1990 in einer entstehenden Demokratie. Damit es so kommt, bin ich in die Politik gegangen.

Bis zum Mauerfall:
Das lange Ende der DDR

IMMER WIEDER WIRD die Frage gestellt, wann denn wohl der Beginn der friedlichen Revolution in der DDR war. Dies lässt sich nicht mit Sicherheit beantworten. Vielmehr muss man versuchen, dies einzuordnen in die Geschichte der DDR, in der es immer wieder Zeiten gab, in denen die Kritik und die Auflehnung gegen das System heftiger waren als in anderen Phasen. Vom 9. bis zum 12. Juli 1952 fand in Berlin die 2. SED-Parteikonferenz statt, auf der beschlossen wurde, in der DDR den Sozialismus zu errichten. Dazu sei es notwendig, so führte man aus, das Prinzip des demokratischen Zentralismus im Lande durchzusetzen. Dieses Prinzip beinhaltete, dass alle Entscheidungsfunktionen in einem einzigen Machtzentrum, dem Politbüro des Zentralkomitees der SED, zusammengefasst wurden und alle nachgeordneten Einrichtungen zu reinen Befehlsempfängern degradiert wurden.

Eine willfährige Volkskammer beschloss bereits am 23. Juli 1952 ein Gesetz mit dem Titel „Gesetz über die weitere Demokratisierung des Aufbaus und der Arbeitsweise der staatlichen Organe in den Ländern in der Deutschen Demokratischen Republik". Mit diesem Gesetz wurde die Länderstruktur in der DDR – so wie sie in der Nachkriegsordnung entstanden war und so wie sie in der Verfassung vom 7. Oktober 1949 festgeschrieben war – aufgelöst, und das Land wurde in 15 Verwaltungsbezirke eingeteilt. Gleichzeitig wurde die auf den Stein-Hardenbergschen Reformen beruhende kommunale Selbstverwaltung zerschlagen und die Kommunen ebenfalls zu Befehlsempfängern degradiert.

Diese 2. SED-Parteikonferenz und die daran anschließenden Restriktionen bis hin zu eklatanten Normerhöhungen führten dazu, dass das SED-Regime in inhaltliche Kritik geriet. Die Führung wurde nach Moskau berufen und zur Mäßigung ermahnt, dennoch kam es zu den Normerhöhungen, die dann zu dem Volksaufstand vom 17. Juni 1953 führten. Was zunächst wie ein reiner Tarifstreik aussah, wuchs sich aus zu einem Widerstand des gesamten Volkes. Erstmalig wurden Forderungen nach freien Wahlen und nach der Herstellung der Einheit Deutschlands erhoben. Wir wissen, wie dies endete. Über Jahrzehnte hinweg wurde dieser mutige Volksaufstand, der vielen Menschen das Leben und die Freiheit kostete, als Konterrevolution bezeichnet, als vom Westen initiiertes Machwerk, der wahre Volkswillen wurde negiert. Ich erinnere mich persönlich, wie ich als Schüler hinter dem Protestzug am 17. Juni mitgelaufen bin, von Treptow bis zum Alexanderplatz. Dort waren die Straßen schon aufgebrochen und die Pflastersteine flogen in Richtung Polizei. Ich hab einfach mitgemacht, doch ich zielte nicht weit genug und traf die eigenen Leute. So richtig politisch war das noch nicht. Schnell haben die Älteren mich nach hinten gedrängt, aus der Gefahrenzone weg, da durfte ich nur noch Steine anreichen. Dann bin ich nach Hause gegangen. Unterwegs im Park Schlesischer Busch, an der Grenze zum westlichen Neukölln, fand ich die Uniform eines Volkspolizisten. Die hatte ein Beamter wohl überstürzt ausgezogen und weggeworfen, bevor er in den Westen floh. Ich nahm sie mit nach Hause zum großen Ärger meines Vaters. Der hat sie dann nachts im Treptower Park entsorgt. Auch deswegen war ich am 17. Juni 1990 so bewegt, als wir als freie DDR-Regierung erstmalig im Schinkelschen Schauspielhaus am Gendarmenmarkt in Berlin eine Feierstunde anlässlich dieses Tages durchführen konnten. Die Ereignisse des 17. Juni 1953 haben die Menschen in der DDR über Jahre, wenn nicht über Jahrzehnte hinweg tief traumatisiert, zumal sie erleben mussten, wie gleichartige Bestrebungen 1956 in Ungarn oder 1968 in Prag erfolglos blieben. Gerade meine Generation hat 1968 mit besonderer Aufmerksamkeit die Vorgänge in der Tschechoslowakei verfolgt. Wir alle in der DDR, so auch ich, waren mit einer gewissen Kapitalismuskritik groß geworden. Wir glaubten oder hofften, dass es einen dritten Weg geben müsse, zwischen dem ineffektiven, administrativen, planwirtschaftlichen System und einer freien Marktwirtschaft, die, wie wir glaubten, im Westen vorherrschte. Die Ideen des tschechischen Reformers Ota Sik haben uns sehr begeistert und gefangen gehalten. Am Bahnhof Friedrichstraße in Berlin befand sich der Tschechische Pavillon. In dem Notbau wurden Produkte aus der Tschechoslowakischen Republik verkauft, Schallplatten von der Firma Supraphon, Bücher des Prager Artiaverlages und Ähnliches mehr. Ab Frühjahr 1968 erschien jeden Morgen die „Prager Volkszeitung", eine deutschsprachige Zeitung, in der die Theorien von Ota Sik ausgebreitet wurden. Diese Zeitung konnte dort kostenlos bezogen werden, solange der Vorrat reichte. Jeden Morgen bin ich deswegen zum Bahnhof Friedrichstraße gefahren, um ein Exemplar zu ergattern. Umso entsetzter war ich, als sich die Sache im Sommer 1968 zuspitzte. Ich erinnere mich noch, wie Alexander Dubcek in die Sowjetunion einbestellt wurde und wir alle fürchteten, dass er nicht zurückkehren würde. Das Ende des Prager Frühlings, der eben nur bis zum Sommer gereicht hatte und der den Namen von einem alljährlich in Prag stattfindenden Musikfestival übernommen hatte, hat uns alle tief betroffen gemacht.

Damals traten sogar SED-Genossen aus der Partei aus, um einen anderen Weg zu suchen. Auch für mich war dieses Ereignis von einschneidender Bedeutung, zumal ich mich gerade neu orientierte. Meinen geliebten Musikerberuf musste ich aus gesundheitlichen Gründen aufgeben. Ich hatte mich entschlossen, der Familientradition folgend, ein Jura-Fernstudium an der Humboldt Universität Berlin zu beginnen. Seit die de Maizières sich in Berlin als verfolgte Hugenotten niedergelassen hatten, waren sie Juristen geworden. Mein Vater, Clemens de Maizière, war dann in der DDR einer der wenigen Anwälte, die nicht in der

SED waren, sondern Mitglied der CDU. Den Jura-Studienplatz bekam ich, weil man in der Führung der CDU wollte, dass ich seine Stelle einnähme. Später war ich dann tatsächlich auch, nach dem Tod meines Vaters, der einzige CDU-Anwalt in der Hauptstadt der DDR. In den 70er Jahren gründete sich die Charta 77 in der Tschechoslowakei, und neue Hoffnungen kamen mit dem Entstehen der Solidarnosc in Polen auf. Die Tatsache, dass es einen Zusammenhang gibt zwischen der Wahl von Karol Wojtyła zum Papst und der Entstehung der Solidarnosc-Bewegung, war augenfällig. Die Haltung des Westens bei dieser wie bei allen früheren Freiheitsbewegungen, aber auch bei dem Bau der Berliner Mauer 1961 war die, dass ihnen offensichtlich die Aufrechterhaltung des Status quo wichtiger war als eine wirksame oder zumindest starke moralische Unterstützung dessen, was dort in den östlichen europäischen Ländern passierte. Die Proteste des Westens gegen Repressalien wurden von uns zunehmend mehr als Lippenbekenntnisse denn als echte Empörung und echte Solidarität mit den Protestierenden verstanden. Vielleicht war es auch diese Haltung des Westens, die uns immer mehr zu der Überzeugung gelangen ließ, dass eine Systemüberwindung nicht möglich sei, sondern dass wir geduldig auf Veränderungen innerhalb des Systems, auf Reformen setzen und hoffen müssten.

Anfang der 80er Jahre hatten ich und mit mir viele andere das Gefühl, dass der Boden zu schwanken anfing, dass das Eis, auf dem wir standen, brüchig wurde, dass es so auf keinen Fall weitergehen könne. Über diese Tatsache waren wir uns alle einig, wussten aber keinen Ausweg. Das Gefühl der Resignation, so wie es sich nach dem Mauerbau 1961 ergeben hatte, wurde wieder übermächtig und führte dazu, dass sich immer mehr Menschen in der DDR innerlich vom Staat verabschiedeten. Mit dem Beginn der 80er Jahre begann auch das Bestreben vieler Menschen, die DDR auf legalem Wege zu verlassen, das heißt diese Menschen stellten Ausreiseanträge, gestützt auf die entsprechende UNO-Konvention vom 1966, der die DDR beigetreten war, deren Forderungen sie aber nie in binnenstaatliches Recht transformiert hatte.

1984 hat die DDR kurz entschlossen rund 20.000 Ausreiseantragsteller aus der Staatsbürgerschaft der DDR entlassen. Das Regime hatte damit wohl offensichtlich die Hoffnung verbunden, dass die Nörgler so verschwinden würden und man nunmehr wieder Ruhe hätte. Das Gegenteil trat ein. Die Tatsache, dass man Menschen entlassen hatte, führte dazu, dass erneut andere solche Anträge stellten. Zeitgleich begannen aber Gruppen von Menschen, die in der DDR bleiben wollten, die dieses Land verändern wollten, aktiv zu werden. Sie stellten Fragen nach dem Zustand der Wirtschaft, Fragen nach dem Zustand der Umwelt, nach Gerechtigkeit. In den Kirchen wurde diskutiert über das, was man den konziliaren Prozess für Gerechtigkeit, Frieden und Bewahrung von Gottes Schöpfung genannt hat.

Wir waren es in der DDR gewohnt, nach Moskau zu schauen, wenn wir Fragen an die Zukunft stellten. In Moskau residierte seit ewigen Zeiten Leonid Breschnew. Er wurde abgelöst von Andropow, einem Geheimdienstmann, der aber nur kurz regierte. Ihm folgte Tschernenko, ebenfalls ein Greis, der kaum handlungsfähig wirkte. Umso befreiter waren wir, als bei dem März-Plenum 1985, genau am 11. März 1985, Michail Sergejewitsch Gorbatschow zum Generalsekretär des Zentralkomitees der KPdSU gewählt wurde. Erstmalig war ein „junger" Mann – ein Mann in den Fünfzigern, ein Mann, den man im Westen schon kannte, der redegewandt, der ideensprühend war – an die Spitze der Bewegung gestellt worden. Seine Worte „Glasnost" und „Perestroika" waren für uns reine Zauberworte, versprachen sie doch Transparenz der Gesellschaft und einen Umbau derselben an Haupt und Gliedern. Diesen Worten folgten bald auch Taten, so zum Beispiel, dass der Regimekritiker Sacharow aus der Verbannung zurückkehren durfte, dass 20.000 Sowjetsoldaten aus der DDR abgezogen werden sollten und dass offensichtlich die Pressefreiheit in der Sowjetunion Einzug hielt.

Manches von dem dort Gedruckten konnten wir im „Sputnik" nachlesen. Der „Sputnik" war ein kleines Magazin, das aus heutiger Sicht harmlos erscheinen mag. Von den Machthabern in der DDR aber wurde es als bedrohlich angesehen und deshalb verboten, was zu einem empörten Aufschrei der Bevölkerung führte. Das Buch „Perestroika" erschien zuerst nicht in der DDR, sondern in Westdeutschland. Ich habe über kirchliche Kanäle ein Exemplar erhalten – und gelesen. Erst nach langem Zögern entschloss man sich in der DDR, es nachzudrucken. Gewissenhaft habe ich verglichen, ob möglicherweise in der DDR-Ausgabe wesentliche Passagen gestrichen sein könnten, was aber offensichtlich die DDR nicht mehr wagte. Jahrzehntelang hatten wir gelernt: „Von der Sowjetunion lernen, heißt siegen lernen." Nun sollte dies auf einmal nicht mehr wahr sein.

Ich entsinne mich, dass wir vom Berliner Anwaltskollegium aus eine Veranstaltung im Haus der sowjetischen Kultur in der Friedrichstraße besuchten, wo uns ein tadellos deutschsprechender russischer Funktionär die Ideen von Glasnost und Perestroika erläuterte, insbesondere darauf hinwies, wie diese das gesamte neue Denken, Handeln und Wirken der KPdSU durchziehen sollten. Die Gerontokratie des Politbüros der SED der DDR reagierte darauf ablehnend, bockig und verächtlich. Jedem DDR-Bürger wird das Wort von Kurt Hager, dem Ideologiechef, noch in Erinnerung sein, dass man nicht tapezieren müsse, wenn der Nachbar auch tapezieren wolle. Dieses Wort hat Kurt Hager den Beinamen „Tapetenkutte" eingetragen. Dieses Verhalten der Führungsspitze der SED hatte meiner Meinung nach mehrere Folgen: zum einen konnte ich beobachten, wie es innerhalb der SED zu einem Prozess der Entsolidarisierung der Genossen von ihrer eigenen Partei kam. Immer mehr Genossen äußerten sich zunächst hinter vorgehaltener Hand, später offen kritisch über den Weg der SED. Dies umso mehr, als sie sahen, wie die Bevölkerung sich immer stärker von diesem Staat abwandte, weil sie für sich und ihre Kinder keine Zukunft mehr in diesem Lande sahen. Die Ausreiseproblematik nahm aus Sicht des Regimes bedrohliche Formen an. Zunächst versuchte man, darauf mit Druck zu reagieren. Menschen, die einen Ausreiseantrag gestellt hatten, wurden isoliert. Sofern sie leitende Funktionen innehatten, wurden sie aus ihren Arbeitsrechtsverhältnissen entfernt. Einige drängte man in die Kriminalität ab. Kindern wurden die Ausbildungschancen verwehrt. Kurz: Das ganze Instrumentarium von Repressionen wurde angewandt. Später glaubte man, eine Rückgewinnungsstrategie an den Tag legen zu müssen, was jedoch daran scheiterte, dass man die zuvor ausgesprochenen Repressionen nicht zurücknahm.

Die ganze Schizophrenie der Situation zeigte sich darin, dass viele die Lage erkannten, nur in der Führungsspitze eine völlige Realitätsverweigerung herrschte. 1987 sprach bei einer Veranstaltung des Berliner Rechtsanwaltskollegiums eine Soziologie-Professorin der Berliner Humboldt Universität zu uns. Sie stellte uns ihre neue Studie zum gesellschaftlichen Zustand der DDR vor. Nüchtern und offen beschrieb sie die Spannungen in der Gesellschaft, die zum Teil in ökonomischen Gründen ihre Ursachen hatten, aber auch in den Defiziten im bürgerlichen Bereich. Am Ende ihres Vortrags kam sie zu dem Schluss, dass die DDR an den Randgruppen zerbrechen würde, und als solche Randgruppen bezeichnete sie zum einen die Ausreiseantragsteller und zum zweiten die Skinheads. Das klingt heute kurios und war damals doch eine Erleichterung für uns, dass jemand die Situation klar sah und auch beschrieb. Wir waren auch dankbar, weil uns das Problem der Skinheads als Strafverteidiger immer stärker beschäftigte. Immer mehr Jugendliche wichen in Gruppierungen aus, die sich gegen die offizielle Jugendarbeit der DDR stellten. Einerseits waren es die so genannten Punker und später die Skins, die insbesondere im Zusammenhang mit Fußballspielen eine bestimmte Rolle spielten. Wenn aus diesen Reihen jemand Straftaten beging, dann wurde dies natürlich nicht auf den gesellschaftlichen Zustand zurückgeführt, sondern als reines Rowdytum abgetan. Die Studie der Professorin wurde kurz darauf zur geheimen vertraulichen Verschlusssache erklärt, zur GVVS. Dies war die höchste Geheimhaltungsstufe, die es in der DDR gab. Nach der Devise: Es kann nicht sein, was nicht sein darf. Das nach der Wiedervereinigung festzustellende Phänomen der Fremdenfeindlichkeit war also kein neues, sondern bereits in dieser Zeit in der DDR angelegt, auch das zeigt das Beispiel der Skins.

Ich entsinne mich, im Frühjahr 1989 mit drei weiteren Kollegen ein Verfahren vor dem Stadtbezirksgericht Berlin-Lichtenberg erlebt zu haben. Vier junge Leute waren angeklagt, einen farbigen Mitbürger in übelster Weise misshandelt, geschlagen und getreten zu haben. Dieses Verfahren lief unter der Anklage Rowdytum und Körperverletzung. Erbittert wurde im Verfahren darum gestritten, wer mehr getreten oder geschlagen hatte. Doch keiner stellte die Frage, wo die gesellschaftlichen Ursachen lägen. Nach dem Plädoyer des Staatsanwaltes bereiteten wir Verteidiger uns vor. Natürlich war das eine heikle Sache, die Männer zu verteidigen, obwohl sie offenbar eine üble Tat verübt hatten. Doch ich erklärte meinen Kollegen, dass genau das entscheidende Problem ausgeblendet blieb, die sozialen und gesellschaftlichen Umstände. Meine Kollegen nickten freundlich und meinten, dann solle ich doch beginnen zu plädieren. Ich entsinne mich, dass ich plädierte und damit begann, dass im Gerichtssaal vier Jugendliche säßen, dass sie aber eigentlich zu Unrecht allein auf der Anklagebank säßen, neben ihnen müssten sitzen die Elternhäuser, die Schulen und der staatliche Jugendverband, das heißt die Freie Deutsche Jugend (FDJ), dem alle vier angehörten.

Am nächsten Tag erschien in der „Jungen Welt", der Zeitung der FDJ, ein Artikel, in dem mein Plädoyer zerrissen wurde und in dem ich gefragt wurde, ob ich denn nicht die machtvollen Demonstrationen der Jugendlichen anlässlich des Pfingsttreffens der FDJ 1989 in Berlin gesehen hätte. (Bei dem es die üblichen bestellten Paraden gab, möchte man anfügen.) Parallel dazu lief eine Beschwerde der Staatsanwaltschaft des Stadtbezirks über den Generalstaatsanwalt Berlin zum Kollegium der Rechtsanwälte, die jedoch folgenlos für mich blieb. Das heißt: nicht ganz folgenlos. Gysi kam einige Tage später zu mir ins Büro und sagte mit gespielt finsterer Miene: „Ich habe jetzt eine erzieherische Aussprache mit dir zu führen, ist das klar?" – „Klar", erwiderte ich. Damit war die Sache vom Tisch. Er hatte wohl den Auftrag bekommen, mich zu rüffeln, das konnten wir beide schnell erledigen.

Als Initialzündung für die Vorgänge des Jahres 1989 können die letzten Kommunalwahlen der DDR am 7. Mai 1989 angesehen werden. Vor solchen sogenannten Wahlen fanden in der DDR normalerweise Bürgerforen statt, wo interessierte Bürger an die aufgestellten Kandidaten der Nationalen Front Fragen stellen konnten. Diese Foren wurden bei früheren Wahlen in aller Regel nicht oder nur sparsam besucht, und wenn Fragen gestellt wurden, so waren es vorbereitete Fragen, auf die die Kandidaten brav ihre vorgestanzten Antworten geben konnten. Anders im Jahr 1989. Den Kandidaten wurden kritische Fragen aller Art gestellt: zur wirtschaftlichen Situation, zum inneren Zustand der Gesellschaft, zur Ausreiseproblematik. Das Fehlen von Reformen wurde kritisiert, bis dahin, dass die Bürger sich offen beschwerten, dass sie verschaukelt würden, vielfach fiel das Wort von der „Verarschung".

In einigen Gruppen, die der evangelischen Kirche nahestanden, wurde beschlossen, am Wahlabend an den öffentlichen Auszählungen in den Wahllokalen teilzunehmen. Bereits am Folgetag konnten die Mitglieder dieser Gruppen eine deutliche Diskrepanz feststellen zwischen ihren eigenen Beobachtungen und dem, was sie im „Neuen Deutschland" lesen konnten. Dies führte zu einer Welle der Empörung und zu einer Welle von Strafanzeigen wegen Wahlbetrugs. Ich entsinne mich, dass ich an dem Dienstag nach diesem Wahlsonntag am Vormittag zum

Stadtbezirksgericht Berlin-Friedrichshain ging, um in einem Verfahren aufzutreten. Vor dem Gericht traf ich Rainer Eppelmann, damals Pfarrer der Samaritergemeinde im Stadtbezirk Berlin-Friedrichshain, der mir erzählte, dass er gerade vom Staatsanwalt käme. Er habe dort eine Strafanzeige wegen Wahlbetrugs erstattet und ihm sei sofort ein Ermittlungsverfahren wegen „öffentlicher Herabwürdigung", was gleichbedeutend war mit Staatsverleumdung, angedroht worden. Denn: Wer behauptet, dass in der DDR Wahlen gefälscht werden, kann ja nur ein Staatsverleumder sein.

Es kam der Sommer 1989 mit den vollen Zeltplätzen in Ungarn und der ersten Öffnung des Eisernen Vorhanges anlässlich eines paneuropäischen Picknicks in Sopron. Die Ungarn öffneten am 11. September 1989 die Schleusen, nachdem zuvor die DDR-Führung sich geweigert hatte, mit ihnen ein Gespräch zu führen. Die ungarische Regierung unter Miklós Németh versuchte deutlich zu machen, dass sie nicht weiter bereit sei, die innenpolitischen Probleme der DDR auf ihren Zeltplätzen zu lösen. Der damalige Außenminister Gyula Horn reiste nach Berlin, wurde aber weder von Hermann Axen, der im Politbüro für Außenpolitik zuständig war, noch vom Außenminister Oskar Fischer empfangen, so dass sich die Ungarn zu diesem Schritt der Öffnung entschlossen. Heute wissen wir, dass sie sich von Gorbatschow grünes Licht haben geben lassen. Diese und auch andere Begebenheiten lassen erkennen, dass die Führung in Ostberlin schon im frühen Sommer 1989 völlig orientierungslos und kein klarer Regierungswille mehr erkennbar war. Erich Honecker erkrankte an Nierenkrebs und wurde in der Charité operiert. Der ihn operierende Mediziner erzählte mir in jenen Tagen, dass er ganz entsetzt gewesen sei über ein Gespräch mit Erich Honecker vor der Operation. Honecker habe dabei geäußert, er müsse schnellstmöglich wieder gesund werden, denn es sei ja kein anderer da, der dieses Land regieren könne. Er war offenbar davon überzeugt, dass er unersetzlich sei. Um einen Putsch in seinem Politbüro zu vermeiden, schickte er die Nächsten in der Hierarchie in den Urlaub. Egon Krenz wurde an die Ostsee verbannt, so dass man den Eindruck der völligen Agonie gewinnen konnte. Einerseits wurden mit großem Pomp die Vorbereitungen für den 40. Jahrestag der DDR am 7. Oktober 1989 getroffen und andererseits begannen in Leipzig und an anderen Orten Demonstrationen. Die Leipziger hatten den Vorzug, dass dort tapfere Leute Filmaufnahmen von der Montagsdemonstration herstellten und diese auf geheimen Wegen in den Westen verbracht werden konnten. Den seit Jahren abgehaltenen Montagsgebeten in der Nikolaikirche schlossen sich zunächst die Ausreiseantragsteller an. Bei den Demonstrationen wurde skandiert: „Wir wollen raus". Diese Losung änderte sich sehr bald in: „Wir bleiben hier". Dieses trotzige „Wir bleiben hier" sollte zeigen, dass die Menschen nicht bereit waren, dieses Land aufzugeben, sondern dass sie einen eigenen Gestaltungsanspruch für dieses Land hatten. Dies wurde noch deutlicher in der berühmten Losung: „Wir sind das Volk". Mit dieser Losung antworteten die Bürger in Leipzig auf die Anmaßung der führenden Kreise der SED, die sich für das Volk ausgaben und daraus den Führungsanspruch ableiteten. Die Montagsdemonstrationen nahmen an Größe zu. Bürger aus allen Teilen der Republik reisten nach Leipzig, um sich dort zu beteiligen. Ich selbst war nicht dabei. Wir hatten aber eine Art Referendar in unserem Büro, der zur Ausbildung bei uns arbeitete. Der war jeden Montag in Leipzig und berichtete uns von seinen Erlebnissen. Den Höhepunkt erreichten die Demonstrationen an dem berühmten 9. Oktober 1989, als entgegen manchen Befürchtungen die Situation friedlich blieb, die bereitstehenden Polizei- und Armeetruppen nicht auf die Demonstranten gehetzt wurden. Die Verantwortung für den friedlichen Ausgang der Demonstration vom 9. Oktober 1989 reklamieren jetzt viele für sich, unter anderem auch Egon Krenz.

Diesem 9. Oktober war der 7. Oktober vorausgegangen, der 40. Jahrestag der DDR und der Besuch von Michail Sergejewitsch Gorbatschow aus diesem Anlass. Bei einem Spaziergang Unter den Linden vor der Neuen Wache reagierte Gorbatschow auf die Untätigkeit und Unfähigkeit der Führung mit seinem berühmten Ausspruch: „Wer zu spät kommt, den bestraft das Leben". Wörtlich sagte er allerdings: „Wer nicht auf das Leben reagiert, wird bestraft". Was jedoch am Sinngehalt dessen, was er tatsächlich ausdrücken wollte, nichts änderte. Höchst widersprüchliche, ja fast apokalyptische Bilder waren zu sehen. Einerseits gab es noch eine Demonstration auf der Karl-Marx-Allee mit der üblichen Ehrentribüne, wo an der Seite von Erich Honecker Gorbatschow und andere führende Genossen aus befreundeten „Bruderländern" und aus der DDR standen. Andererseits gab es die machtvollen Demonstrationen der Bürger am Abend des 7. Oktober. Es war eine bizarre Situation: Im Palast der Republik feierten die führenden Genossen mit ihren Gästen den 40. Jahrestag und draußen demonstrierten die Menschen um den Palast der Republik herum und riefen „Gorbi, Gorbi hilf!"

Mein Freund Alexander Koch hatte an diesem Tag im Palast der Republik Dienst. Das Berliner Sinfonieorchester war verpflichtet worden, den Staatsakt musikalisch zu umrahmen. In einer Pause trat er an ein Fenster des Palastes, um auf die Demonstranten zu schauen. Ein alter Herr gesellte sich neben ihn und bemerkte: „Ganz schöner Trubel da draußen, was?". Bei näherem Hinsehen stellte mein Freund fest, dass es sich um Erich Mielke handelte, der offensichtlich noch immer nicht den Ernst der Lage begriffen hatte. Ein zweites Ereignis dieses Tages ist mir besonders in Erinnerung. Im Bund der Evangelischen Kirchen hatten wir ausführlich beraten, wer an diesen Feierlichkeiten teilnehmen sollte. Übereinstimmend waren wir der Meinung, dass kein Bischof und auch kein leitender Geistlicher an diesem traurigen Jubiläum teilnehmen solle. Dass es am besten wäre, wenn niemand dort hinginge. Um jedoch

37

eine weitere Eskalation gegenüber dem Staat zu vermeiden, wurde beschlossen, zwei „Verwaltungsmenschen" der evangelischen Kirche zu entsenden. Und so machten sich Manfred Stolpe, Konsistorialpräsident der Berlin-Brandenburgischen Kirche, und Oberkirchenrat Martin Ziegler, Leiter des Sekretariats des Bundes der Evangelischen Kirchen in der DDR, auf den Weg. Im Palast der Republik wurden sie empfangen von Herrn Staatssekretär Kurt Löffler. Dies war der damalige Staatssekretär für Kirchenfragen, der sich darüber empörte, dass die Kirche nur „Männer der zweiten Reihe" schicke. „Meine Herren, merken Sie sich genau, China ist nur geografisch weit weg", sagte er. So ein indirekter Verweis auf die grausamen Ereignisse auf dem Platz des Himmlischen Friedens und eine implizite Drohung, ist im Nachhinein schon als eine Anmaßung und Unverschämtheit anzusehen. Damals nahmen wir das noch ernst und machten uns durchaus Sorgen.

Die Demonstranten um den Palast der Republik wurden in Richtung Norden abgedrängt. Die Schönhauser Allee hoch bis zur Gethsemanekirche bewegte sich der Zug, dann griff die Staatssicherheit ein. Es wurden Hunderte von Menschen verhaftet, es gab wüste Prügelszenen. Die berüchtigte Bereitschaftspolizei aus Basdorf war hinzubeordert worden. Kurz: Die zunächst friedliche Demonstration wurde mit brutaler Gewalt niedergeschlagen. Die Inhaftierten wurden in Garagen verbracht, in Kellerräume, mussten stundenlang mit erhobenen Händen an den Wänden stehen. Dies traf auch auf Frauen und Schwangere zu. Spätere Schilderungen belegten diese Grausamkeiten. Ich entsinne mich, dass ich an dem darauf folgenden Montag 170 Haftbeschwerden diktierte. Die Namen der Menschen, für die ich Haftverschonung beantragen sollte, waren mir von kirchlichen Vertretern besorgt worden. Ich befand mich nicht im Besitz von Vollmachten der Inhaftierten, da diese noch nicht besucht werden konnten. Die Betroffenen wurden zum größten Teil nach kurzer Zeit auf Druck der öffentlichen

Meinung, aber auch auf Druck kirchlicher Vertreter wieder freigelassen. Die evangelische Kirche bat die Betroffenen um schriftliche Zeugenaussagen, die dann als Textsammlung zusammengestellt wurden. Diese „Zeugnisse der Betroffenheit" wurden anonym veröffentlicht. Die kirchlichen Vertreter behielten die Personalien der Opfer unter Verschluss. Mit diesen Zeugnissen wurde der Dialog mit der staatlichen Seite gesucht. Tatsächlich kam es damals zu Ermittlungsverfahren gegen Polizisten. Diese Verfahren blieben allerdings weitgehend folgenlos.

Mein Weg in der DDR:
CDU-Mitglied, Anwalt, Kirchenfunktionär

DIE TATSACHE, DASS ich Kandidat für den CDU-Vorsitz wurde, kam nicht aus heiterem Himmel. Bereits als 16-Jähriger bin ich in die damalige ostdeutsche CDU eingetreten. Ich glaubte, mich mit einer Mitgliedschaft in der CDU dem Druck der SED entziehen zu können. Mein Vater war zu der Zeit Vorsitzender des Ortsverbandes der CDU in Berlin-Treptow. Meine Mitgliedschaft in der Jungen Gemeinde der Treptower Kirchgemeinde wurde in der Schule – ich besuchte damals das „Berlinische Gymnasium zum Grauen Kloster" in Berlin-Mitte – argwöhnisch betrachtet. Das war die Zeit, als heftige Auseinandersetzungen zwischen der FDJ und der Jungen Gemeinde an der Tagesordnung waren. Die Junge Gemeinde wurde in der „Jungen Welt", der Zeitung der FDJ, als 5. Kolonne der CIA diffamiert, und ständig wurde von uns Oberschülern ein Bekenntnis zum sozialistischen Staat und zur Führung desselben durch die SED unter ihrem Vorsitzenden Walter Ulbricht erwartet.

Viele Menschen dachten so, die in dieser Zeit in die CDU eintraten. Ein weiteres Motiv für den CDU-Eintritt war das Bestreben, den Menschen deutlich zu machen, wir gehen nicht in die SED, sondern wir gehen in eine Partei, die das „C" im Parteinamen trägt, in der es andere Wertvorstellungen gibt, die sich auf bürgerliche Werte und Traditionen stützt und in der zwischen Katholiken und Protestanten eine Art politischer Ökumene versucht wird. Trotzdem hatte ich immer ein kritisches Verhältnis zur Führung dieser Partei und bin daher erfolgreich allen Ämtern ausgewichen. Lediglich der Arbeitsgruppe Kirchenfragen beim Hauptvorstand der Partei habe ich eine Zeit lang angehört. Mein erstes Amt war nach dem Mauerfall das des Vorsitzenden. Politische Teilhabe glaubte ich eher und besser im Bereich der evangelischen Kirche praktizieren zu können.

Am 1. Mai 1976 wurde ich in Berlin zum Rechtsanwalt zugelassen. Ich hatte zuvor meinen geliebten Musikerberuf aus gesundheitlichen Gründen aufgeben müssen. Als Anwalt wurde ich schon sehr bald von meiner Kirche in die Pflicht genommen. Immer häufiger kamen christliche Bürger in meine Sprechstunde und suchten Rat, gelegentlich auch Trost. Später sandte mir mein Freund Martin Michael Passauer – damals Stadtjugendpfarrer – junge Leute, die sich ihm anvertraut hatten, weil sie mit der Staatsgewalt in Konflikte geraten waren. Es war Ende der 70er Jahre, als in den Gemeinden, ähnlich wie im Westen, eine Friedensbewegung entstand, die Aktionen veranstaltete. Diese so genannten Friedensdekaden wurden von der Staatssicherheit misstrauisch beäugt. Die Jugendlichen suchten nach Möglichkeiten, von ihrem Friedenswillen Zeugnis abzulegen. Bald tauchte ein Aufnäher auf, der provozierte. Er nahm ein biblisches Wort – nämlich aus dem Propheten Micha – auf: „Es wird kommen die Zeit, wo die Schwerter zu Pflugscharen umgeschmiedet werden". Man dachte, dass diese Applikation unverdächtig sei, war sie doch die Abbildung eines Geschenkes der ruhmreichen Sowjetunion an die Organisation der Völkergemeinschaft, die UNO. Dies wurde jedoch vom DDR-Regime völlig anders angesehen. Die staatliche Seite war der Überzeugung, dass Friedenspolitik sich darzustellen habe als Politik, die entschlossen ist, mit Waffen jedweden Angriff auf den Sozialismus und damit auf den Frieden zu verhindern. Entsprechende Erfahrungen hatten wir Ostdeutschen ja bereits 1953 oder 1956 in Ungarn oder 1968 in Prag machen können. Die Breschnew-Doktrin, die allen sozialistischen Staaten nicht nur das Recht gab, sondern die Pflicht auferlegte, dann einzugreifen, wenn in einem der befreundeten Länder der Sozialismus in Gefahr geraten könne, diente als Rechtfertigung. Die staatliche Seite hielt daher Pazifismus für eine Bedrohung der offiziellen Friedenspolitik und trat allen diesbezüglichen Äußerungen entschieden entgegen.

Diese Haltung des Regimes löste Konflikte in der Gesellschaft aus, mit deren Folgen ich mich immer wieder in unterschiedlicher Weise als Anwalt zu befassen hatte. 1962 wurde in der DDR die allgemeine Wehrpflicht beschlossen. Im Gesetz wurde die Verweigerung der Wehrpflicht unter Strafe gestellt. Auch das 1968 beschlossene neue Strafgesetzbuch enthielt diesbezügliche Paragrafen. Schon früh wurde in kirchlichen Kreisen deutlich, dass viele junge Männer den Dienst mit der Waffe nicht antreten wollten. Der Staat beugte sich ein Stück weit diesem Druck. Im Januar 1964 wurde eine Anordnung des Ministers für Nationale Verteidigung der DDR über die Bildung von Baueinheiten im Bereich der Nationalen Volksarmee erlassen. Wehrpflichtige, die nicht bereit waren, einen Waffendienst zu leisten, konnten in diese speziellen Einheiten eingezogen werden. Dort mussten sie Baumaßnahmen durchführen, meist an militärischen Objekten, gelegentlich aber auch im zivilen Bereich. Die jungen Männer, die in diesen Einheiten ihren Dienst leisteten, wurden im Volksmund „Spatensoldaten" genannt. Aber es bedurfte Mut, sich zu den Spatensoldaten zu bekennen, denn damit war in vielen Fällen die Hoffnung auf weitergehende Bildung oder spezielle Studienwünsche begraben. Später jedoch setzte sich bei den jungen Christen die Haltung durch, dass es eines deutlicheren Zeichens bedurfte. Viele meinten, es reiche nicht, sich zu weigern, einen Panzer zu fahren, sondern dass man ebenso keine Panzerstraßen bauen sollte. Eine Verweigerungsregelung aus Gewissensgründen, so wie sie in der Bundesrepublik möglich war, hat es in der DDR nicht gegeben und wurde bis in die Endphase der DDR nicht eingeräumt. Erst in der Modrow-Regierung wurde auf mein Drängen als Verantwortlicher für Kirchenfragen eine Verordnung erlassen, die dies ermöglichte.

Der Erlass der Anordnung über die Baueinheiten wurde in den 60er Jahren zunächst als Befreiung empfunden. Erst Ende der 70er Jahre kam unter den jungen Leuten die Forderung nach einem dem Zivildienst im Westen vergleichbaren sozialen Friedensdienst (SOFD) auf. Später, im Jahr 1990, erfuhr ich, dass dieser auch aus mehr pragmatischem denn ideologischem Grunde nicht eingeführt wurde. Hätte die DDR einen solchen Ersatzdienst zugelassen, wäre sie nicht in der Lage gewesen, die Sollstärke der Nationalen Volksarmee innerhalb des Warschauer Vertrages zu gewährleisten. Eine solche Maßnahme wäre deswegen von den anderen im Warschauer Vertrag gebundenen Staaten insbesondere von der Sowjetunion nicht toleriert worden. Eine solche Erklärung wurde den jungen Männern, aber auch den Kirchen, die diesen SOFD forderten, nicht gegeben. Die Verweigerung des Dienstes mit der Waffe, aber auch die Verweigerung des Spatendienstes wurde hingegen als mangelndes Bekenntnis zum Staat angesehen und als Straftat verfolgt. Ich habe als Anwalt in Berlin im Laufe der Jahre viele junge Leute in Verfahren vertreten, die den Wehrdienst, aber auch den Wehrersatzdienst in den Baueinheiten verweigerten. Meist erklärten die Betroffenen ausdrücklich, dass sie bereit seien, einen Ersatzdienst im Sinne eines zivilen Dienstes zu leisten. In allen Fällen bin ich gescheitert. Die Strafen wurden völlig unabhängig von der Motivation der Täter verhängt. Gleichwohl hielt ich es als Anwalt für notwendig, diese jungen Menschen zu verteidigen, um ihnen so moralisch Beistand zu leisten und sie darin zu bestärken, dass sie im Sinne ihres Glaubens und ihres Gewissens handelten. Eine große Stütze war gerade im Jahr 1982, dass unser Bischof der evangelischen Kirche Berlin-Brandenburg, Gottfried Forck, mich bei allen etwa 25 Verfahren begleitete. Allein durch seine Anwesenheit im Gerichtssaal bekundete er seine Solidarität und verlieh dem Verhalten der Angeklagten eine moralische Rechtfertigung. Später wurde hinsichtlich dieser Wehrdienstfrage zwischen den evangelischen

Kirchen und dem Staat ein „Gentlemen Agreement" gefunden. Menschen, die die Ablehnung bekundeten, wurden bei der Einziehung schlicht „vergessen".

Für mich kamen mit der Zeit neue Aufgaben als Anwalt hinzu, die speziell von der Kirche an mich herangetragen wurden. Dabei ging es vor allem um die Verteidigung von jungen Leuten, die sich in Gruppen mit Umweltfragen, mit Friedensfragen und Ähnlichem befassten. Diese enge berufliche Verbindung zur Kirche war ein Grund dafür, dass ich im Jahr 1975 in die Synode des Bundes der Evangelischen Kirchen der DDR berufen wurde. Im Januar 1986 wurde ich zu ihrem Vizepräses gewählt. Diese Bundessynode als zentrales Organ der acht ostdeutschen Landeskirchen war viel politischer als die heutige EKD-Synode. Zwar wurden in dieser Synode auch grundlegende Fragen unseres Glaubens, Fragen der Diakonie, des Umgangs mit Alten und Schwachen, mit der Jugend und Ähnliches beraten, aber es wurden vor allem auch die Defizite in der Gesellschaft benannt und eine Beseitigung dieser Defizite vom Staat eingefordert. Zu Unrecht ist uns deswegen nach der Wiedervereinigung das Wort von der Kirche im Sozialismus um die Ohren geschlagen worden. Der redliche Betrachter der Geschichte der ostdeutschen Kirchen weiß, dass dies eine verkürzte Formulierung war. Tatsächlich hieß es: Wir wollen nicht sein „Kirche für den Sozialismus", wir wollen nicht sein „Kirche gegen den Sozialismus", sondern wir wollen sein „Kirche im Sozialismus". Dieses Wort von der „Kirche im Sozialismus" sollte zum Ausdruck bringen, dass wir den Ort, an den uns unser himmlischer Vater gestellt hatte, auch annehmen. Wir wollten die Situation akzeptieren und Christsein auch unter den gegebenen Umständen bezeugen. Dass wir in diesem Sinne nicht deutlich genug „gegen den Sozialismus", nicht deutlich genug gegen das System waren, anders als vielleicht die katholische Kirche, muss man vielleicht historisch korrekt feststellen. Es war der Weg einer am Anfang noch sehr volkskirchlichen Struktur, die sich mehr arrangieren musste als eine Minderheitenkirche. Dabei gab es sicher viele, die zumindest nach dem Krieg mit dem Sozialismus auch konkret christliche Hoffnungen verbanden. Für mich war die Kirche innerhalb der DDR vor allem eine eigene Welt, eine Parallelwelt, eine überlebenswichtige Welt womöglich.

Der Staat hätte gerne gesehen, wenn wir ein deutliches Wort „Kirche für den Sozialismus" gesprochen hätten, wozu wir nicht bereit waren. Es gab einige, die sich für eine solche Wendung einsetzten, bekannt unter dem Namen „Weißenseer Arbeitskreis". Sie gaben auch die „Weißenseer Blätter" heraus, die staatlich finanziert wurden. Bei manchen hatte man den Eindruck, dass sie die SED noch links überholen wollten. Wortführer war Hanfried Müller, er vertrat die These von der Identität der christlichen und der sozialistischen Lehre. Ich hielt bewusst Abstand zu ihnen.

Die Synoden der evangelischen Kirchen in der DDR, in Sonderheit diese Bundessynode, waren für mich Schulen der öffentlichen und politischen Arbeit. Dieser Synode habe ich unendlich viel zu verdanken. Dort kam ich mit vielen Gleichgesinnten zusammen. Dort lernte ich auch, eine Versammlung demokratisch zu leiten, den Umgang mit einer Geschäftsordnung, das Aufstellen eines Haushaltsplanes und vor allem die Suche und Formulierung von Kompromissen. Alles Fähigkeiten, die mir später im anderen Zusammenhang hilfreich werden sollten. Viele Menschen wurden mir in dieser Zeit wichtig. Hier tauchen Namen auf, die im weiteren Verlauf meiner politischen Tätigkeit noch eine Rolle spielen. Dazu gehört besonders Oberkirchenrat Martin Ziegler, Leiter des Sekretariats des Kirchenbundes, der später eine außerordentlich wichtige Funktion als Moderator des zentralen Runden Tisches einnahm. Friedrich Schorlemmer, dessen kraftvolle Reden auf der Synode stets den Zorn der anwesenden staatlichen Vertreter hervorriefen. Axel Noack, der spätere Bischof der Kirchenprovinz

Sachsen, seinerzeit Pfarrer in Wolfen, der mir dadurch imponierte, dass er – was ihm als Pfarrer möglich gewesen war – Westreisen ablehnte mit der Begründung, dass er mit seiner Gemeinde ein Moratorium geschlossen hätte. Dieses lautete: Er fährt erst in den Westen, wenn alle seine Gemeindemitglieder dies ebenfalls tun können. Vielen meiner Konsynodalen bin ich später in der Politik wieder begegnet – sogar in höchst unterschiedlichen Parteien.

Der Ton und der Umgang zwischen uns ist immer fair geblieben, dies deshalb, weil wir seit synodalen Zeiten wussten, dass wir alle unter dem großen Wir-Gebet stehen, dass uns der Herr Jesus Christus gelehrt hat, nämlich dem Vaterunser. Das klingt pathetischer als es ist, wir haben tatsächlich uns dieser Gemeinsamkeit immer wieder vergewissert.

Die evangelische Kirche war die Brutstätte der Revolution, aus ihr sind viele Akteure der so genannten Wendezeit hervorgegangen. Bei aller politischen Konkurrenz, die mit der Demokratisierung der DDR einherging, bestand zwischen einigen Neu-Politikern noch eine persönliche Verbundenheit, zumindest eine persönliche Kenntnis voneinander. Das prägte die wenigen Monate der DDR-Restlaufzeit, es war charakteristisch für die Abstimmungsprozesse in der neuen Volkskammer. Und viele im Westen haben diese verborgenen Netzwerke nicht verstanden und entsprechend skeptisch reagiert.

Vom 15. bis 19. September 1989 fand in Eisenach auf dem Hainstein die jährliche Synode des Bundes der Evangelischen Kirche statt. Zu Beginn herrschte unter den Synodalen allgemein eine ziemlich depressive Stimmung. Ratlosigkeit darüber, wie es in diesem Lande weitergehen sollte, mischte sich mit Trauer über die Bilder von jungen Menschen, die in Scharen über die ungarische Grenze nach Österreich strömten. Hatten wir in der Kirche doch jahrelang dafür geworben, im Land zu bleiben und hier auf Veränderungen zu drängen. Nun sahen wir, wie die Zukunft, die Jugend, die offensichtlich keine Perspektive mehr für sich sah, das Land verließ. Empört waren wir über das Wort Honeckers, der ihnen hinterher rief: „Wir weinen ihnen keine Träne nach". Was muss in einem Staatsmann vorgehen, dem sein Staatsvolk davonläuft und dem er solche Sprüche hinterherruft? In den Sitzungen der Synode und auch in den Ausschüssen wurde lebhaft darüber diskutiert, welche politischen Ursachen es für die gegenwärtige Situation gebe, aber auch was wir als Kirche möglicherweise falsch machten, dass unser Reden und unser Handeln die Menschen im Lande nicht mehr erreichten. Am 19. September wurde nach langem nächtlichem Ringen um Formulierungen ein wegweisender Beschluss gefasst. Ich habe damals die Sitzung geleitet und weiß noch, wie froh ich über den Text war. Er klingt heute merkwürdig vorsichtig und war damals doch durchaus mutig. Mit dem Beschluss hat sich die oft zögerliche Kirchenleitung offen mit dem Protest der Basis solidarisiert. Eine Geschlossenheit entstand, welche die Revolution dann möglich gemacht hat. Damals haben wir geschrieben: „Unser Glaube gibt uns Grund, nach Wegen zu suchen, die heute und morgen gegangen werden können. Wir wissen uns von Gott in unsere Zeit und an unseren Ort gestellt. 40 Jahre DDR sind auch ein Lernweg unserer Kirchen, Christsein in einem sozialistischen Staat zu bewähren. Wir sehen uns heute vor die Herausforderung gestellt, Bewährtes zu erhalten und neue Wege in eine gerechtere und partizipatorische Gesellschaft zu suchen. Wir wollen mithelfen, dass Menschen auch in unserem Land gern leben. Wir möchten sie dazu ermutigen. So bitten wir sie, hier zu leben und einen Beitrag für eine gute gemeinsame Zukunft in unserem Land zu leisten. Wir können und dürfen aber nicht alle Probleme gleichzeitig lösen wollen. Wir brauchen: – Ein allgemeines Problembewusstsein dafür, dass Reformen in unsrem Land dringend notwendig sind. – Die offene und öffentliche Auseinandersetzung mit unseren gesellschaftlichen Problemen. – Jeden für die verantwortliche Mitarbeit in unserer Gesellschaft. – Wahrhaftigkeit als

Voraussetzung für eine Atmosphäre des Vertrauens. – Verantwortliche pluralistische Medienpolitik. – Demokratische Parteienvielfalt. – Reisefreiheit für alle Bürger. – Wirtschaftliche Reformen. – Verantwortlichen Umgang mit gesellschaftlichem und persönlichem Eigentum. – Möglichkeit friedlicher Demonstrationen; – ein Wahlverfahren, das die Auswahl zwischen Programmen und Personen ermöglicht."

Nach der Aufzählung vieler nicht erfüllter Hoffnungen im Verhältnis zwischen Staat und Kirche endet der Beschluss mit den Worten: „Um uns den Weg in eine sozial gerechte demokratische, nach innen und außen friedensfähige und ökologisch verträgliche Gesellschaft nicht zu verbauen, ist jetzt ein offener gesamtgesellschaftlicher Dialog dringlich geworden. Dazu gehört auch eine Öffnung der bisherigen politischen Strukturen. Keiner hat gegenwärtig die Lösung. Auf der Suche nach Wegen, die Zukunft eröffnen, werden wir der Tatsache ins Auge sehen müssen, dass uns Veränderungen nicht in den Schoß fallen. Es bedarf geduldiger und beharrlicher Bemühungen. Darum wollen wir uns nicht entmutigen lassen von Schwierigkeiten und Rückschlägen, von Missverständnissen und Verdächtigungen. Es kommt auf einen langen Atem an. Unser Glaube kann uns dazu Mut und Kraft geben. Uns ist nicht verheißen, dass uns das Kreuz erspart bleibt, aber dass unser Herr mit uns das Kreuz trägt und einen Weg in die Zukunft eröffnet."

Noch nie zuvor waren von einer Synode die Forderungen an den Staat so klar und so eindeutig formuliert, und vor allem auf die Demokratisierung des Gemeinwesens ausgerichtet. Wichtig ist aber auch die letzte Zeile oder der letzte Satz dieses Beschlusses, der letztlich davon berichtet, dass wir auch in Eisenach noch davon ausgingen, dass eine chinesische Lösung denkbar sei. Chinesische Lösung war damals das Wort für das, was am 24. Juni 1989 auf dem Platz des Himmlischen Friedens in Peking geschehen war, als demonstrierende Studenten von Panzern niedergewalzt wurden. Statt sich auf den angebotenen

Dialog mit den Kirchen einzulassen, reagierte die staatliche Seite, indem sie die Synode und die Forderungen entweder totschwieg oder andererseits verunglimpfte. Im „Neuen Deutschland" war zu lesen: „Großdeutsche Ladenhüter auf der Kirchenversammlung".

Demokratisierung im Kleinen:
Der Weg zur neuen CDU

WÄHREND DER ZEIT der Bundessynode in Eisenach wurde in einem Nachbargebäude der anwesenden internationalen Presse der „Brief aus Weimar" vorgestellt. Die Verfasser waren vier Mitglieder der CDU der DDR, die sich kritisch mit den Verhältnissen in der DDR, aber insbesondere auch kritisch mit den Verhältnissen innerhalb der CDU auseinandersetzten. Unterzeichnet hatten Gottfried Müller, Chefredakteur der Thüringer Kirchenzeitung „Glaube und Heimat", Martin Kirchner, Oberkirchenrat der thüringischen lutherischen Landeskirche, die Pastorin Christine Lieberknecht, heute Ministerpräsidentin des Freistaates Thüringen, sowie die Rechtsanwältin und Bundessynodale Martina Huhn aus Leipzig. Ich war im Sommer 1989 von Martin Kirchner angesprochen worden, ob ich an der Ausarbeitung dieses Briefes mitwirken wollte und ob ich bereit sei, diesen Brief parallel zur Bundessynode in Eisenach vorzustellen. Ich wollte mich wohl an der Abfassung der Schrift beteiligen, dies jedoch nicht im Zusammenhang mit der Bundessynode publik machen. Ich ging davon aus, dass ich als Vizepräses verpflichtet sei, strikte parteipolitische Neutralität zu wahren. Außerdem befürchtete ich, dass dieser immens politische Brief die Aufmerksamkeit von der Tätigkeit der Synode ablenken könnte. Auch heute noch meine ich, dass ich damals mit meiner Position richtig lag. Gleichwohl ist mir natürlich klar, dass mit dem „Brief aus Weimar" der Prozess der Demokratisierung, der inneren Erneuerung der ostdeutschen CDU in Gang gesetzt wurde. Es war ein wichtiger Schritt und ein frühes Signal, dass die CDU einen neuen Weg gehen muss.

So wie die SED offensichtlich nicht mehr auf die Situation im Lande zu reagieren in der Lage war, blieb auch die alte Führung der CDU unbeweglich. Der „Brief aus Weimar" wurde zunächst totgeschwiegen, ebenso wie ein zweites etwas Ähnliches Schreiben, der „Brief aus Neuenhagen". Es wurde versucht, mit den Schreibern ein Gespräch zu führen, um sie zur Rücknahme oder zur Modifizierung ihrer Anliegen zu bewegen. Die Agonie, die sich im Land ausgebreitet hatte, und die Sprachlosigkeit der führenden politischen Kräfte erzeugten ein Gefühl der Hilflosigkeit. Dies umso mehr als man Abend für Abend im Fernsehen sehen konnte, wie vor allem junge Leute das Land verließen.

Ende September entschloss ich mich, einen Artikel zu schreiben, von dem ich hoffte, dass das CDU-eigene Blatt „Neue Zeit" ihn veröffentlichen würde. Mir war bewusst, dass dieser Artikel die Zensur durchlaufen musste. Insofern war ich wenig überrascht, als der Artikel nicht sofort gedruckt wurde. Als ich die Hoffnung bereits aufgegeben hatte, erschien er endlich am 17. Oktober 1989. Der wesentliche Inhalt dieses Artikels war, dass ich zum Dialog aller Kräfte miteinander aufforderte. Trotzig schrieb ich: „Begreifen müssen wir, dass die Lösung unserer Probleme nicht auf der Straße, nicht in den Kirchen und nicht in den Parteizentralen isoliert gefunden werden können. Gefunden werden können sie nur im Dialog aller miteinander, der aber besser nicht auf der Straße stattfinden sollte. Auch eine Partei, die die führende Rolle beansprucht, braucht das Gespräch mit den Geführten. Und eine Partei von Christen muss wissen und dies auch erkennen lassen, dass die Themen der Synoden auch die ihren sind".

Die Tatsache, dass der Artikel endlich veröffentlicht war, erfuhr ich morgens in den Nachrichten des „Berliner Rundfunks", einem DDR-Sender, in dem ich als „kirchlicher Würdenträger" bezeichnet wurde und einige Passagen aus dem Artikel zitiert wurden. Bei Durchsicht des Artikels musste ich feststellen, dass ein wesentlicher Satz gestrichen worden war, nämlich der, der die führende Rolle der SED betraf. Empört machte ich mich sofort auf den Weg in die Stadt und suchte in der „Neuen Zeit" den Chefredakteur Dieter Eberle auf. Das Auslassen dieses Satzes sei ein Versehen der Sekretärin, behauptete er, es sei möglicherweise beim Abschreiben passiert. Der Chefredakteur wand sich wie ein Aal. In meiner Empörung sagte ich ihm, dass ich es außerordentlich unfair fände, dieses „Versehen" auf die Sekretärin abzuwälzen.

Er versprach mir in den Folgetagen eine Berichtigung in der „Neuen Zeit" zu veröffentlichen, was jedoch nicht geschah. Aber am Folgetag wurde der Artikel in den vier weiteren CDU-eigenen Zeitungen in vollem Wortlaut abgedruckt, so im „Rostocker Demokrat" und in der „Dresdener Union". Ich befürchtete, dass dieser Artikel keine große Beachtung finden würde, weil andere Ereignisse vorherrschend waren. Denn just am 18. Oktober 1989 trat Erich Honecker von seinem Posten als Generalsekretär und Staatsratsvorsitzenden zurück, und Egon Krenz wurde ins Amt gehievt. Am Abend hielt er eine Fernsehansprache, in der er von der notwendig gewordenen großen Wende sprach. Noch heute bin ich ärgerlich, dass die Zeit des Herbstes 1989 als „Wende" bezeichnet wird und damit ein Begriff von Krenz aufgegriffen wird, statt sie als das zu bezeichnen was sie wirklich war, nämlich die Zeit einer friedlichen Revolution. Mein Artikel erfuhr trotz dieser Begleitumstände einige Beachtung. In Redaktionen der Zeitungen gingen Leserbriefe ein, in denen Mitglieder der CDU, aber auch andere sich zustimmend zu dem Artikel äußerten. Dieser Text sorgte für eine gewisse Bekanntheit meines Namens, insbesondere in den Reihen der Partei.

Der generelle Unmut an der Parteibasis wuchs und machte sich bei einer Fachtagung der „Kulturschaffenden" in der Parteischule auf dem Schloss in Burgscheidungen Luft. Dort wurde „Abrechnung mit Götting" und sogar die Absetzung des Vorsitzenden gefordert. Götting reagierte darauf und erklärte am 2. November 1989 seinen Rücktritt. Die Entscheidung Göttings wurde dem Hauptvorstand der Partei durch den stellvertretenden Vorsitzenden Wolfgang Heyl mitgeteilt und zwar in Abwesenheit von Götting. Heyl ließ sich vom Hauptvorstand mit der vorläufigen Wahrnehmung des Parteivorsitzes beauftragen. Die Aufforderung, selbst für den Vorsitz zu kandidieren, lehnte er jedoch mit dem Hinweis ab, dass er über Jahre zu sehr im Parteiapparat eingebunden gewesen sei. Als denkbare Kandidaten wurden in dieser Hauptvorstandssitzung drei Namen genannt: Klaus Peter Gerhard, Leiter des Unionsverlages, Wolfgang König aus Thüringen und ich. Der Hauptvorstand entschied sich dann mehrheitlich für meine Kandidatur. Zuvor war ich, und zwar noch vor dem Rücktritt Göttings, angesprochen worden, ob ich bereit sei, für das Amt des Parteivorsitzenden zu kandidieren. Gefragt wurde ich von drei Personen: von Gerd Wilkening, einem Mitarbeiter der Abteilung Kirchen im Hauptvorstand der CDU, von Thilo Steinbach, der mir aus der Treptower Ortsgruppe der CDU bekannt war, und von Kersten Radzymanowski, ebenfalls hauptamtlicher Mitarbeiter im Hauptvorstand der CDU. Ich muss davon ausgehen, dass sie dies nicht von sich aus taten, sondern im Auftrag oder mit Billigung von Wolfgang Heyl. Ich war überrascht, dass da jemand auf mich gekommen war, und fragte nach den Gründen. Gerd Wilkening antwortete, so ist mir heute noch lebhaft in Erinnerung, es gäbe dafür fünf Gründe: 1. Solle der Kandidat hinlänglich intelligent sein. 2. Solle der Kandidat erkennbar den Kirchen nahestehen. 3. Solle er über ein gewisses organisatorisches Geschick verfügen. 4. Solle er für die Politik, die die CDU bisher betrieben habe, nicht haftbar gemacht werden können. 5. Zum Letzten erwarte man, dass er in der Lage sei, auf große Menschengruppen zuzugehen. Ich erwiderte, dass die letzte Eigenschaft, nämlich die Fähigkeit auf große Menschengruppen zuzugehen, mir nicht zu eigen sei. Im Gegenteil, ich hätte vor großen Versammlungen eher Respekt, um nicht zu sagen Angst. Gleichwohl erbat ich mir eine Bedenkzeit und begründete dies damit, dass ich zuvor meine berufliche Situation klären müsste.

Das Statut des Kollegiums der Rechtsanwälte in Berlin enthielt die Bestimmung, dass Kollegen zeitweilig freigestellt werden konnten, wenn sie „gesellschaftliche Aufgaben" übernahmen. Dies war aber so zu verstehen, dass es sich dabei um eine nebenberufliche Tätigkeit handeln musste. Die Tätigkeit als Vorsitzender einer der Parteien in der DDR war jedoch eine hauptberufliche Tätigkeit, sodass geklärt werden musste, ob die Anwaltszulassung, die mir unverzichtbar auch für die Zukunft erschien, aufrechterhalten bleibt, auch wenn ich dieses Amt annehme. Ich wollte mir schon damals jederzeit den Rückweg in meinen Beruf offenhalten für den Fall, dass es mir nicht gelänge, die CDU aus der Umklammerung der SED herauszuführen. Übrigens gab es auch Leute, die unsicher waren. Ich entsinne mich, dass ich an einem Tage, als die Konferenz der Kirchenleitung tagte, ein Gespräch mit Oberkirchenrat Ziegler, mit Präses Rainer Gaebler und mit Axel Noack, dem späteren Bischof der Kirchenprovinz Sachsen, hatte. Alle drei waren skeptisch, Ziegler riet mir sogar ab: Sie versprachen mir aber, meinen Weg kritisch zu begleiten und notfalls zur Umkehr zu raten. Zwanzig Jahre später zu meinem 70. Geburtstag erreichte mich ein Brief von Ziegler, der mich berührt hat. Darin heißt es: „Vor 20 Jahren habe ich Ihnen abgeraten, die Spitzenfunktion der CDU/Ost zu übernehmen. Ich fürchtete, Sie würden in dieser Position zerschlissen von Leuten, die nicht immer auf lautere Weise Politik machen. Sie haben die Funktion dann doch übernommen. Ich bin heute froh und dankbar dafür."

In den nächsten Tagen versuchte ich, mir einen Überblick über die Führungsstruktur in dem Hause am Gendarmenmarkt, in dem der Hauptvorstand der CDU seinen Sitz hatte, zu verschaffen. Ich wollte wissen, wie der Aufbau der Leitungsstruktur war, welche Personen diese besetzten, mit wessen Unterstützung man rechnen konnte für einen Prozess der Erneuerung innerhalb der Partei und auf wessen Widerstand man treffen würde. Unter dem Vorsitzenden Götting und seinem Stellvertreter Heyl gab es das Präsidium des Hauptvorstandes, dem ehrenamtliche Mitarbeiter angehörten, aber insbesondere auch die Sekretäre des Hauptvorstandes. Bei diesen Sekretären handelte es sich um hauptamtliche Mitarbeiter des Parteiapparates. Sie stellten zusammen mit Götting und Heyl das eigentliche Machtzentrum der Partei dar. Die Sekretäre waren für Parteiaufbau oder für Wirtschafts- oder Pressefragen oder Ähnliches tätig. Unter dem Präsidium gab es den Hauptvorstand, der aus etwa 120 Mitgliedern bestand. Dieser Hauptvorstand war 1987 auf einem Parteitag in Dresden gewählt worden. Er bestand aus den Mitgliedern des Präsidiums und weiteren ehrenamtlichen Mitgliedern, aber auch den Vorsitzenden der 15 Bezirksverbände. Schon bei diesen sondierenden Gesprächen wurde mir klar, dass ich mit erheblichem Gegenwind rechnen musste. Die Mitglieder des Hauptvorstandes, des Präsidiums und insbesondere auch die Sekretäre des Hauptvorstandes hegten die Hoffnung, die Wahl eines neuen Vorsitzenden würde nach außen hin den Anschein einer Erneuerung hervorrufen, im Grunde genommen aber alles beim Alten belassen.

Die Demokratisierung der CDU war ein Testlauf für das Ganze. So verstand ich meine Mission in der CDU. Während die Revolutionäre über die großen Visionen sprachen, während über Einheit oder Konföderation, Sozialismus und Kapitalismus gestritten wurde, schien mir im November 1989 die wichtigste Aufgabe, mit der Demokratisierung konkret zu beginnen. Denn die ganze Gesellschaft war ja von der DDR geprägt und musste sich verändern. Auch wenn viele die SED-Bonzen verjagen und Westmark in die Taschen wollten, beherrschte eine undemokratische, durch den autoritären Staat geprägte und vor allem eine an dem Status quo orientierte Bequemlichkeitshaltung die Mehrheit der DDR-Bürger. Die CDU war ein typisches DDR-Biotop, zwischen Anpassung und Abneigung. Meine Analyse war und ist: 3 Prozent der DDR-Bürger waren Täter, 3 Prozent Opfer. 94 Prozent aber waren nur Volk, die mussten für die Demokratie und die Freiheit gewonnen werden. Wie es für Menschen typisch ist, sind die Beharrungskräfte groß, wenn Veränderungen ins

Haus stehen, selbst dann, wenn man sie vom Kopf her für richtig hält. Die Veränderung der Ost-CDU war deswegen im Kleinen das, was der ganzen Gesellschaft bevorstand. Das, was die SED durchmachte oder auf der anderen Seite die organisierten Oppositionellen, war eben auf die Normalität der DDR bezogen viel untypischer. Deswegen war später der Wahlerfolg der CDU auch mit darauf zurückzuführen, dass die einstige Blockflöte nah am Lebensgefühl der Ostbürger lag.

Der Parteivorsitz. Oder:
Wider die Bonzen

DER HAUPTVORSTAND DER CDU der DDR war für den
10. November 1989 nach Berlin einberufen worden. Haupttages-
ordnungspunkt war die Wahl eines neuen Vorsitzenden. Im Gebäude am Gendarmenmarkt traf ich die Mitglieder des Hauptvorstandes und die führenden Personen in heller Aufregung. Es
war der Tag nach der Öffnung der Berliner Mauer. Zur Wahl
standen jetzt noch drei Kandidaten: Klaus Peter Gerhard und
der Maler und Grafiker Wolk, der eine kurz zuvor durchgeführte
Westreise dazu benutzt hatte, via ARD-Fernsehen über den inneren Zustand der CDU zu schimpfen und deren Erneuerung zu
fordern. Damit hatte er eine gewisse Bekanntheit erlangt. Der
dritte Kandidat war ich. Unmittelbar vor dem Wahlgeschehen
zog Gerhard seine Kandidatur zurück, sodass nur Wolk und ich
zur Wahl standen. Beide wurden befragt über ihre Vorstellungen
zur Ausübung des Amtes und die Zukunft der Partei. Damals
war im Gespräch, dass im März 1990 ein Parteitag der CDU
stattfinden sollte und dass auf diesem dann die grundlegenden
Richtlinien für die Partei festgelegt werden sollten. Wolk erklärte
dem Hauptvorstand, dass er nur übergangsweise bereit sei, das
Amt auszuüben und zwar bis zu diesem Parteitag im März. Seinen Beruf würde er für das Amt nicht aufgeben. Ich erklärte,
dass ich mich voll auf das Amt einlassen würde und keine zeitliche Befristung vorsähe. Ich sähe meine Aufgabe darin, die Wurzeln der CDU, so wie es von den Gründungsvätern vorgesehen
war, wieder freizulegen. Ich würde darauf dringen, die Partei
aus der Umklammerung der SED zu befreien. Ich wolle dafür
eintreten, dass in der DDR ein Staatsaufbau geschaffen würde,
der den Prinzipien der Subsidiarität folgte. Endlich konnte ich

Prinzipien der christlichen Sozialethik und katholischen Soziallehre anwenden, die ich mir in der DDR heimlich angeeignet hatte. Ich kannte Schriften des Theologen Oswald von Nell-Breunig, auch wenn sie offiziell nicht zu haben waren. Ich erklärte also, Demokratie müsse von unten wachsen und könne nicht von oben diktiert werden. Dann wurde ich schließlich mit 92 von 118 abgegebenen Stimmen gewählt.

Noch am gleichen Tage bestellte ich den Hauptbuchhalter Gerhard Bastian zu mir und erläuterte ihm, dass ich zu Beginn meiner Tätigkeit eine Inventur zu machen gedächte. Mit einer Abschlussbilanz würde ich auch wieder aus dem Amt gehen wollen. Zwischen diesen beiden Daten müssten Einnahmen und Ausgaben deckungsgleich sein, das sei meine Vorgabe. Ich habe ihm deswegen vorgeschlagen, dass wir zusammen die Buchhaltung verschließen, ich den Schlüssel an mich nehme und wir am Montag daran gingen, die Buchhaltung aufzuräumen. Als ich dann nach dem Wochenende morgens ins Parteihaus kam, hieß es, ich habe Bastian entlassen, er sei gekommen, um seine persönlichen Sachen zu packen. Ich stellte ihn daraufhin zur Rede. Keinesfalls wolle ich ihn loswerden, vielmehr sei ich auf ihn und seine Mitarbeit angewiesen. Es ginge darum, die finanziellen Fragen der Vergangenheit aufzuarbeiten. Unter Tränen berichtete er mir, dass er vor 36 Jahren durch Otto Nuschke zum absoluten Schweigen verpflichtet worden sei. Später sei er in gleicher Weise von Gerald Götting vergattert worden. Finanzfragen seien allein von dem Vorsitzenden, allenfalls vom stellvertretenden Vorsitzenden behandelt worden, es seien auch im Sekretariat des Hauptvorstandes nie Finanzfragen besprochen worden. Alle Befugnisse hätten allein bei Götting gelegen. Er wisse von vielen Unregelmäßigkeiten.

Ich hatte den Eindruck, dass ich Bastian eine schwere Last von den Schultern nahm und er erleichtert war, endlich über die Unregelmäßigkeiten sprechen zu können. In den Folgetagen hat er mir bergeweise Belege, Tippstreifen, Quittungen und

Ähnliches vorgelegt, aus denen sich ergab, dass erhebliche Summen der Partei von Götting veruntreut worden waren. Die Veruntreuung geschah über die verschiedensten Wege. So wurden Baukosten für ein Wochenendgrundstück an der Ostsee über den Rostocker Verlag der CDU abgerechnet. Die Baukosten des Hauses in Hirschgarten etwa, in dem Götting lebte, wurden über den Bezirksverband Berlin oder den Hauptvorstand abgerechnet. Selbst die Hausangestellte des CDU-Vorsitzenden wurde in den Stellenplan des Hauptvorstandes der CDU eingearbeitet. Erkennbar war, dass der Parteivorsitzende über Jahre hinweg einen persönlichen Aufwand von circa 50.000 Mark über die Partei abgerechnet hatte. Selbst die Hochzeitsfeier der Tochter, die mit etwa 200 Gästen auf dem Schloss in Burgscheidungen gefeiert worden war, wurde über die Partei finanziert. Ohne diese Mitwirkung von Bastian hätten die Betrügereien auch nicht im Geringsten aufgedeckt werden können, so dass ich mich auf dem Parteitag im Dezember 1989 auch dagegen verwahrt habe, dass die Delegierten des Parteitages Bastian „hinrichten" wollten.

Ich setzte sofort einen Untersuchungsausschuss mit absolut integeren Leuten ein. Sie versuchten Licht in das Dunkel zu bringen, was ihnen jedoch nur bedingt gelang. Am 29. November 1989 legten sie einen Antrag vor, indem sie die Überweisung der Untersuchung an den zeitweiligen Untersuchungsausschuss der Volkskammer anregten. Sie schrieben: „Untersuchungen im Rahmen unserer Partei haben ergeben, dass keine volle Klarheit über die Finanzierung zu erreichen ist. Da offensichtlich Zuschüsse aus zentralen Fonds gezahlt werden, beantragen wir die Untersuchung des Komplexes der Parteifinanzierung durch den zeitweiligen Untersuchungsausschuss der Volkskammer. Wir fordern eine Offenlegung der Tatsachen und erwarten, dass daraus Folgerungen für ein zu erarbeitendes Parteiengesetz abgeleitet werden. Berlin, den 29. November 1989".

Diese „Zuschüsse aus zentralen Fonds" bestanden darin, dass Götting monatlich einmal zum Zentralkomitee der SED ging – und zwar zu der „Abteilung befreundete Parteien" – und dort in bar Gelder in Empfang nahm. Diese speiste er dann in den Finanzkreislauf der Partei ein. Weder im Bereich des Zentralkomitees, hier der „Abteilung befreundete Parteien", noch im Bereich der CDU gab es Aufzeichnungen darüber, in welcher Höhe die monatlichen Bargeldzahlungen an Götting erfolgten, sodass auch nicht festgestellt werden konnte, ob die gleiche Menge Geldes, die Götting in Empfang genommen hatte, tatsächlich bei der CDU ankam. Dieses sogenannte „Koffergeld" spielte später bei dem Parteitag im Dezember 1989 eine große Rolle. Die vorläufigen Ergebnisse dieses Untersuchungsausschusses habe ich dann mit einem Antrag auf Einleitung eines Ermittlungsverfahrens gegen Götting an den Generalstaatsanwalt der DDR weitergeleitet. Die Generalstaatsanwaltschaft stellte sich, so meine ich zu Recht, auf den Standpunkt, dass ein wesentlicher Teil der Vorwürfe verjährt war. Zur Anklage gelangte daher nur ein relativ kleiner Teil der vom Untersuchungsausschuss festgestellten Verfehlungen. Der langjährige CDU-Vorsitzende Götting wurde zur Bewährung und zu einer empfindlichen Geldstrafe verurteilt.

Am Wochenende nach meiner Wahl und vor einem ereignisreichen Montag, an diesem 11./12. November, als die halbe DDR eine Spazierfahrt in den „kapitalistischen Westen" machte, saß ich über den CDU-Akten und versuchte, mir einen ersten Überblick im Hause zu verschaffen. Dabei half mir Gerd Wilkening, der seit Jahren dort tätig war und mir außerordentlich wohlgesonnen war. Am Montag dann hatte ich vormittags das Gespräch mit Herrn Bastian. In den Mittagstunden erfuhr ich, dass die Volkskammer getagt hatte. Diese hatte nach dem Rücktritt von Horst Sindermann (SED) kurzerhand Günther Maleuda von der Bauernpartei zum neuen Präsidenten gewählt. Dies war auf Vorschlag der CDU-Fraktion – unterbreitet von Wolfgang Heyl – geschehen. Eine Christine Wienck war für die CDU zur Vizepräsidentin gewählt worden. Gleichzeitig wurde mir mitgeteilt, dass nach dieser Sitzung Heyl einen Herzanfall erlitten hätte und ins Krankenhaus eingeliefert werden musste. Von dort sei er jedoch nach kurzer Verweildauer nach Hause entlassen worden. Ich war hell empört darüber, dass eine so wichtige Personalentscheidung wie die Besetzung des Vizepräsidenten der Volkskammer ohne mein Wissen erfolgt war. Insbesondere sah ich darin den Beweis dafür, dass offensichtlich die alte Führung, Wolfgang Heyl und die Sekretäre, bereit waren, die CDU weiter so zu führen, wie sie es bisher getan hatten. Sie gingen offenbar davon aus, dass sie Erneuerung vortäuschen könnten, wenn sie mich als Galionsfigur vorzeigen würden.

Noch am Nachmittag des Tages führte ich eine Sitzung mit den Herren Sekretären des Hauptvorstandes durch und erklärte ihnen, dass ich ein solches Verhalten keinesfalls hinnehmen werde und dass in Zukunft alle maßgeblichen Entscheidungen mit mir abzustimmen seien. Die Sekretäre verhielten sich unterschiedlich. Entweder zeigten sie eine Beflissenheit, die mir nicht angezeigt schien, oder sie demonstrierten offene Gegnerschaft. Einer der Herren erklärte, dass er bereit sei, gegen mich bis aufs Messer zu kämpfen. Bei diesem habe ich mich ausdrücklich für seine Offenheit bedankt. An einem der nächsten Nachmittage besuchte ich Wolfgang Heyl in seiner Wohnung und teilte ihm mit, dass ich es für richtig hielte, dass er seine Herzattacke gründlich auskuriere und dass es besser wäre, wenn er das Haus am Gendarmenmarkt nicht mehr beträte. Ich hätte ohnehin vor, einen Parteitag einzuberufen, wo eine neue Führungsmannschaft gewählt werden würde. Zu der würde er mit Sicherheit nicht mehr gehören. Wolfgang Heyl hat meinen Rat befolgt. Ich war ihm dankbar dafür, dass er sich nicht an die Spitze derer setzte, die im Hause ganz offensichtlich gegen mich Sturm liefen. Ich entschloss mich also kurzfristig, eine Hauptvorstandssitzung nach Burgscheidungen – der Schulungsstätte der CDU – einzuberufen, um dort die Situation zu klären. Vom 20. bis 22. November fand diese Tagung auf dem wunderschönen Schloss statt. Beim Begrüßungsabend musste ich feststellen, dass sich dort Grüppchen bildeten. Einige der Hauptvorstandsmitglieder suchten ostentativ meine Nähe, darunter auch viele, deren Nähe ich nicht unbedingt wünschte. Andere formierten sich abseits und ich gewann den Eindruck, dass sie die Strategie für den kommenden Tag überdachten.

Am Folgetag, dem eigentlichen Sitzungstag, wurde zunächst über die Weiterarbeit am Positionspapier gesprochen. Dies war ein Papier, das im Hauptvorstand schon vor Wochen begonnen worden war. Aufgrund von Leserzuschriften in den unionsnahen Zeitungen wurde es fortgeschrieben und sollte zum neuen Parteiprogramm der CDU entwickelt werden. Zur Überraschung der Hauptvorstandsmitglieder erklärte ich ihnen, dass ich mich durch ihre Wahl am 10. November 1989 nicht ausreichend legitimiert fühlte. Der Hauptvorstand, dem sie angehörten, sei zustande gekommen wie in all den Jahren zuvor, indem gemäß dem Delegiertenprinzip die Delegierten aus den Ortsverbänden zu den Kreisparteitagen, von den Kreisparteitagen zu den Bezirksparteitagen und von den Bezirksparteitagen zum zentralen Parteitag delegiert worden seien. Auf dieser Strecke hätten nicht nur CDU-Mitarbeiter, sondern auch Mitarbeiter anderer Staatsorgane über die einzelnen Delegierten befunden. Das entspräche nicht mehr den Erfordernissen der Zeit. Deswegen stellte ich die Forderung auf, binnen vier Wochen einen Sonderparteitag durchzuführen. Die neuen Delegierten sollten dazu in den Kreisverbänden direkt gewählt werden. Dazu hätten alle Ortsverbände eines Kreisverbandes eine Kreismitgliederversammlung durchzuführen und von dort die Delegierten für den zentralen Parteitag zu wählen. Dieses, von mir erdachte, Vorgehen entsprach nicht der Satzung der CDU und wurde daher von einer Mehrheit der Hauptvorstandsmitglieder abgelehnt. Dabei zogen sie sich hinter dieser Nichtsatzungskonformität zurück und waren nicht bereit, darüber zu diskutieren. Ich setzte alles auf eine Karte und erklärte, dass ich diese Forderung, die

Durchführung eines Sonderparteitages, zu meiner Existenzfrage erhebe. Sie möchten bitte entscheiden, ob es der CDU nicht mehr schade, innerhalb von vier Wochen zweimal den Vorsitzenden zu verlieren – nämlich am 2. November Gerald Götting und dann am 21. November mich. Die öffentliche Wirkung würde enorm sein, dies umso mehr als ich ja seit einigen Tagen – genau seit dem 18. November – stellvertretender Ministerpräsident der DDR sei und zuständig für Kirchenfragen. Darüber hinaus stünde es jedem frei, sich in seinem Kreisverband als Kandidat für den zentralen Parteitag zu stellen und möglicherweise in dem dann neu zu bildenden Landesvorstand wieder eine wichtige Funktion einzunehmen. Der Druck entfaltete die gewünschte Wirkung. Das Datum für den Parteitag wurde festgelegt auf den 15./16. Dezember 1989. Ich erklärte, dass ich bis dahin eine neue Satzung der CDU und eine Geschäftsordnung für den Parteitag ausarbeiten würde. Die Vorgehensweise, die Delegierten direkt von den Kreismitgliederversammlungen wählen zu lassen, würde ich mir vom Parteitag im Nachhinein absegnen lassen. Das bisher gehandhabte Delegiertenprinzip hat zu einer Verbonzung der Partei geführt, so erklärte ich den Anwesenden. Es hat dafür gesorgt, dass immer wieder die gleichen Figuren in Führungsämter kamen und so der Wille der Basis nicht mehr repräsentiert wurde. Natürlich mussten sich einige der Angesprochenen selbst als ebensolche Bonzen wiedererkennen. Und doch bewirkte die Rücktrittsdrohung, dass eine knappe Mehrheit sich für die Durchführung des Sonderparteitages aussprach. Ich beendete die Hauptvorstandssitzung mit einer kurzen Ansprache, in der ich aus Dietrich Bonhoeffers „Widerstand und Ergebung" zitierte. Vor dem Hintergrund dieses Bonhoeffer-Wortes bäte ich jeden zu prüfen, ob er sich für weitere Aufgaben in der Partei für geeignet hielte und sich zur Verfügung stellen wolle: „Wir sind stumme Zeugen böser Taten gewesen, wir sind mit vielen Wassern gewaschen, wir haben die Künste der Verstellung und der mehrdeutigen Rede gelernt, wir sind durch Erfahrung misstrauisch gegen die Menschen geworden und mussten ihnen die Wahrheit und das freie Wort oft schuldig bleiben, wir sind durch unerträgliche Konflikte mürbe oder vielleicht sogar zynisch geworden – sind wir noch brauchbar? Nicht Genies, nicht Zyniker, nicht Menschenverächter, nicht raffinierte Taktiker, sondern schlichte, einfache, gerade Menschen werden wir brauchen. Wird unsere innere Widerstandskraft gegen das uns Aufgezwungene stark genug und unsere Aufrichtigkeit gegen uns selbst schonungslos genug geblieben sein, dass wir den Weg zur Schlichtheit und Geradheit wiederfinden?«

Sonderparteitag mit Gottesdienst

IN DER PARTEIZENTRALE bereiteten wir nach der Klausurtagung den Parteitag vor und erarbeiteten eine neue Satzung der DDR-CDU, die der Satzung der bundesdeutschen CDU im Wesentlichen nachempfunden war. Es sollte in der Zukunft neben dem Vorsitzenden stellvertretende Vorsitzende geben. Ein Generalsekretär sollte auf Vorschlag des Vorsitzenden gewählt werden. Ein Präsidium und ein Landesvorstand waren zu bestimmen, außerdem die Gründung der Landesverbände. Das bedeutete, aus jeweils drei Bezirksverbänden einen Landesverband zu bilden. Es wurden erhebliche Bedenken gegen die vorschnelle Bildung von Landesverbänden laut, weil man befürchtete, dass wir so unsere strukturelle Kraft verlieren könnten. Ich war dennoch entschieden für die Bildung der Landesverbände, weil ich hoffte, dass auf diese Weise bei den jeweiligen Gründungsparteitagen Kräfte an die Spitze der Landesverbände treten würden, die den Kurs der Erneuerung mittragen würden. Und die Rechnung ging auf, ich wurde nicht enttäuscht.

Die strukturelle Entscheidung, die auch ein Vorgriff auf die gesamte staatliche Entwicklung war, hat so der Verjüngung und Demokratisierung der Partei einen mächtigen Schub verschafft. Bei der Blockparteiendebatte wird das häufig übersehen. Die CDU hat früh begonnen, sich neu zu erfinden. Sie hat entdeckt, dass ihre Grundlagen stärker sind als die Verblendung in der Block-Zeit. Dabei muss immer wieder daran erinnert werden, dass die CDU im Osten nach dem Krieg auch als demokratische Partei gegründet worden ist und als solche auch noch eine Weile existierte. Heute wird mit dem Jakob-Kaiser-Haus des Deutschen Bundestages und an vielen anderen Stellen an einen der Gründer auf würdige Weise erinnert. In der DDR wurde er totgeschwiegen. Kaiser, der später im Westen politische Karriere machte, ist übrigens der erste Ehrenvorsitzende der (West-)CDU geworden und ist es über seinen Tod hinaus geblieben.

Bisherige Parteitage der CDU der DDR waren stets mit großem Pomp abgehalten worden, in festlichen Sälen mit Übernachtung in teuren Hotels und ziemlich teuren Speisen und Getränken. Ausdrücklich hatte ich angewiesen, dass dieser Parteitag in einem schlichten Rahmen stattzufinden habe. Wir wählten das Kino „Kosmos" in der Karl-Marx-Allee und als Verköstigung wurden Bockwürste angeboten, entweder mit Schrippe oder mit Kartoffelsalat. Vor dem Parteitag am 15. Dezember wurde erstmalig wieder seit vielen Jahrzehnten für die Delegierten des Parteitages in einer kleinen Kirche in der Rigaer Straße im Stadtbezirk Berlin-Friedrichshain eine ökumenische Andacht gehalten.

„Wer vordenken will, muss nachdenken." So begann mein Grundsatzreferat zur Eröffnung des Parteitags. Wir hatten uns viel vorgenommen und wollten weitreichende Entscheidungen treffen. Aufgaben, Arbeitsstruktur, Zusammensetzung der Leitungsgremien und Weichenstellungen für die zukünftige Politik der Partei standen zur Debatte. Doch am Anfang musste die Auseinandersetzung mit der Geschichte der eigenen Partei in den vergangenen 40 Jahren stehen. Deswegen formulierte ich:

„Eine Partei, die etwas bewegen will, braucht festen Boden unter den Füßen. Deshalb ziehen wir Bilanz. Und deshalb darf diese Bilanz nicht bei der Analyse der letzten Monate stehenbleiben. Wir haben es nicht nur mit einem halben Jahr des Bankrotts, sondern mit 40 Jahren DDR-Geschichte und CDU-Geschichte zu tun, die diesen Bankrott vorbereiteten. In dieser Geschichte gab es Leistungen und sozialen Gewinn. Es besteht kein Grund, beides zu leugnen. Im Gegenteil! Das Entsetzliche ist, dass wir das nicht aufrechnen können gegen Misswirtschaft, Fehler und Verbrechen, gegen die Stagnation und die Verkrustungen dieser 40 Jahre.

15. Dezember 1989: Grundsatzrede auf dem CDU-Sonderparteitag.
BArch, Bild 183–1989–1215–032 / Hartmut Reiche

Denn Leistungen und Fehlleistungen haben unter einem gemeinsamen Vorzeichen gestanden, das alles verdorben hat, das Fehler in ihrer Wirkung vervielfacht und Leistungen in den Augen des Volkes entwertet hat. Dieses Vorzeichen war der sogenannte demokratische Zentralismus, ein politisches System, das durch Druck und Zwang, durch Diktatur ersetzen wollte, was es an zuvor freier Zustimmung, an Initiativen, an menschlicher Solidarität zerstörte. Er, der demokratische Zentralismus, war der genetische Defekt der DDR und des in ihr betriebenen Pseudosozialismus. Mit diesem genetischen Defekt war der Misserfolg und das Ende dieses Systems in unserer Gesellschaft und damit auch in unserer Partei vorprogrammiert. In dem Maße, in dem wir uns in diesem System eingerichtet hatten, haben wir heute Buße zu tun, umzukehren, Mut zur ehrlichen Konsequenz zu haben. In dem Maße, in dem wir unter diesem System gelitten und in ihm trotz allem versucht haben, Demokratie und Vernunft zur Geltung zu bringen, sind wir ein Teil des Volkes, das heute endlich dabei ist, seine Geschichte in die eigene Hand zu nehmen. Aber keiner sollte sich an dieser Stelle die Selbstprüfung zu leicht machen!"

Im Nachhinein mag einigen die Analyse noch nicht radikal genug gewesen sein, in der Situation war sie für viele schon schwere Kost. Und schließlich wollte ich die Partei mitnehmen. Bei der Beschreibung, wie es nun in den nächsten Monaten weitergehen sollte, vollzog ich noch einen klaren Schnitt und nannte folgende Schwerpunkte: „Abkehr vom Sozialismus". Wörtlich führte ich aus: „Nach meiner Überzeugung ist dieses Wort eine leere Hülse geworden und daher nicht mehr verwendbar." „Bekenntnis zur sozialen Marktwirtschaft", also die Abkehr von der Planwirtschaft verbunden mit ökologischem Ansatz in der Wirtschaft. „Rechtsstaatlichkeit und klare Gewaltenteilung", „Änderung des Staatsaufbaus", das heißt Wiedereinführung der kommunalen Selbstverwaltung und Wiedererrichtung der alten Länderstruktur, um den Menschen so ihre kulturelle und landsmannschaftliche Identität zurückzugeben. „Klares Bekenntnis zum Ziel der Herstellung der nationalen Einheit", wobei die nationale Einheit eingebettet sein sollte in eine europäische Friedensordnung.

Am Ende meiner Rede wiederholte ich das Schuldbekenntnis der CDU und ich glaube, dass die CDU die einzige Partei der DDR war, die sich so klar zu den Fehlern der Vergangenheit bekannte. Wörtlich sagte ich: „Die CDU trägt durch den politischen Sündenfall der geduldeten Gleichschaltung Mitschuld am moralischen Verfall der ganzen Gesellschaft." Dem Grundsatzreferat schloss sich eine lange und breite Diskussion an. Im Mittelpunkt stand die Frage der Abkehr vom Sozialismus. Viele der anwesenden Delegierten wollten diesen Schritt nicht mitgehen. Es ging so weit, dass einige der Delegierten an den Präsidiumstisch traten und ihr Parteibuch dort ablegten. Unter ihnen war der Grafiker Wolk, mein Gegenkandidat vom 10. November 1989. Diese Austrittswelle setzte sich auch nach dem Parteitag noch fort. In den ersten Tagen und Wochen waren es etwa 3.000 bis 4.000 Mitglieder, die unsere Partei verließen. Auch dies gehört zum Klärungsprozess innerhalb der Partei im Winter 1989/1990.

Heiß diskutiert wurde die Frage, wer denn wohl verantwortlich sei für den Zustand der Partei. Einige Delegierten forderten, die Schuldigen sofort, und zwar durch Parteitagsbeschluss, aus der Partei auszuschließen. Mir widerstrebte es, den Parteitag zu einem Tribunal zu machen. Über mögliche Parteiausschlüsse sollte ein Parteigericht entscheiden, nicht aber ein emotional aufgeheizter Parteitag. Ich war auch nicht bereit, über die Schuld Göttings zu diskutieren, da dieser nicht anwesend war und mithin nicht die Möglichkeit hatte, sich zu rechtfertigen. Auch die Auseinandersetzung über Schuld und Nichtschuld in der Partei muss rechtstaatlichen Grundsätzen folgen, so meine Überzeugung.

Die von mir bereits kurz nach meinem Amtsantritt eingesetzte Untersuchungskommission legte einen Bericht zu den Finanzen der Partei vor, der ebenfalls heftige Diskussionen auslöste.

Einige Delegierten forderten, dass der Buchhalter Bastian herbei-
zitiert werden solle, um sich vor dem Parteitag zu rechtfertigen.
Auch dies habe ich abwenden können. Ich wollte keinen Parteitag, der mit Personen abrechnet, so wie dies bei der SED zeitgleich geschah, sondern ich wollte einen Parteitag haben, der der
Partei Orientierung, Besinnung und ihre Würde zurückgab.

Breiten Raum nahm die Wahl der neuen Gremien ein. Ich
wurde in meinem Amt bestätigt und mir wurden vier Stellvertreter zur Seite gestellt. Martin Kirchner wurde auf meinen Vorschlag hin zum Generalsekretär und Werner Skowron zum
Schatzmeister gewählt. Daneben wurde ein Parteivorstand von
über 80 Mitgliedern bestimmt. Bei Durchsicht der Namen habe
ich jetzt festgestellt, dass manche von den damals Gewählten
noch heute politisch aktiv sind, so Christine Lieberknecht als Ministerpräsidentin in Thüringen oder Eckehard Rehberg als Bun-
destagsabgeordneter aus Mecklenburg-Vorpommern.

Lebhaft wurde Eberhard Diepgen auf dem Parteitag als Gast
begrüßt. Der Westberliner CDU-Landesvorsitzende sprach auch
ein freundliches Grußwort. Dies war keine unbedeutende Ne-
bensächlichkeit, sondern immens politisch. Er tat dies zu einer
Zeit, als die Bundes-CDU sich noch strikt weigerte, mit uns Kontakt aufzunehmen. Dieser Besuch unseres Parteitages wurde
ihm dann auch in Bonn erheblich übel genommen.

Schwieriger war der Besuch aus Bayern. Erwin Huber war
zu uns gekommen und wurde zunächst freundlich begrüßt. Er
hielt jedoch eine Ansprache, die für erhebliche Verwirrung sorgte. Er stellte die Ostgrenze Deutschlands infrage, sprach die Erwartung aus, dass im Zuge der deutschen Einheit auch Schlesien und andere Gebiete wieder zu Deutschland kämen. Ich
habe ihm sofort öffentlich deutlich widersprochen und wies ihn
darauf hin, dass die Oder-Neiße-Grenze die Grenze der DDR,
nicht etwa die Grenze Bayerns sei. Besonders hilfreich war der
Delegierte Uwe Erich aus Eisenach, der ausführte, dass er in
Schlesien geboren sei und dennoch dafür einträte, dass die

Grenzen, so wie sie bestünden, von Dauer sein sollten. Schlesien sei jetzt die Heimat anderer Menschen geworden. Denen wolle er das Heimatrecht nicht streitig machen.

Der Parteitag fand ein breites Presseecho. Das Schimpfen im „Neuen Deutschland" empfand ich als Ehre. Erfreut war ich, dass auch westdeutsche Zeitungen, wie die „Berliner Morgenpost" und der „Tagesspiegel", aber auch die „Frankfurter Allgemeine Zeitung" von dem Parteitag Kenntnis nahmen. Einzig das Schweigen der Bundes-CDU war für mich völlig unverständlich.

Ost-CDU und West-CDU –
Fremdheiten und Freundschaften

DAS FREMDELN VON West-CDU und Ost-CDU auf der einen
Seite und zaghafte Annäherungen auf der anderen Seite erlebte
ich schon sehr früh. Anfang November 1989, ich war noch nicht
zum CDU-Vorsitzenden gewählt, erfuhr ich im CDU-Haus am
Gendarmenmarkt, dass erstmalig ein Gespräch zwischen dem
Bezirksvorsitzenden der CDU Ostberlins, Siegfried Berghaus,
und dem CDU-Vorsitzenden Westberlins, Eberhard Diepgen, geplant sei. Ich bat, an diesem Gespräch teilnehmen zu dürfen. Als
Gesprächsort war ein verstecktes Gästehaus der CDU-Ost vorgesehen, das am Rande der Stadt in Nordend gelegen war. Ein
geradezu konspirativer Ort, der nicht erkennen ließ, was sich in
ihm verbarg. Da ich davon ausging, dass Eberhard Diepgen seinen Pressesprecher, meinen Vetter Thomas de Maizière, mit-
bringen würde, rief ich diesen am Vorabend an. Ich teilte ihm
etwas verklausuliert mit, dass er nicht verwundert sein soll,
mich am nächsten Tag zu treffen. Nähere Einzelheiten würde
ich ihm dort erläutern. Ich hoffte, durch meine Andeutungen
die möglichen Stasi-Abhörer in die Irre zu führen. Neben dem
Berliner Bezirksvorsitzenden Berghaus und mir nahm an dem
Gespräch auf Wunsch unserer Seite noch ein Mitglied der Stadt-
verordnetenversammlung von Berlin teil. Bei dem Gespräch
erörterten wir breit, welche Zusammenarbeit zwischen Ostberlin
und Westberlin denkbar sei, ob es Kontakte zwischen Westberliner und Ostberliner Ortsverbänden geben solle. Vor allem wollten die „Parteifreunde" aus dem Westen wissen, wie wir die
Situation im Ganzen einschätzen, ob es zu Reiseerleichterungen
kommen würde, wie man mit dem Druck umginge, der offensichtlich in der Stadt zu spüren war und Ähnliches mehr. Das

Ein offizielles Treffen zu einem späteren Zeitpunkt: Am 15. Juni 1990 informieren sich Lothar de Maizière und der Westberliner CDU-Chef Eberhard Diepgen in der Nähe des Checkpoint Charly über den Fortgang des Mauerabrisses. BArch, Bild 183–1990–0615–019 / Bernd Settnik

Gespräch fand noch vor der Maueröffnung statt und konnte natürlich nur im Osten anberaumt werden. Es war die erste Begegnung dieser Art seit Jahrzehnten und hatte aus östlicher Sicht noch den Hauch des Verbotenen.

Sowohl Eberhard Diepgen als auch Thomas wunderten sich sehr, dass die Gesprächsführung auf der östlichen Seite im Wesentlichen bei mir lag und sich die beiden anderen Herren in meiner Begleitung lediglich erläuternd einmischten. Am Ende des Gesprächs begaben sich Thomas und ich auf die Herrentoilette und dort – in der Annahme, dass dort nichts abgehört werden würde – fragte mich Thomas, welche Rolle ich spielte. Er sei erstaunt, dass nicht der Bezirksvorsitzende, sondern ich im Wesentlichen gesprochen hätte. Daraufhin erläuterte ich ihm, dass man überlegte, mich zum CDU-Vorsitzenden der DDR zu wählen. Ich hätte die Atmosphäre schnuppern wollen, wie man ins

Gespräch kommen könnte. Thomas hat dann Diepgen darüber informiert. Schon damals, aber auch unmittelbar nach dem Mauerfall kam es zu engen Kontakten zwischen der Westberliner CDU und der Ostberliner CDU, und auch mit dem Hauptvorstand der CDU. Natürlich spielte die private Brücke zu Thomas dabei eine wichtige Rolle. Überhaupt ist meine politische Karriere in diesem Jahr unvorstellbar ohne die Hilfe und den freundschaftlichen Rat meines Vetters. Das familiäre Band war nie abgerissen. Wir hatten auch zu Mauerzeiten unter schwierigen Umständen Kontakt gehalten. Spätestens nach dem Tod meiner Eltern 1981 führten wir jährlich Familientreffen in Ostberlin durch, weil die West-Verwandten dann mit einem Tagespassierschein zu uns kommen konnten. Mein Vetter Thomas war die familiäre Schaltstelle im Westen, ich im Osten. Ab 1983 konnte auch Onkel Ulrich kommen, weil seine Geheimhaltungssperrfrist abgelaufen war. Bei den Treffen wurde viel musiziert. Und jedes Jahr hielt einer eine Rede, im Wechsel einer aus Ostelbien und einer aus Westelbien. 1987 hielt Thomas die Rede und sagte, unsere Familientreffen sind der Versuch, Normalität zu leben bei allgegenwärtiger Anormalität.

Im Süden, in Sachsen, insbesondere in Leipzig, formierte sich eine neue Gruppierung aus mehreren Neugründungen, die sich dann DSU nannte und der CSU relativ nahestand. Nur mit uns, den schmutzigen Brüdern, wollte in der Union niemand sprechen. Es gab in Bonn quasi ein Redeverbot. Anders verhielt sich die hessische CDU, die unmittelbar nach dem Fall der Mauer Kontakte zur Thüringer CDU aufnahm; hier insbesondere zu Gottfried Müller, dem Chefredakteur der Zeitung „Glaube und Heimat", und zu Martin Kirchner, beides Mitautoren des Briefes aus Weimar. Auch die baden-württembergische CDU unter Lothar Späth ließ Gesprächsbereitschaft erkennen.

Das Bonner Adenauerhaus wollte von den „Blockflöten" aus dem Osten partout nichts wissen. Bundeskanzler Helmut Kohl, aber auch sein Generalsekretär Volker Rühe, pflegten Kontakte zum Demokratischen Aufbruch, einer Neugründung des Herbstes 1989. Es gab Fernsehbilder, die Helmut Kohl in trautem Gespräch mit Wolfgang Schnur und Rainer Eppelmann zeigten. In meinem Kalender ist unter dem 24. November 1989, 10 Uhr ein Besprechungstermin zwischen Volker Rühe und mir vereinbart, an dem auch Eberhard Diepgen und mein Vetter Thomas teilnahmen. Volker Rühe erschien und betrat das Haus so, als ob er feindliches, vermintes Gelände beträte. Das Treffen war vorbereitet worden in der Bibliothek. Er nahm Platz und fing an, mich zu examinieren. Er wollte von mir wissen, welches Verhältnis ich zur parlamentarischen Demokratie hätte, wie ich zum Begriff Sozialismus stünde, warum ich Mitglied der Modrow-Regierung sei. Nach seiner Auffassung sei es dringend notwendig, sofort dieses Regierungsbündnis mit der SED zu verlassen. Dies sei unmöglich, erwiderte ich, weil bei Ausscheiden der CDU aus der Regierung die LDPD dem folgen würde, möglicherweise auch die NDPD, und dies das Land endgültig destabilisieren würde und es ins Chaos geriete. Meine Argumente interessierten ihn nicht die Spur. Er halte die Ost-CDU und mich persönlich für politische Greenhorns, sagte er uns. Und so sei er, Rühe, strikt gegen den Aufbau von ständigen Kontakten zwischen der Ost-CDU und der West-CDU.

Vorsorglich hatten wir für eine Stunde später Presse bestellt und wollten diese über den Gesprächsinhalt informieren. Rühe war total wütend, hatte er sich doch bemüht, das Gespräch möglichst geheim zu halten. Er fertigte die Presse relativ kurz und kühl ab und ließ keinen Zweifel daran, dass er eine Zusammenarbeit mit uns nicht wünsche. Noch am gleichen Tage am Nachmittag um 15 Uhr kam Walter Wallmann, CDU-Vorsitzender von Hessen und hessischer Ministerpräsident, in Begleitung seines Generalsekretärs Franz Josef Jung, den ich bereits am 9. November 1989 nachmittags im Konsistorium der Evangelischen Kirche kennen gelernt hatte. Zu dem Gespräch hinzu kamen Thüringer CDU-Vertreter. Es wurde erwogen, die Partnerschaft zwischen Hessen und Thüringen auf Parteibasis bereits in Gang zu setzen. Also eine völlig entgegengesetzte Haltung des Vertrauens, ja fast verwandtschaftlichen Bindung trat uns entgegen. Ich erläuterte Wallmann die schwierige Situation im Hinblick auf die Bundes-CDU. Er versprach mir, sein Möglichstes zu tun.

In der Folgezeit bildeten sich in der Bundes-CDU offensichtlich zwei Lager. Die einen befürworteten eine Zusammenarbeit mit uns, andere lehnten diese grundsätzlich ab. Für eine Zusammenarbeit waren Lothar Späth, Rita Süssmuth, Heiner Geißler, auch Wolfgang Schäuble und wie ausgeführt Walter Wallmann und andere mehr. Für uns war bloß schwierig, dass die meisten, die sich für eine Zusammenarbeit mit uns aussprachen, im September 1989 auf dem Bremer Parteitag versucht hatten, Helmut Kohl wegzuputschen. Das traf allerdings nicht auf Wolfgang Schäuble zu. Diesen traf ich im Dezember 1989 im Konsistorium der Evangelischen Kirche. Schäuble hatte sich dafür interessiert, wer denn wohl der neue CDU-Vorsitzende da im Osten sei. Er hatte über Manfred Stolpe versucht, den Kontakt herzustellen, und es war ein Gespräch vereinbart worden. Zu diesem Gespräch im Konsistorium ging ich mit Christa Luft, der damaligen Wirtschaftsministerin im Kabinett Modrow. Ich tat dies ganz bewusst, um nicht den Eindruck von Illoyalität gegenüber der Regierung aufkommen zu lassen, der ich angehörte. Wolfgang Schäuble war darüber erstaunt, fand dies wohl gar befremdlich, hat mir aber später versichert, dass er diese Haltung verstanden hätte.

Anfang Januar 1990 begann der Wahlkampf mit Blick auf die zunächst für den 6. Mai geplante Volkskammerwahl, die durch eine Vereinbarung von Modrow mit dem Runden Tisch dann auf den 18. März vorverlegt wurde. Aus den Parteigliederungen wurde mir berichtet, dass es enge Beziehungen zwischen Ortsverbänden West und Ost gäbe. In Sachsen-Anhalt und Niedersachsen hatten bereits Ortsverbände zusammen Weihnachten gefeiert. Westliche Ortsverbände versuchten, Ostortsverbänden zu helfen, indem sie Schreibmaschinen, Kopiergeräte, ja sogar Computer den neuen neuem Freunden im Osten zur Verfügung stellten, damit diese Wahlkampfmaterialien herstellen konnten. Noch immer verhielt sich die Bonner CDU-Zentrale abwartend.

Mein Annäherungsprozess an die West-CDU verlief allerdings auch einigermaßen sonderbar. Unmittelbar nach der Maueröffnung erhielt ich eine Anfrage aus dem Bundesministerium für Wirtschaftliche Zusammenarbeit in Bonn. CSU-Minister Jürgen Warnke, der gleichzeitig dem Präsidium der EKD angehörte, bat um ein Gespräch in Berlin. „Drahtzieher" für diesen Kontakt war Hans-Christian Maaß, der Pressesprecher des Ministeriums. Er wurde später einer meiner „West-Mitarbeiter", obwohl er ursprünglich Brandenburger Pastorensohn war.

Ohne solche verrückten Köpfe wie ihn wäre die deutsche Einheit nicht gelungen. Maaß hatte nach dem Abitur an der Humboldt Universität begonnen, Landwirtschaft zu studieren. 1972 hatte er dann ein Fußballeuropameisterschaftsspiel zwischen der Bundesrepublik Deutschland und Polen in Warschau besucht. Diese Teilnahme an einem Sportereignis wurde vom DDR-Regime als nichts anderes als eine „landesverräterische Maßnahme" beurteilt und führte dazu, dass er exmatrikuliert wurde. Im September 1972 versuchte er daraufhin, über die Ostsee in die Bundesrepublik zu fliehen, was ihm jedoch misslang. Er gehörte zu den mehr als 30.000 Häftlingen, die von der Bundesrepublik mithilfe von Wolfgang Vogel freigekauft wurden. Er hat nach Beendigung seines Studiums in der Bundesrepublik eine andere berufliche Karriere genommen und war 1990 Ministeriumssprecher in Bonn. Kaum war die Mauer gefallen, drängte er darauf, in seiner Heimat am Neuanfang mitzuwirken. Er hielt für Vertreter der neuen Parteien Seminare über Presse- und Öffentlichkeitsarbeit ab. Unter anderem besuchte er zusammen mit seinem Minister den Vorstand des Demokratischen Aufbruchs, wo er die damalige Pressesprecherin des Demokratischen Aufbruchs, Angela Merkel, kennen lernte.

Eine seiner ersten Kontaktanbahnungen führte zur Ost-CDU. Das Gespräch zwischen Minister Warnke und mir fand Mitte November, also wenige Tage nach der Maueröffnung in der Zentrale der Partei am Gendarmenmarkt statt. Minister Warnke, der den „Zonenrandkreis Hof" im Bundestag vertrat, zeigte sich aus meiner Sicht recht gut informiert über die allgemeine Lage in der DDR, in besonderer Weise aber auch über die Situation der evangelischen Kirche. Dieses Gespräch konzentrierte sich auf die Bewertung der aktuellen Tagesereignisse und die möglichen weiteren Auswirkungen. Das grundsätzliche Verhältnis zwischen Ost-CDU und der CDU-West wurde dabei noch nicht angesprochen. Jürgen Warnke führte dann noch weitere Gespräche mit dem damaligen Konsistorialpräsidenten Manfred Stolpe und dem Vorsitzenden der neu gegründeten Partei „Demokratischer Aufbruch" Wolfgang Schnur. Sein Pressesprecher Maaß nutzte aber den Aufenthalt, um einen guten Kontakt zu meinem Büroleiter Gerd Wilkening und meiner persönlichen Mitarbeiterin Sylvia Schulz aufzubauen.

Der nächste Schritt meiner Annäherung war eine Einladung des damaligen CDU-Vorsitzenden von Nordrhein-Westfalen, Kurt Biedenkopf, zu einem persönlichen Gespräch nach Bonn. Auch sollte es noch ein Treffen mit Warnke geben. Entgegen der Planung war mein Termin mit Kurt Biedenkopf aber bereits früher beendet, sodass wir zu früh im Ministerium eintrafen. Maaß schickte uns kurzerhand zur CDU-Bundesgeschäftsstelle. Dort sollten wir uns bei dem Freund und früheren Arbeitskollegen Fritz Holzwarth vorstellen, der im Konrad-Adenauer-Haus Leiter der Abteilung Wirtschafts- und Gesellschaftspolitik war. So stand ich an diesem regnerischen 8. Januar 1990 als Vorsitzender der Ost-CDU unverhofft an der Eingangstür der CDU-West-Zentrale in Bonn. Wir waren kurz im Büro von Holzwarth und gingen dann in ein Restaurant. Es war ein folgenreiches Mittagessen. Für mich war es die inhaltliche und menschliche Grundlage für die spätere Beratertätigkeit von Holzwarth und Maaß in Berlin. Aber für Fritz Holzwarth bedeutete das Treffen so etwas wie ein Sündenfall. Als er zurückkam, hatte sich im Adenauer-Haus die Nachricht von dem Treffen bereits verbreitet und er wurde wie ein Aussätziger behandelt. Es wurde von Bundesgeschäftsführer Peter Radunski und Generalsekretär Volker Rühe eine Kontaktsperre verhängt. Doch wir blieben telefonisch miteinander verbunden. Als ich im Januar zu einem Interview beim WDR in Köln war, nutzte ich den Draht und bat Holzwarth, für mich um einen Termin bei Helmut Kohl nachzusuchen. Das klappte nicht sofort, doch langsam kam Bewegung in die Angelegenheit.

In einem kleinen Kreis, zu dem auch Dieter Flämig gehörte, damals Abteilungsleiter bei Elmar Pieroth in der Westberliner Senatsverwaltung für Finanzen, diskutierten wir, wie wir diese Phalanx aufbrechen könnten. Ich entschloss mich, eine Entscheidung herbeizuzwingen. Wir entwickelten eine waghalsige und ungewöhnliche Idee. Dazu nutzten wir eine kleine provinzielle aber wirkungsvolle Seilschaft. Unser Plan: Wir kündigen öffentlich an, dass wir an einem bestimmten Tage in einer Stadt in Westdeutschland erklären, ob es zur Zusammenarbeit zwischen der CDU-West und -Ost kommt oder nicht. Dadurch sollte Druck auf Kohl und die Bonner Parteizentrale aufgebaut werden, um eine Entscheidung zu erzwingen. Dieter Flämig war bekannt und befreundet mit Uwe Stanschewski von der Firma Olivetti, dieser wiederum war bekannt mit Alfons Kranz, Kreistagsabgeordneter der CDU im Kreistag von Neuss und zugleich Verlagsleiter der Neuss-Grevenbroicher Zeitung (NGZ). Geradezu todesmutig kündigten wir eine Pressekonferenz für den 27. Januar, 18 Uhr, im Pressehaus in Neuss an. Es war ein Angriff aus der Provinz, etwas handgestrickt, das muss im Nachhinein eingeräumt werden. Aber wirkungsvoll. Die Hauptthesen dieser Presseankündigung waren: Beendigung der „babylonischen Gefangenschaft" der Ost-CDU, die Versöhnung von CDU-Ost und CDU-West ist dringend geboten. Wir brauchen in der DDR ein

Wahlbündnis aus CDU, DA und DSU. Später ist mir berichtet worden, dass Volker Rühe im Adenauer-Haus in Bonn empört auf diese Ankündigung reagiert habe. Ich begab mich am 27. Januar 1990 nach Neuss in das Pressehaus und traf dort mit dem Bundestagsabgeordneten Willy Wimmer zusammen. Er war damals Parlamentarischer Staatssekretär im Bundesministerium für Verteidigung und zugleich Vorsitzender des Bezirksverbandes Niederrhein der CDU, der immerhin 27.000 Mitglieder umfasste. So etwas zählt bei Kohl. Wir trafen uns gegen 14 Uhr, und ich sagte zu Willy Wimmer, wir hätten jetzt einige Zeit per Telefon abzuklären, ob die Bundes-CDU sich bereitfände, mit der Ost-CDU gemeinsam Wahlkampf zu machen oder nicht. Ich jedenfalls würde um 18 Uhr der Presse entweder ein positives oder ein negatives Ergebnis mitteilen. Dies würde je nach Ergebnis mit Sicherheit erhebliche politische Auswirkungen haben. Willy Wimmer telefonierte daraufhin mit verschiedenen Personen aus der Führungsriege der CDU, auch mit dem Bundeskanzler. Nach einigen Stunden teilte er mir erleichtert mit, dass der Chef eingelenkt habe. Wimmer richtete persönlich Grüße aus. Kohl sei zu einer Zusammenarbeit bereit und wolle mich in der darauffolgenden Woche zu einem Gespräch treffen. Bezeichnend ist, dass Volker Rühe am gleichen Tag beim Parteitag der CDU in niederrheinischen Wesel sich noch lauthals gegen jedwede Zusammenarbeit mit der CDU der DDR ausgesprochen hat.

Am darauffolgenden Donnerstag kam es zu einem ersten Zusammentreffen zwischen Helmut Kohl und mir in Westberlin, und zwar im Gästehaus der Bundesregierung in der Pücklerstraße. Wir waren uns zwar schon am 22. Dezember 1989 in Berlin bei der Öffnung des Brandenburger Tores begegnet, als er von der Westseite in Begleitung von Walter Momper – damals Regierender Bürgermeister –, Hans-Dietrich Genscher und Rudolf Seiters auf die Ostseite zukam. Die Ostseite wurde vertreten von Hans Modrow, dem Außenminister Oskar Fischer und mir.

Doch Helmut Kohl übersah mich bei dieser Gelegenheit geflissentlich. Mein damaliger Gesprächswunsch wurde so beschieden, dass ich mich im Reichstag mit Dorothea Wilms, der damaligen Ministerin für Innerdeutsche Beziehungen, treffen könne. Ihr habe ich über die mangelnde Kooperationsbereitschaft der CDU berichtet, ohne dass ich jedoch den Eindruck hatte, dass sie Einfluss darauf nehmen könnte.

Das Gespräch mit Helmut Kohl in der Pücklerstraße war nun für 45 Minuten angesetzt. Mir war vorher das Verfahren mitgeteilt worden. Wenn die 45 Minuten nicht voll ausgeschöpft würden, also das Gespräch früher zu Ende wäre, müsse ich davon ausgehen, dass das Gespräch gescheitert sei. Tatsächlich dauerte das Gespräch jedoch über eine Stunde und wir führten eine sehr vernünftige Unterhaltung. Zunächst meinte Helmut Kohl, dass wir uns einander bekannt machen müssten. Er würde erzählen, wer er sei und erläuterte mir, dass er aus relativ einfachen Verhältnissen stamme. Sein Vater sei Beamter im niedrigen Dienst gewesen und dass er das, was er heute darstelle, sich im Wesentlichen selbst zuschreiben könne. Ich schilderte ihm, dass ich aus einem eher bildungsbürgerlichen Hause stamme. Ich sei früh als 16-Jähriger in die CDU eingetreten, habe in der Partei aber nie Ämter übernommen. Das erste Amt, das ich innehätte, sei das des Parteivorsitzenden.

Wir sprachen über die Wahlchancen des bürgerlichen Lagers. Zum damaligen Zeitpunkt lag bereits eine Meinungsumfrage vor, die die SPD als Sieger, und zwar mit absoluter Mehrheit, sah. Ich erläuterte Helmut Kohl, dass ich diese Umfrage nicht für repräsentativ hielte. Es sei eine Telefonumfrage. Aber nur bestimmte Kreise in der DDR verfügten überhaupt über ein Telefon. Darüber hinaus sage die Meinungsumfrage aus, dass sich erst 40 Prozent entschieden hätten, 60 Prozent noch unentschlossen seien. Dabei handele es sich Wesentlichen um die Industriearbeiter in Sachsen und Thüringen und um die Landbevölkerung, die im Wahlkampf von uns durchaus zu erreichen seien. Ausgiebig erörterten wir den „Makel" der Blockpartei. Ich erläuterte ihm, dass ich es gewesen sei, der den Block aufgelöst hätte, indem ich auf Beschluss des Präsidiums der Ostdeutschen CDU aus dem demokratischen Block ausgeschieden sei und dass wir auf dem Sonderparteitag im Dezember 1989 die CDU inhaltlich und personell neu aufgestellt hätten.

Gleichwohl hatte er Sorgen, dass beim Wahlkampf uns diese Vergangenheit um die Ohren geschlagen würde. Ich sagte zu ihm: „Herr Bundeskanzler, wer eine geschiedene Frau heiratet, muss wissen, dass sie zwei Kinder mitbringt, aber sie hat Erfahrung." In diesem Zusammenhang verwies ich darauf, dass wir in jedem Kreis in der DDR eine CDU-Geschäftsstelle hätten mit einem hauptamtlichen Sekretär und Schreibkräften versehen; dies in allen großen Städten, in jedem Stadtbezirk in Berlin, in jedem Stadtbezirk in Leipzig und Dresden. Darüber hinaus erklärte ich ihm, dass wir als CDU über fünf eigene Zeitungen verfügten, so dass wir in ganz anderer Weise Wahlkampf veranstalten könnten als die neuen Parteien. Deswegen hielte ich es für sinnvoll, die Kräfte zu bündeln. Das Gespräch war entscheidend für den weiteren Verlauf der Geschehnisse. Und mir war Kohl auf Anhieb durchaus sympathischer als ich vielleicht befürchtet hatte. Die strukturelle Stärke der Ost-CDU beeindruckte ihn. Auf dieser pragmatisch-strategischen Ebene hatten wir eine gemeinsame politische Sprache.

Beim späteren Gespräch kam dann Volker Rühe dazu. Er meinte, den Blockflöten-Mangel dadurch beheben zu können, dass wir uns umbenennen in „DUD" (Demokratische Union Deutschlands). Ich weigerte mich unter Hinweis darauf, dass wir auf dem Sonderparteitag beschlossen hätten, die Erneuerung der Partei über die Buchstaben C, D und U vorzunehmen. Wir wollten nicht wie die SED einen Etikettenschwindel betreiben, die sich ja zunächst in SED-PDS und später allein in PDS umbenannte. Die Mehrheit der Mitglieder der ostdeutschen CDU habe lange genug unter dem Blockflöten-Dasein gelitten, so erläuterte ich Kohl und Rühe, nun sei man stolz, erhobenen Hauptes diesen Parteinamen zu tragen. Merkwürdig auch, dass Rühe uns ausgerechnet das „C" abspenstig machen wollte, um den Blockflötenmangel zu beheben. War doch gerade das Christliche die Grundlage, mit der wir uns erneuern wollten, ähnlich wie sich die bürgerlichen Kräfte nach dem Krieg unter dem „C" versammelt hatten. Helmut Kohl verfolgte dann auch Rühes Idee nicht weiter.

Es wurde beschlossen, mit Vertretern der anderen bürgerlichen Parteien und Gruppierungen Gespräche zu führen, um ein Wahlbündnis zu schaffen. In ersten Gesprächen nahmen neben Vertretern der CDU Vertreter des Demokratischen Aufbruchs, der DSU, aber auch eine sächsische Neugründung der Forums-Partei teil. Diese Vertreter erschienen beim zweiten Gespräch schon nicht mehr und sind später ein Bündnis mit den Liberalen eingegangen. Den Vertretern des DA und der DSU war es erkennbar nicht lieb, ein Bündnis mit der CDU einzugehen. Sie weigerten sich auch strikt, eine Listenverbindung zu vereinbaren. Sie wollten unter eigenem Namen antreten. Dies war mir auch recht, da ich befürchtete, dass sonst am Wahlabend bereits der Streit beginnen würde, wer die meisten Stimmen in das Wahlbündnis eingebracht hätte. Dass sich dies dann so sensationell positiv für die CDU ausgezahlt hat, war natürlich noch nicht absehbar. Ganz im Gegenteil rechneten viele mit einer kleinen CDU.

Nach dem ersten Gespräch fuhr ich durch Westberlin Richtung Osten nach Hause und sah an einer Gebäudewand ein Werbeschild der Allianz Lebensversicherung. Mir fiel spontan der Slogan der Firma ein, so viel Westfernsehen hatte ich wohl doch gesehen: „Hoffentlich Allianz versichert". Mir kam in den Sinn, dass dies der geeignete Name für das Wahlbündnis sein könnte. Beim zweiten Gespräch habe ich Kohl den Vorschlag unterbreitet, das Wahlbündnis „Allianz für Deutschland" zu taufen. Er griff ihn sofort auf und machte ihn sich zu eigen. Man hatte den Eindruck, dass er nie an einen anderen Namen gedacht hätte und sogar tief davon überzeugt war, dass er ihn höchstselbst erfunden hätte. Ich habe mein Urheberrecht nicht eingefordert, sondern war froh, dass das Bündnis überhaupt zustande kam.

In der nächsten Zeit wurden mehrere große Wahlkampfauftritte mit Helmut Kohl und anderen Vertretern der Bundes-CDU vereinbart. Das Verhältnis innerhalb der „Allianz für Deutschland" blieb aber gespannt. Peter-Michael Diestel, damals Generalsekretär der DSU, äußerte öffentlich, dass er nicht die Absicht habe, sich die „schmuddelige Joppe" der Blockflöten-CDU anzuziehen. Rainer Eppelmann stichelte vom DA aus und sagte, es sei ihm nicht zuzumuten, mit einer Partei auf einer Liste zu stehen, die zuvor mit der SED ins Bett gegangen sei. Bei jedem Zusammentreffen der Parteien dieses Wahlbündnisses musste Helmut Kohl schlichten und dabei auf das gemeinsame Ziel hinweisen.

Die Wahlkampfauftritte fanden in Erfurt, in Halle, in Rostock, in Cottbus und zuletzt in Leipzig statt. Ich hatte zuvor noch nie Wahlkampf auf Marktplätzen gemacht und war ziemlich nervös. Fritz Holzwarth war mir jetzt eine große Hilfe. Er wurde einer meiner engsten Mitarbeiter während der Regierungszeit. Er entwarf mir damals das Konzept für eine Rede auf dem Marktplatz. Er erläuterte mir, auf dem Marktplatz sind nur Hauptsätze angebracht. Konditionale Nebensätze sind Gift. Jeder zweite Satz muss mit einem Ausrufezeichen versehen sein. Dabei muss man strikt die gesamte Zeit lächeln. Er meinte, ich als Musiker sollte immer an Franz Lehárs „Land des Lächelns" denken. Später, wenn er meinte, ich würde mit zu ernstem Gesicht vor die Presse treten, rief er mir immer zu: „Lehár", und ich wusste, was er meinte. Die genannten fünf Wahlkampfauftritte haben wesentlich zum Erfolg beigetragen, waren aber nicht die alleinige Ursache des klaren Wahlergebnisses, das wir am 18. März 1990 erzielen konnten. Die besten Ergebnisse erzielte die CDU dort, wo vor Ort in den Kreisen und in den Landkreisen Straßenwahlkampf geführt wurde und wir die Menschen direkt angesprochen haben. Das schlechteste Ergebnis hatten wir in Berlin, was sich dadurch erklärt, dass in Berlin die Vertreter der SED-Führungselite überwiegend die PDS wählten.

Gegen Chaos, Hunger und drohendes Blutvergießen: Die Modrow-Regierung

ES WAR EIN unvergessener Strudel der Ereignisse in diesem Jahr 1989/1990. Parallel zur Entwicklung in der CDU verliefen der Umbruch der DDR, der bröckelnde Machtverlust der SED und die Anfänge der Demokratisierung. Am 13. November 1989, also genau an jenem Montag nach dem Mauerfall, als ich in der CDU-Parteizentrale mein Amt als Parteichef antrat, den Buchhalter Bastian bei mir behielt und den Partei-Vize in die Wüste schickte, genau an dem Tag wurde Hans Modrow – bis dahin 1. Sekretär der Bezirksleitung der SED in Dresden – mit der Bildung einer neuen Regierung beauftragt. Er wurde zum Vorsitzenden des Ministerrates gewählt, wie die offizielle Bezeichnung des Ministerpräsidenten der DDR nach der Verfassung lautete. Es war drei Tage nach meiner Wahl zum CDU-Vorsitzenden, eben jener Montag, als ich merkte, dass die alte Parteiführung mich hinterging und ohne Abstimmung in der Volkskammer eine neue CDU-Vizepräsidentin installiert hatte. An jenem Montag also implodierte auch die alte DDR-Regierung, und eine neue sollte entstehen. Modrow bat umgehend um ein Gespräch mit mir, was dann auch noch am selben Abend stattfand. Die Ereignisse überschlugen sich tatsächlich.

Modrow begann das Gespräch mit der Bemerkung, dass wir uns schon einmal begegnet seien, und ich hatte den Eindruck, dass ihm die Situation unangenehm war. Er spielte auf eine Episode aus den 50er Jahren an. Damals war ich Mitglied der Jungen Gemeinde in Berlin-Treptow. FDJler hatten Fensterscheiben der Treptower Kirche eingeschmissen. Ich war mit anderen Mitgliedern der Jungen Gemeinde in die FDJ-Kreisleitung nach Berlin-Schöneweide gegangen, um mich zu beschweren. Dort trafen wir auf einen Funktionär – nämlich Hans Modrow. Ich weiß nicht, ob er damals 1. Sekretär der Kreisleitung der FDJ war oder vom Zentralrat nach Treptow delegiert war, um diese Gespräche zu führen. Zumindest fiel das Gespräch in die Zeit, als der Kampf zwischen FDJ und Junger Gemeinde offen geführt wurde. Wie das Gespräch seinerzeit ausgegangen ist, war uns beiden nicht mehr in Erinnerung. Er erzählte mir, dass er Gysi um Rat gefragt habe. Dieser habe gesagt, er könne ruhig das Gespräch mit mir suchen. Ich wäre ein ganz vernünftiger Mensch.

Wir sprachen über die Situation des Landes und darüber, wie eine neue Regierung gebildet werden sollte. Das traf mich nicht überraschend. Natürlich hatte Gregor vorgewarnt. Aber auch generell war ich nicht unvorbereitet. Ich war immer der Meinung, wir müssen in der Regierung mit der SED bleiben, um den Wandel mitsteuern zu können. Ich erklärte die grundsätzliche Bereitschaft der CDU, an einer neuen Koalitionsregierung mitzuwirken, dies sei jedoch an bestimmte Bedingungen geknüpft. Erstens verlangte ich, dass die führende Rolle der SED aus der Verfassung der DDR gestrichen würde. Damit rührte ich an den Grundfesten der alten DDR und konnte mehr erreichen als mich nur einer Regierungsbeteiligung zu verweigern. Damit setzen wir die Ziele der Revolution in Teilen um. Es müsse zu einer wirklichen Koalition kommen, so forderte ich, in der nicht eine Partei von vornherein allein die Richtlinien der Politik bestimmt. Das war die klare Absage an den Block und dennoch nicht das Wegstehlen aus der Verantwortung, so hatte ich mir den Schritt überlegt. Wir waren ja auch an der bisherigen Regierung beteiligt, aber unfrei, noch bestand der „Block". Nun wollte ich zeigen, dass auch eine freie CDU helfen konnte, das Land durch die Wirren des Umbruchs zu führen. Die SED war noch nicht bereit, von sich aus die Macht abzugeben. Aber gerade jetzt durfte sie eben nicht mit dieser Macht allein gelassen werden. Zweitens forderte ich, dass diese Regierung davon ausgehen müsse, dass sie eine Übergangsregierung sei bis zu ersten freien

Wahlen in der DDR. Drittens müsse es zu umfassenden Reformen im Lande kommen, und zwar nicht nur auf ökonomischem, sondern vor allem auf gesellschaftlichem Gebiet. Eine Benachteiligung von Bürgern christlicher Herkunft oder anderer weltanschaulicher Gruppen dürfe nicht mehr stattfinden. Viertens müsse es kooperative Ansätze mit der Bundesrepublik geben, dies vor allem, um die Wohlstandserwartung der Bürger leichter zu befriedigen und einen weiteren Exodus zu verhindern. Diese vier Punkte waren natürlich auch schon ein Demokratisierungsprogramm, es war die Revolution auf leisen Sohlen. Meine Überzeugung war, dass es eine Übergangsregierung geben müsste, die noch das alte Regime integriere, aber nicht mehr nur „alt" sei. Nur so konnte ein Bürgerkrieg, Hunger und Chaos verhindert werden. Egon Krenz saß noch mehr oder weniger fest im Sattel und an den Schaltstellen der Macht, der Armee, der Polizei und vielem mehr. Nur durch die Übergangsregierung konnte verhindert werden, dass etwa Versorgungsengpässe oder sogar Hunger den Winter bestimmt hätten. Nichts war mehr selbstverständlich in diesen Monaten.

Ich erzählte Hans Modrow, dass ich in den letzten ein, zwei Jahren von Ausreiseantragstellern geradezu blockiert gewesen sei und dass ich davon ausginge, dass ein erheblicher Teil der DDR-Bürger auf gepackten Koffern säße. Ich gewann den Eindruck, dass Hans Modrow die ökonomische Situation der DDR relativ realistisch einschätzte, die gesellschaftliche Situation des Landes jedoch noch in einem völlig anderen Licht sah. Wir verabredeten, dass so schnell wie möglich Gespräche auch mit den anderen Parteien, die bisher noch im demokratischen Block vereint waren, aufgenommen werden sollten.

Es kam dann auch kurzfristig zu einem Gespräch, und zwar im Staatsratsgebäude. Dieses Gespräch wurde nicht im Ministerrat durchgeführt, da sich dort noch der alte Amtsinhaber Willi Stoph verschanzt hatte und Modrow mitteilen ließ, dass er für den Fall, dass Modrow in das Haus käme und dort versuchte,

Amtsgeschäfte zu übernehmen, ihn wegen Hausfriedensbruch anzeigen würde. Wir tagten also im Staatsratsgebäude, ich glaube im Arbeitszimmer von Erich Honecker, das sich dadurch auszeichnete, dass dort ein überdimensionierter Globus stand. Spottend wurde gesagt, dass der Globus so groß sein müsse, damit man die DDR auf ihm auch finden könne.

An dem Gespräch nahmen neben Hans Modrow (SED) auch Manfred Gerlach, Vorsitzender der Liberaldemokratischen Partei, mit einem weiteren Vertreter teil. Für die Nationaldemokratische Partei war der neu gewählte Günter Hartmann erschienen. Die Bauernpartei war durch Günther Maleuda vertreten. Für die CDU war neben mir Adolf Niggemeier zugegen. Mit erheblicher Verspätung erschien Egon Krenz, wobei ich den Eindruck hatte, dass diese Verspätung gewollt war, um quasi einen Auftritt zu haben. Er begann das Gespräch, indem er sagte: „Meine Herren, ich hab da mal eine kleine Presseerklärung vorbereitet. Ich darf sie Ihnen kurz vortragen: Der Vorsitzende des Staatsrates der Deutschen Demokratischen Republik und der Vorsitzende des Nationalen Verteidigungsrates der DDR und der Generalsekretär des Zentralkomitees der SED, Egon Krenz, traf sich mit den für eine Koalition in Aussicht genommenen Parteivorsitzenden." Und es folgten dann einige Belanglosigkeiten. Er fragte uns, ob wir damit einverstanden seien. Ich erwiderte, dass ich keinesfalls mit einer solchen Presseerklärung einverstanden sei. Das, was er vorgetragen hätte, sei Hofberichterstattung alten Stils. Es müsse vielmehr heißen: „Der von der Volkskammer mit der Regierungsbildung beauftragte Dr. Hans Modrow traf sich mit den Vorsitzenden der Parteien, die für eine Koalition vorgesehen waren. Für die SED war anwesend Herr Generalsekretär Krenz, für die Liberaldemokratische Partei war anwesend der Vorsitzende ..."

Krenz setzte sich und erklärte sein Einverständnis, sagte aber: „Können Sie mir das noch einmal sagen." Dabei nahm er ein Stück Papier zur Hand. Ich habe ihm dann den Text diktiert. Adolf Niggemeier flüsterte mir zu: „Sehen Sie, so wird aus ei-

GESETZBLATT

265

der Deutschen Demokratischen Republik

1989	Berlin, den 22. Dezember 1989	Teil I Nr. 25

Gesetz
zur Änderung
der Verfassung der Deutschen Demokratischen Republik
vom 1. Dezember 1989

Im Artikel 1 Abs. 1 der Verfassung wird der zweite Halbsatz im 2. Satz „unter Führung der Arbeiterklasse und ihrer marxistisch-leninistischen Partei" gestrichen.

Das vorstehende, von der Volkskammer der Deutschen Demokratischen Republik am ersten Dezember neunzehnhundertneunundachtzig beschlossene Gesetz wird hiermit verkündet.

Berlin, den achten Dezember neunzehnhundertneunundachtzig

Der amtierende Vorsitzende des Staatsrates
der Deutschen Demokratischen Republik
Prof. Dr. Gerlach

Diese Ausgabe enthält als Beilage für die Postabonnenten:
Zeitliche Inhaltsübersicht des Gesetzblattes Teil I für die Monate Juli — August — September 1989

Gesetzblatt der DDR Teil I Nr. 25 vom 22. Dezember 1989: Gesetz zur Änderung der Verfassung der Deutschen Demokratischen Republik vom 1. Dezember 1989, mit dem der Führungsanspruch der SED aus der Verfassung gestrichen wird nem Generalsekretär ein Sekretär." Auch bei diesem Gespräch wurden die Grundzüge zukünftiger politischer Zusammenarbeit erörtert. Auch die anderen Parteien stellten mit Nachdruck die Forderung, dass die führende Rolle der SED aus der Verfassung zu streichen sei. Im Übrigen bewegte man sich im Rahmen dessen, was Hans Modrow und ich schon einige Tage vorher besprochen hatten. In diesem Gespräch wurde das Wort „Vertragsgemeinschaft" geboren. Es wurde vereinbart, umfassende vertragliche Regelungen mit der Bundesrepublik Deutschland anzustreben, ohne dass bereits erkennbar war, welche Felder vertraglich miteinander vereinbart werden sollten.

Wir kamen überein, dass Modrow die Grundzüge seiner Regierungserklärung erarbeiten sollte und dass er diese dann den Anwesenden im Umlaufverfahren zur Kenntnis bringen würde. Jeder hatte dann das Recht, ergänzende oder korrigierende Stellungnahmen abzugeben. Allein das war natürlich eine kleine Revolution. Schon in dieser ersten Runde wurde über die Ressortverteilung gesprochen. Die CDU wollte das Staatssekretariat für Kirchenfragen übernehmen und dem Amt ein völlig neues Verständnis geben. Es sollte nicht mehr darum gehen, die Erwartungssituation der Regierung oder der SED den Kirchen gegenüber zu artikulieren, sondern darum, ein möglichst breites Einvernehmen der Regierung mit den Kirchen und den Religionsgemeinschaften herbeizuführen. Darüber hinaus verlangte ich, in den Ressorts tatsächlich die Zuständigkeit der Minister zu gewährleisten. In den früheren DDR-Regierungen war es stets so gewesen, dass einem nicht der SED angehörenden Minister ein Staatssekretär oder Stellvertreter von der SED zur Seite gestellt wurde. Dieser hatte dann das eigentliche Sagen. Der „Blockflöten"-Minister führte oft ein Dasein als Marionette.

Wir vereinbarten, dass der Staatssekretär für Kirchenfragen zukünftig im Ministerrang stehen würde und dass dieser Minister Stellvertreter des Ministerpräsidenten würde. Gerade eine neue und gute Zusammenarbeit mit den Kirchen schien mir in dieser Phase wichtig zu sein. Ich hatte zunächst nicht vor, ein Ministeramt selbst zu bekleiden, sondern wollte mich ganz auf die Erneuerung der Partei konzentrieren. In den parteileitenden Gremien einigten wir uns deshalb darauf, Manfred Stolpe zu fragen, ob er bereit sei, dieses Amt zu übernehmen. Stolpe war damals parteilos. Wir erwarteten nicht, dass er in die CDU einträte. Er sollte quasi auf dem Ticket der CDU in das Amt gehen. Er erklärte mir gegenüber seine Bereitschaft zu diesem Vorgehen. Darüber hinaus aber sagte er, dass der Vorstand der Konferenz der Kirchenleitung noch im Laufe der Woche tagen würde und dass er sich von dem Gremium die Zustimmung zur Amtsübernahme einholen müsse. Es nahte der Tag der Wahl in der Volkskammer, und ich hatte noch keine abschließende Entscheidung von Manfred Stolpe bekommen. Ich versuchte krampfhaft zu telefonieren und erreichte ihn dann beim Kirchenbund, wo er aus der Sitzung des Vorstandes herausgerufen wurde. Er erklärte mir, dass der Vorstand der Kirchenleitung strikt vom Prinzip der Trennung von Staat und Kirche ausginge und dass er dieses Amt nur antreten könne, wenn er aus allen kirchenleitenden Ämtern ausschiede. Dazu wäre er jedoch im Moment nicht bereit. Ich erklärte ihm, dass ich mit Blick auf seine Person eine Aufwertung dieses Amtes vorgenommen hätte und nun ziemlich blamiert dastünde. Er erwiderte: „Setzen Sie sich doch selbst auf das Amt." Wir könnten ja später noch über eine mögliche Rochade nachdenken. Und so kam es dann: Ich unterrichtete Hans Modrow über die entstandene Situation, der nolens volens darauf einging. In der Volkskammer fand dann die Wahl statt. Wir wurden en bloc gewählt. Hans Modrow wurden drei Stellvertreter zur Seite gestellt: Christa Luft als Wirtschaftsministerin, Peter Moreth von den Liberalen, der später der erste Chef der Treuhandanstalt wurde, sowie meine Person, zuständig für Kirchenfragen. Die Vereidigung fand im Staatsratsgebäude in dem großen Festsaal statt, den ich bei dieser Gelegenheit das erste Mal betrat. Egon Krenz nahm den feierlichen Akt vor, ich sehe noch heute sein erstauntes Gesicht, als ich meinen Eid sprach und ihn bekräftigte mit: „So wahr mir Gott helfe".

Keine zehn Tage dauerte es vom Mauerfall bis zur Bildung einer neuen Regierung unter Hans Modrow. Mein Kalender weist aus, dass ich noch am Morgen des 9. November 1989 in Königs Wusterhausen einen simplen Zivilprozess hatte, und keine zehn Tage später bin ich Stellvertretender Ministerpräsident eines Landes, das am Abgrund steht. Am Montag, dem 20. November 1989, suchte ich erstmalig meinen neuen Dienstsitz, das bisherige Staatssekretariat für Kirchenfragen in der damaligen Hermann-Matern-Straße – heute wieder Luisenstraße – auf. Ich kannte das Haus und auch einen Teil der dort Arbeitenden aus der entgegengesetzten Perspektive. In diesem Haus hatte ich häufig für die evangelische Kirche an Verhandlungen teilgenommen. Insbesondere aber war ich auch für die jüdisch-orthodoxe Synagogen-Gemeinde Adas Jisrael dort tätig, die über Jahre hinweg mit meiner Hilfe um die Wiedereinsetzung in ihre Rechte gekämpft hatte. Aus bisherigen Gegnern sollten nun Mitarbeiter werden.

Das Kabinett der Regierung Modrow

Die Struktur des Hauses glich der eines Ministeriums. Man hatte nur über Jahre hinweg dieses Haus nicht Ministerium für Kirchenfragen genannt, sondern lediglich Staatssekretariat für Kirchenfragen, um den Kirchen nicht allzu viel Ehre anzutun, dass ein ganzes Ministerium für sie zuständig sei. Es war eine verwirrende Lage. Auf den plötzlichen Perspektivwechsel war natürlich keiner eingestellt. Auch ich selbst musste begreifen, dass der Staat jetzt nicht mehr mein Gegner war, sondern dass ich ihn mit neuer inhaltlicher Linie in diesen Kirchenfragen zu vertreten hatte. Ich begann, regieren zu lernen. Hilfreich bei der Einarbeitung war mir Sabine Kleinig, die Protokollchefin, die ich schon aus früheren Begegnungen kannte und von der ich den Eindruck hatte, dass sie nahezu die Einzige im Hause war, der der Führungswechsel genehm war. Noch während ich mich versuchte einzufinden, kam die Chefsekretärin zu mir und sagte, Hauptabteilungsleiter Peter Heinrich wünsche mich dringend zu sprechen.

Heinrich war früher in dem Hause Leiter der Reisestelle gewesen, zuständig für die Genehmigung von Reisen ins westliche oder östliche Ausland. Allen im kirchlichen Bereich war klar, dass er eng mit den Sicherheitsorganen zusammenarbeiten musste, um diese Aufgaben erledigen zu können. Seit einiger Zeit war er Hauptabteilungsleiter. Immer dann, wenn der Staatssekretär, der stets von der SED gestellt wurde, im Urlaub oder abwesend war, vertrat er diesen und nicht der stellvertretende Staatssekretär, Hermann Kalb, der Mitglied der CDU war. Auch dies sprach für die besondere Situation von Heinrich im Hause. Er betrat also an diesem ersten Arbeitstag mein Zimmer, nahm Haltung vor meinem Schreibtisch an und sagte: „Herr Vorsitzender, ich möchte Sie darüber informieren, ich bin Offizier des Ministeriums für Staatssicherheit der DDR. Ich gehe davon aus, dass Sie für mich keine Verwendung mehr haben und darf Sie bitten, mit Staatssekretär Harry Möbis im Ministerrat zu sprechen, ob er für mich eine sozialverträgliche Lösung findet." Es war eine geradezu surreale Situation. Der Offizier stand stramm und trat militärisch auf, aber er zitterte am ganzen Körper. Herr Staatssekretär Möbis war Amtschef im Ministerrat, er bekleidete eine Position, die vergleichbar ist mit der eines Chefs des Bundeskanzleramtes. Möbis war – wie sich später herausstellte – Offizier im Besonderen Einsatz, was jedoch keinen verwunderte. Er hatte die Aufgabe übernommen, die Leute, die wegen der veränderten Verhältnisse nicht mehr im Apparat arbeiten konnten, in irgendeiner Weise mit neuen Arbeitsplätzen zu versehen.

Ich fand das Auftreten und die Haltung von Heinrich konsequent und richtig und hätte mir gewünscht, dass andere Mitarbeiter des Hauses in ähnlicher Weise verfahren wären. Erst allmählich konnte ich mir einen Überblick darüber verschaffen, wer weiterhin im Hause tätig sein soll und wer nicht. Bei Durchsicht der Unterlagen des Hauses stellte ich fest, dass das Staatssekretariat für Kirchenfragen über Jahre hinweg zwei Haushalte gehabt hatte: einen Haushalt, der dem üblichen entsprach. Dieser wurde auch regelmäßig kontrolliert, das heißt er unterlag der staatlichen Finanzrevision. Aber es existierte ein zweiter Haushalt. Aus dem ergab sich, dass dem Staatssekretariat Mittel zugewiesen wurden, über die das Staatssekretariat keine konkrete Rechenschaft pflichtig war. Die Ausgaben mussten auch nicht mit Rechnungen und Verträgen belegt werden, sondern es genügten Eigenbelege der Mitarbeiter, dass sie diese Mittel für operative Zwecke verwandt hatten. Was für operative Zwecke dies waren, wurde jedoch nicht vermerkt.

Die beiden großen Volkskirchen, die römisch-katholische Kirche und die protestantischen Kirchen in Ostdeutschland, mussten sich selbst finanzieren, taten dies aus ihren selbst eingezogenen Kirchensteuereinnahmen und aus den Mitteln, die ihnen von den bundesdeutschen Kirchen zugeleitet wurden. Die kleineren Kirchen bzw. Glaubensgruppen erhielten erhebliche Zuwendungen aus den Mitteln des Staatshaushaltes, also aus dem zweiten Haushalt des Staatssekretärs für Kirchenfragen. Sie erwiesen dann ihre Dankbarkeit dadurch, dass sie zu hohen Fest- und Feiertagen des Staates Lobeshymnen und Dankadressen verfassten. Besonders bevorzugt waren in den letzten Jahren die Mormonen, weil Erich Honecker die Hoffnung hatte, über deren Kontakte nach Amerika eine Reise in die Vereinigten Staaten einfädeln zu können.

Ebenfalls vom Staatssekretariat finanziert wurden die Christliche Friedenskonferenz (CFK) und die Berliner Konferenz der Katholiken. Beides künstlich geschaffene Gremien, die in den kirchlichen Kreisen ein positives Verhältnis zum DDR-Staat aufbauen sollten. Beide Gruppierungen wurden kirchlicherseits stets misstrauisch beäugt, ohne jedoch genau zu wissen, wie deren Situation war. Ich will nicht in Abrede stellen, dass beispielsweise in der Christlichen Friedenskonferenz Menschen waren, die ehrlich von einem christlichen Friedensethos durchdrungen waren und möglicherweise gar nicht geahnt haben, wie sehr sie vom Staat diesbezüglich für seine Zwecke missbraucht wurden. Ich ordnete dennoch an, die Finanzierung dieser beiden Gruppierungen sofort einzustellen, was dann auch zu ihrem baldigen Ableben führte.

Ich machte Antrittsbesuche bei den leitenden Persönlichkeiten der beiden großen Volkskirchen. Zunächst war ich bei Bischof Georg Sterzinsky, dem Vorsitzenden der Berliner Bischofskonferenz. Sterzinsky, damals noch nicht im Kardinalsrang, war neu in Berlin. Er war zuvor im Thüringischen tätig gewesen, wo ich ihn im Rahmen einer Synode, an der er als Ehrengast teilnahm, kennen gelernt hatte. Er war nach Berlin berufen worden, um in der geteilten Diözese Ost-West seine besonderen diplomatischen Fähigkeiten zur Geltung zu bringen. Der Fall der Mauer hatte die Situation gründlich geändert. Nun hatte er die Aufgabe, die beiden getrennten Teile wieder zusammenzuführen. In seinem Hause war Prälat Gerhard Lange tätig. Er war ein überaus gebildeter und diplomatisch geschickter Mann, der mir die Zusammenarbeit mit der katholischen Kirche leicht machte.

Der damalige Vorsitzende der Konferenz der Kirchenleitungen des Bundes der evangelischen Kirchen in der DDR war der Thüringer Landesbischof Herbert Leicht, der mir aus der kirchlichen Arbeit bekannt war und zu dem ich schon zuvor ein gutes Verhältnis aufgebaut hatte. Ich organisierte ein Gespräch zwischen Bischof Sterzinsky und Bischof Leicht einerseits und Hans Modrow und mir andererseits. Gegenstand war die zukünftige Zusammenarbeit und insbesondere die Bitte der Regierung an beide leitende Bischöfe, in Hirtenbriefen, Kanzleiverkündungen und bei jeder Gelegenheit für den weiteren friedlichen Verlauf der Ereignisse einzustehen. Bischof Sterzinsky widersprach. Dies sei zwar ohnehin Aufgabe der Kirchen, sagte er, dennoch habe er die Befürchtung, missbraucht zu werden. Er habe nicht die Absicht, ein SED-geführtes Regime zu stabilisieren. Deswegen frage er in besonderer Weise nach, was die Ziele dieser Regierung seien. Hans Modrow erwiderte, dass diese Regierung das Ziel habe, das Volk der DDR ohne Hungern, ohne Frieren und ohne Blut über den Winter zu bringen und freie Wahlen zu erreichen. In dieser Deutlichkeit war das Provisorische der Tätigkeit dieses Kabinetts bisher noch nicht ausgesprochen worden. Die beiden Herren waren mit der Antwort zufrieden und versprachen, das Erbetene zu tun.

Das Kabinett versuchte die dringend notwendigen Reformen im Land in Gang zu setzen und dabei vor allem auch das tägliche Leben am Laufen zu halten und Chaos zu vermeiden. So wurde zum Beispiel unter der Leitung von Christa Luft, der Wirtschaftsministerin, eine Kommission gebildet, die die Wirtschaftsreformen in der DDR voranbringen sollte. Ich habe an Sitzungen dieser Arbeitsgruppe teilgenommen. Ich erinnere mich an eine Sitzung, als es darum ging, welche gesetzlichen Maßnahmen und Regeln geschaffen werden müssten. Es wurde darüber diskutiert, in der DDR ein neues GmbH-Gesetz zu entwerfen. Die diesbezüglich angesprochene Wissenschaftlerin erklärte, dass sie dafür zwei Jahre Zeit benötige. Es herrschte helles Entsetzen, als ich die Dame fragte, ob sie davon ausginge, dass das Gesetz dann noch für dieses Land gemeint sei, oder für wen sie denn dieses Gesetz machen wolle. Ich schlug vor, das bundesdeutsche GmbH-Gesetz im Wesentlichen zu übernehmen, denn wir hätten ja die Absicht, auch bundesdeutsche Investoren in das Land zu ziehen. Dies würde uns besser gelingen, wenn sie auf vertraute Rechtsformen stießen. Zu solch einem Schritt konnte man sich damals jedoch noch nicht verständigen.

Ich erkannte, dass diese wirtschaftlichen Reformen mehr als halbherzig angegangen wurden. Man konnte sich von dem Gedanken des Volkseigentums nicht trennen. So wurde im Januar 1990 eine Joint-Venture-Verordnung erlassen und ein Gesetz über Unternehmen mit ausländischer Beteiligung. In beiden Gesetzen war festgelegt, dass die ausländischen Investoren maximal 49 Prozent der Unternehmen erwerben könnten, 51 Prozent dagegen in volkseigener Hand zu bleiben hätten. So würden aber Investoren abgeschreckt, wandte ich ein, jedoch ohne Erfolg. Ähnlich war die Treuhandverordnung, die zunächst Anstalt zur Wahrung des Volkseigentums genannt wurde. Grundidee war, weiterhin die Volkswirtschaft zu planen und staatlich zu leiten. Christa Luft entwickelte den Begriff der sozialistischen Marktwirtschaft. Dafür wurde sie in Bonn von westdeutschen Unternehmern mit hohem Applaus bedacht. Ich glaube aber, dass zum damaligen Zeitpunkt die Verantwortlichen in den westdeutschen Wirtschaftsverbänden noch keinen klaren Überblick über den Zustand der DDR-Wirtschaft hatten. Sie hielten wohl die DDR-Wirtschaft nach wie vor, so wie es kolportiert wurde, für die zehntstärkste Industrienation der Welt. Welch ein Irrtum.

Neben solchen konzeptionellen Tätigkeiten musste sich das Kabinett ständig mit Tagesaufgaben befassen, beispielsweise wo ein neuer Grenzübergang zu errichten sei, wie wir den Weihnachtsverkehr vorzubereiten hätten. Wir brauchten nicht mehr wie bisher üblich maximal 200 Interzonenzüge über die Feiertage, sondern drei- bis viertausend. Deshalb wurde der gesamte

Güterverkehr von der Schiene heruntergenommen und die Versorgung der Bevölkerung wurde sehr stark mit Hilfe der NVA, der Nationalen Volksarmee, gewährleistet, damit die Schienen für den Personenverkehr freiblieben. Eine große logistische Leistung, die gemeistert wurde, auch weil sich die Eisenbahner in West und Ost auf Anhieb wieder verstanden. Ein ähnlich professionelles Zusammenarbeiten konnten wir später bei der Deutschen Post und bei der Telekom feststellen.

Noch im November 1989 wurde uns Kabinettsmitgliedern das so genannte „Schürer-Papier" zur Kenntnis gebracht. In die Öffentlichkeit ist dieser Bericht nicht gelangt. Dennoch war es ein gravierender Einschnitt für uns alle. Egon Krenz hatte, nachdem er am 18. Oktober 1989 die Führung der SED übernommen hatte, eine spezielle Arbeitsgruppe eingesetzt, die eine schonungslose Analyse des wirtschaftlichen Zustandes für das Politbüro und das Zentralkomitee erarbeiten sollte. Dieser Arbeitsgruppe gehörte der Chef der Staatlichen Plankommission, Gerhard Schürer, der Außenhandelsminister, Gerhard Beil, der Chef der Außenhandelsbank, Werner Polze, die stellvertretende Finanzministerin und zuständige Ministerin für die Valutawirtschaft, Herta König, und der Leiter des Bereiches Kommerzielle Koordinierung, Alexander Schalck-Golodkowski, an. Gemeinsam hatten sie einen Bericht verfasst. Dieses Papier wurde am 27. Oktober 1989 Krenz zugestellt und war dann Gegenstand der Politbürositzung am 31. Oktober 1989. Dieser Analyse war beigefügt ein weiteres Schreiben, das den höchsten Geheimhaltungsgrad erhielt, weil es die Verschuldungssituation der DDR im nichtsozialistischen Währungsgebiet und die Methoden der Kreditbeschaffung detailliert darstellte. Wäre dieses Papier bekannt geworden, wäre die existenziell notwendige Kreditwürdigkeit der DDR sofort zusammengebrochen. Wir konnten die Analyse zur wirtschaftlichen Lage während einer Kabinettsitzung einsehen und lesen. Wir durften uns weder Notizen machen noch Kopien anfertigen. Am Ende der Sitzung wurde das Papier wieder eingesammelt. Es wurde vereinbart, zunächst Einzelheiten davon nicht bekannt zu machen. Ich weiß noch genau, dass mir beim Lesen die Tränen kamen. Erst in diesem Moment wurde mir im vollen Umfange bewusst, wie sehr die DDR am Abgrund stand oder eigentlich sich schon im Abgrund befand.

Im Zusammenhang mit diesem Papier führte ich ein langes, sehr persönliches Gespräch mit Gerhard Beil, der auch im Modrow-Kabinett saß und die Funktion des Ministers für Außenhandel innehatte. Er hatte, so schien es mir, den klarsten Überblick über die Gesamtsituation. Immer wieder haben wir uns über anstehende Probleme unterhalten, so dass aus der kollegialen Zusammenarbeit ein persönlich-freundschaftliches Verhältnis wurde. Gerhard Beil hat auch nach Amtsantritt meiner Regierung weiterhin in meinem Hause gearbeitet und mir als Berater zur Verfügung gestanden. Er tat dies unentgeltlich und erbat sich als einzige Vergünstigung, dass seine langjährige Sekretärin bei ihm verbleiben könnte und dass er mit einem Fahrzeug morgens von zu Hause abgeholt und abends wieder zu seinem Wohnsitz zurückgebracht würde. Aus Bonn wurde mir immer wieder bedeutet, dass man wenig Verständnis dafür hätte, dass ich einen ehemaligen SED-Funktionär in meiner Umgebung duldete. Ich habe stets erwidert, dass man Herrschaftswissen sich nur von dem holen könne, der es habe, und dass ich von seiner Loyalität voll überzeugt sei. Er hat mich diesbezüglich auch in keiner Weise enttäuscht. Gemeinsam haben Gerhard Beil und ich auch manche Dummheit im Kabinettsgeschehen verhindert.

Ein Beispiel für diese unübersichtliche Situation und vor allem die wirtschaftliche Unkenntnis vieler Beteiligter war ein Vorschlag von Gesundheitsminister Klaus Thielmann. Er erklärte eines Tages im Kabinett, dass die Krankenschwestern republikweit und insbesondere in Berlin völlig unterbezahlt seien. Er forderte, dass die Löhne und Gehälter der Krankenschwestern um 100 Prozent erhöht werden. Dies sei besonders in Berlin notwendig, da viele Krankenschwestern aus den Ostberliner Krankenhäusern bereits in Westberlin tätig wären, dort Westgeld verdienten, nominal sogar höhere Beträge bekämen als bisher in Mark der DDR. Ich erklärte, dass ich einer solchen Maßnahme keinesfalls zustimmen könne, weil andere Berufsgruppen folgen würden. Die notwendigen Geldmengen hätten wir nur mittels Druckerpresse herstellen können. Auf diese Weise wären wir aber in die Inflationsspirale hineingeraten. Die Verhandlungen mit der Bundesrepublik zur Herstellung einer Währungsunion wären dann völlig unmöglich geworden. Dem schlossen sich Beil und auch andere Minister an. Die Idee wurde nicht weiter verfolgt.

Ein weiterer Fall war der Vorschlag von Justizminister Hans-Joachim Heusinger. Auch seine Idee war gut gemeint, aber eben nicht durchdacht. Nach dem Fall der Mauer entstand eine kaum mehr beherrschbare Zoll- und Devisenkriminalität. DDR-Bürger hoben große Beträge von ihren Sparkonten ab und tauschten diese Mark der DDR zu welchem Kurs auch immer in D-Mark ein, um sich so Wünsche erfüllen zu können. In Wechselstuben in Westberlin wurde zum Teil 1 DM für 20 Mark der DDR verkauft. Heusinger wollte nun mittels Verordnung diese nicht genehmigten Zoll- und Devisengeschäfte verhindern. Auch dagegen war ich, weil alles, was in dieser Verordnung geregelt worden wäre, bereits im Zollgesetz und im Devisengesetz von 1973 geregelt war. Außerdem hätte die Verordnung keinen Zweck mehr, da die Regierung nicht mehr die Autorität besäße, diese Verhaltensweisen zu unterbinden und die Verordnung durchzusetzen. Darüber hinaus wäre das rechtlich völlig unmöglich, dass wir mit einer Verordnung bestehendes Gesetzesrecht veränderten. Ich sei sehr verwundert, wer dem Kollegen Heusinger in seinem Hause eine solche juristische Unkorrektheit untergejubelt hatte. Nach dieser Sitzung hatte ich ein Gespräch mit Hans Modrow, in dem er mich ausdrücklich bat, weiterhin auf die rechtsförmige Richtigkeit der Kabinettsvorlagen zu achten, da offensichtlich die Qualifikation einiger Kabinettskollegen diesbezüglich nicht ausreiche.

Wegen dieser Devisensituation machten wir uns Gedanken, wie die DDR-Bürger im Hinblick auf die bevorstehenden Weihnachtsfeiertage mit D-Mark ausgerüstet werden könnten. Die Bundesrepublik hatte damals für jeden DDR-Bürger das „Begrüßungsgeld" in Höhe von 100 DM zur Verfügung gestellt. Dieser Betrag schien uns für die Weihnachtstage nicht ausreichend zu sein. Alexander Schalck-Golodkowski, der langjährige Verhandler mit der Bundesrepublik, wurde beauftragt, in Bonn nach Möglichkeiten zu suchen, legal den DDR-Bürgern Devisen zu verschaffen. Was er auch erfolgreich tat. Die Bundesregierung gewährte einen Kredit, mit dem wir eine Art Weihnachtsgeld in harter Westmark auszahlen konnten.

Am Sonntag, dem 3. Dezember 1989, erhielt ich morgens um 6 Uhr oder wenig später einen Anruf auf dem R-Netz. Ich wurde gebeten, um 7 Uhr im Ministerrat zu einer Krisensitzung zu erscheinen. Das R-Netz war eine Besonderheit. In der DDR gab es neben dem völlig desolaten öffentlichen Telefonnetz mehrere Zweittelefonnetze, in die man sich von außen nicht einwählen konnte. Das R-Netz war ein Netz, das die Räte der Bezirke und die Regierungsstellen der DDR miteinander verband. Minister hatten auch zu Hause Apparate dieses R-Netzes. Ein weiteres Netz gab es bei der Deutschen Reichsbahn, in das man bedingt einwählen konnte. Das Ministerium für Staatssicherheit verfügte wiederum über ein eigenes Netz. Mir war unmittelbar nach meinem Amtsantritt als Minister ein solches Telefon des R-Netzes in meine Wohnung gelegt worden. Über das Netz erreichten mich und meine Familie auch anonyme Drohanrufe. Doch zurück zum 3. Dezember. Nach dem Anruf erschien ich im Ministerrat, dort wurde mir mitgeteilt, dass Alexander Schalck-Golodkowski wohl am Vorabend von seiner Reise nach Bonn zurückgekehrt sei, sich aber nach einem Gespräch mit Hans Modrow nach Westberlin abgesetzt habe. Hans Modrow erläuterte, dass in dem Gespräch, das er mit Alexander Schalck-Golodkowski geführt hätte, dieser die Befürchtung geäußert hätte, von den eigenen Leuten, also von Mitarbeitern des Ministeriums für Staatssicherheit, umgebracht zu werden. Offensichtlich suchte die Staatssicherheit damals nach einem Sündenbock und glaubte, den in Alexander Schalck-Golodkowski gefunden zu haben. An dieser Krisensitzung nahm neben Hans Modrow und einigen Ministern Werner Großmann teil. Das war der Chef der Hauptverwaltung Aufklärung des Ministeriums für Staatssicherheit oder wie es jetzt hieß, des Amtes für Nationale Sicherheit.

Es wurde erwogen, Haftbefehl gegen Schalck-Golodkowski zu beantragen mit der Begründung, er habe Untreuehandlungen begangen. Man wollte versuchen, mittels eines solchen Haftbefehls die Auslieferung von Schalck-Golodkowski an die DDR zu erreichen. Ich habe dem widersprochen und ausgeführt, dass ich bezweifelte, dass man seitens der Bundesrepublik vor dem Hintergrund konstruierter Schuldvorwürfe eine Auslieferung vornehmen würde, zumal Schalck-Golodkowski seine Bedrohungssituation wohl real in der Bundesrepublik darstellen könnte. Außerdem gäbe es zwischen der Bundesrepublik und der DDR kein Rechtshilfeabkommen, mithin auch kein Auslieferungsabkommen. Tatsächlich hat die Bundesregierung Schalck-Golodkowski Schutz gewährt, wobei zu vermuten ist, dass sie dies auch deswegen tat, weil er als ehemaliger Chefunterhändler der DDR große Kenntnisse über bundesdeutsche Verhältnisse hatte, deren Offenlegung möglicherweise auch für die Bundesrepublik unangenehm gewesen wäre.

Am 4. Dezember 1989 fand früh eine Präsidiumssitzung der CDU statt, bei der ich einen Beschluss dahingehend erwirkte, dass die CDU aus dem Demokratischen Block austrat. Der Demokratische Block war ein Zwangsbündnis der Parteien in der DDR, aber auch der anderen gesellschaftlichen Organisationen, wie beispielsweise des Kulturbundes. Die Parteien und Organisationen wurden in diesem Demokratischen Block, der nie ein demokratischer Block war, auf die Politik der SED eingeschworen und vertraten dann diese auch in der Volkskammer, in den Bezirks- und Kreistagen. Zu diesem Zeitpunkt lag bereits eine Einladung des Bundes der Evangelischen Kirchen vor, einen Runden Tisch nach polnischem Vorbild zu bilden. Am 4. Dezember fand dann eine letzte Sitzung des Demokratischen Blocks statt. Diese Sitzung hatte ich turnusmäßig zu leiten und eröffnete sie mit folgenden Worten: „Meine Damen und Herren, diese Sitzung des Demokratischen Blocks ist eine historische, nicht etwa weil ich sie leite, sondern weil sie die letzte ist. Das Präsidium der CDU hat heute Vormittag beschlossen, aus dem Demokratischen Block auszutreten und darüber hinaus der Einladung des Bundes der Evangelischen Kirchen an den Runden Tisch zu entsprechen. Ich gehe davon aus, dass auch die anderen Parteien des Demokratischen Blocks zum Runden Tisch eingeladen sind, dass wir aber nur als Freigegebene und als jeweils Selbstständige an den Runden Tisch treten können."

Für die SED nahmen an dieser Sitzung Egon Krenz und Günter Schabowski teil. Krenz redete lange auf mich ein und fragte, ob ich diese Erklärung nicht zurücknehmen wolle um der Gemeinsamkeit willen. Ich fragte ihn daraufhin nach seinem Verhältnis zu innerparteilicher Demokratie und ob er wirklich der Auffassung sei, dass ich als Vorsitzender einer Partei einen Gremienbeschluss, nämlich den Beschluss des Präsidiums der CDU, zurücknehmen könnte. Dieser Schritt sei wohlüberlegt und sei unumkehrbar. Auch Manfred Gerlach für die LDPD versuchte, auf mich diesbezüglich einzuwirken, was ihm nicht gelang. Die LDPD hatte zum damaligen Zeitpunkt den Austritt noch nicht erklärt. Dies war aber auch nicht notwendig, denn der Demokratische Block war mit dieser Erklärung, die ich abgegeben hatte, beendet.

Am Folgetag fand dann eine Politbürositzung statt, deren Inhalt man besser bei Egon Krenz nachliest, in deren Ergebnis er jedoch zum Rücktritt von seinem Posten als Generalsekretär der SED gezwungen wurde. Unmittelbar in diesem Zusammenhang hatte ich ein Gespräch mit Hans Modrow und sagte, wenn Egon Krenz seiner Partei, der SED, nicht mehr als Generalsekretär zuzumuten sei, um wie viel weniger sei er dann uns anderen als Staatsratsvorsitzender und als Vorsitzender des Nationalen Verteidigungsrates zuzumuten. Immerhin habe Egon Krenz als Vorsitzender des Nationalen Verteidigungsrates noch immer die Weisungsbefugnis über die Armee und alle anderen Sicherheitsorgane. Falls die SED Egon Krenz nicht zum Rücktritt von diesem Posten bewegen könnte, würde ich veranlassen, dass in der Volkskammer ein Abwahlantrag durch die CDU-Fraktion gestellt werden würde.

Offensichtlich wollte sich Krenz einem solchen Risiko nicht aussetzen und ist dann am 6. Dezember von diesen Posten zurückgetreten. Die Volkskammer wählte Manfred Gerlach von der LDPD zum Amtierenden Staatsratsvorsitzenden. In der SED wurde daraufhin eine Vorbereitungsgruppe gebildet, die einen Sonderparteitag vorbereiten sollte. An die Spitze dieser Vorbereitungsgruppe trat Gregor Gysi. Dieser Machtwechsel an der Spitze der SED führte, so meine ich, spürbar zu nervösen Reaktionen im Kabinett. Die Mehrheit der Mitglieder war wie in alten Zeiten von der SED besetzt worden. Keiner war sich im Moment sicher, ob die Partei weiterhin hinter ihm stehen würde. Wer die neuen Herren an der Spitze der SED sein würden, zeichnete sich wenige Tag später ab. Am 7. Dezember tagte erstmalig der Runde Tisch, über den noch zu berichten sein wird. Jede Partei und Gruppierung durfte drei Vertreter entsenden. Für die SED erschienen Gregor Gysi, Wolfgang Berghofer und Lothar Bisky. Das waren offensichtlich auch die Personen, die dann auf dem Parteitag der SED das Geschehen bestimmten.

Ich war parallel mit der Vorbereitung des Sonderparteitages der CDU befasst, so dass die Tage bis zu den Weihnachtsfeiertagen wie im Fluge vergingen. In diese Phase der allgemeinen Unsicherheit hinein kam der Besuch von Helmut Kohl am 19. Dezember 1989 in Dresden. Zum Inhalt der zu führenden Gespräche gab es im Kabinett keinerlei Abstimmung. Ich glaube jedoch, dass Hans Modrow im Wesentlichen auf eine Unterstützung durch die Bundesregierung hoffte. Bei diesem Besuch kam es zu der legendären Rede von Helmut Kohl vor der Ruine der Frauenkirche. Dort schwenkten die Sachsen bereits wieder ihre weiß-grünen Sachsen-Fahnen und schwarz-rot-goldene Fahnen ohne Hammer, Zirkel und Ährenkranz. Das „Werkzeug", wie der Volksmund diese Symbole nannte, war entweder abgetrennt worden oder, sofern es sich nicht abtrennen ließ, aus der Fahne herausgeschnitten. Kohl erklärte bei dieser Rede unter dem Jubel Zehntausender, dass er das Ziel habe, die nationale Einheit zu vollenden. Der Jubel der Menschen bei der Veranstaltung, die ich im Fernsehen verfolgte, zeigte mir noch mal, dass die reale Stimmung im Lande bereits wesentlich weiter war als man im Kabinett Modrow glaubte.

Am 20. Dezember war ein Staatsbesuch von Präsident François Mitterand angekündigt. Präsident Mitterand erschien mit zwei Flugzeugen. In Frankreich war durchgesickert, dass das Ministerium für Staatssicherheit der DDR offensichtlich nicht mehr richtig funktioniere, so dass er sich entschloss, ein Flugzeug voll mit französischen Sicherheitsleuten mit nach Berlin zu nehmen. Auf dem Flughafen in Berlin-Schönefeld sollte er von Oskar Fischer (Außenminister), Dr. Gerhard Beil (Außenhandelsminister) und von mir abgeholt werden. Wir drei standen im Schlackerschnee auf der Rollbahn und wurden von den französischen Sicherheitskräften fast überrannt. Für den ersten Abend war ein festliches Essen im Staatsratsgebäude angekündigt. Dabei suchte ich das Gespräch mit Joëlle Timsit, der französischen Botschafterin in der DDR, und bat sie, mir ein Gespräch mit einer Person aus der Umgebung des Präsidenten zu vermitteln. Denn die Gespräche des Präsidenten sollten mit Gregor Gysi, dem damaligen neu gewählten Vorsitzenden der SED-PDS, und Hans Modrow geführt werden, nicht jedoch mit anderen Mitgliedern des Kabinetts. Frau Timsit vermittelte ein Gespräch mit Jean-Louis Bianco, dem damaligen Chef der Präsidialkanzlei Mitterands. Bianco sprach ein tadelloses Deutsch, so dass wir keinerlei Verständigungsschwierigkeiten hatten. Ich erklärte ihm, dass ich in einem gewissen Loyalitätskonflikt stecke. Ich gehöre zwar der Regierung Modrow an, glaubte aber, dass es nicht klug sei, dass Frankreich mit der DDR noch ein Vier-Jahres-Handelsabkommen abschließen würde. Dieser Vertrag würde die Laufzeit nicht mehr erreichen. Die Republik Frankreich, die stolze Grand Nation, würde sich lächerlich machen, einen solchen Vertrag zu unterzeichnen. Bianco äußerte daraufhin, dass in dieser Frage der Präsident beratungsresistent sei. Mitterand wolle mit dem Abschluss eines solchen Abkommens deutlich machen, dass er von einer Existenz der DDR von mehreren Jahren ausgehe. Mir wurde dabei deutlich, dass Präsident Mitterand offensichtlich dem Prozess hin zur deutschen Einheit mehr als skeptisch gegenüberstand. Später, viel später sollte ich selbst mit ihm reden. Da hatten sich seine Ansichten schon gewandelt.

Zwei Tage später am 22. Dezember 1989 wurde, so wie Helmut Kohl es mit Hans Modrow verabredet hatte, das Brandenburger Tor offiziell geöffnet. Von der Westseite kamen Helmut Kohl, Hans-Dietrich Genscher, Rudolf Seiters und Walter Momper, der damalige Regierende Bürgermeister. Auf der östlichen Seite war die Delegation besetzt durch Hans Modrow, Oskar Fischer, Erhard Krack, dem damaligen Ostberliner Oberbürgermeister, und meine Person. Während der kurzen Ansprachen stand ich auf dem Podest vor Gottfried Forck. Wegen der ungeheuren Anspannung wollten mir die Tränen kommen und ich senkte den Kopf. Gottfried Forck sagte zu mir, Bruder de Maizière, Kopf hoch, bei solchen Anlässen darf man nicht nur, man muss sogar weinen. Und als ich mich zu ihm umdrehte, sah ich, dass ihm auch die Tränen in den Augen standen.

Am ersten Weihnachtsfeiertag ging ich um 10.30 Uhr ins Schauspielhaus am Gendarmenmarkt, wo ein international zusammengesetztes Orchester mit angesehenen Solisten unter Leonard Bernstein Beethovens Neunte Sinfonie spielte. Mir wäre es möglich gewesen, im ersten Rang an zentraler Stelle Plätze zu erhalten. Ich hatte mir aber bewusst Karten im freien Verkauf besorgt und saß in einer der hinteren Reihen. Dies war auch gut so, denn im langsamen Satz, dem dritten Satz, dem Adagio cantabile, löste sich offensichtlich erneut die Spannung der letzten Wochen in mir und ich habe wie nie zuvor und wohl auch nie danach geweint. Im vierten Satz ließ Leonard Bernstein Schillers „Ode an die Freude" nicht mit „Freude schöner Götterfunken" beginnen, sondern „Freiheit schöner Götterfunken". Von diesem Konzert gibt es einen Mitschnitt auf einer CD. Musikalisch kann ich mir eine perfektere Interpretation vorstellen, was wohl damit zusammenhängt, dass das Orchester kurzfristig zusammengestellt war. Aber ich kenne keine Aufnahme dieser Sinfonie, in der das Hochgefühl, die Begeisterung jener Zeit, sich so widerspiegelt wie in dieser Aufnahme. Dies war auch die Zeit, als Mstislaw Rostropowitsch an der Mauer Bach-Sonaten spielte, die Philharmoniker zu einem ersten kostenlosen Konzert für Ostberliner einluden, das ich mit meinem Freund Harald Mau besuchte. Ich entsinne mich noch, wie wir im Dunkeln über den damals noch völlig unbefestigten Potsdamer Platz zu dem herrlichen Scharoun-Bau liefen.

Für den 30. Dezember, einen Sonnabend, hatte Hans Modrow die Führer der an der Koalition beteiligten Parteien zu einer Koalitionsrunde außerhalb Berlins eingeladen. Unter ziemlicher Geheimhaltung wurden wir dorthin gefahren. Ich weiß heute nicht mehr, wo dieser geheime Ort war. Offensichtlich handelte es sich um ein Objekt des Ministeriums für Staatssicherheit in einem Waldgebiet. Ziel dieser Koalitionsrunde war es auszutesten, wie stabil die Koalition war und ob Aussichten bestünden, erneut eine solche Koalition nach den angestrebten ersten Wahlen zu bilden. Ich habe ausgeführt, dass ich in Verantwortung zu dieser Koalition stünde, jedoch nicht bereit sei, irgendwelche

Koalitionsaussagen für die Zeit nach den ersten freien Wahlen zu treffen. Ich ginge darüber hinaus davon aus, dass die SED-PDS, so wie sie damals bereits hieß, bei solchen Wahlen nicht mehr die Mehrheit der Stimmen hinter sich vereinigen könnte.

In der ersten Kabinettsitzung im neuen Jahr meldete sich wieder Gesundheitsminister Thielmann zu Wort und erklärte, dass sein Vorgänger im Amt, Ludwig Mecklinger, jedes Jahr 598 Ausnahmegenehmigungen für Betriebe erteilt habe, die nicht in der Lage wären, die ohnehin schon nicht allzu hoch angesetzten Umweltnormen der DDR einzuhalten. Würden diese Ausnahmegenehmigungen nicht erteilt, müssten diese Betriebe sofort ihre Produktion einstellen. Er, Thielmann, sei nicht bereit, diese Ausnahmegenehmigungen allein zu erteilen, sondern erwarte, dass das Kabinett einen entsprechenden Beschluss fasst, um die Verantwortung auf alle Schultern zu verteilen. Schweren Herzens haben wir dann diesen Beschluss gefasst. Diese ökologische Situation der Wirtschaft der DDR musste uns später noch einmal beschäftigen. Als wir den Vertrag über die Wirtschafts-, Währungs- und Sozialunion verhandelten, wurde auf Drängen der westdeutschen SPD die Verpflichtung aufgenommen, in der DDR-Wirtschaft die Umweltstandards der Bundesrepublik einzuführen. Mit Mühe konnten wir erreichen, dass diese Einführung der Umweltstandards in den nächsten fünf Jahren oder bis zum Ablauf von fünf Jahren erfolgen sollte. Hätten wir dies nicht erreicht, hätten wir am 1. Juli 1990, dem Tag des Inkrafttretens der Wirtschafts-, Währungs- und Sozialunion, einen Großteil der Betriebe schließen müssen.

Im Januar 1990 begann das, was ich im internen Kreis die „Modrowsche Springprozession" nannte. Alles, was im Kabinett beredet oder beschlossen wurde, musste auch dem Runden Tisch vorgelegt werden, der seine Meinung dazu äußerte. Sofern es sich dann um Gesetzesvorhaben handelte, mussten diese dann in die Volkskammer eingebracht werden, dort erst wurden sie dann beschlossen und Gesetz. Dieser Prozess lief nicht spannungsfrei ab.

Immer mehr drängte der Runde Tisch darauf, maßgeblichen Einfluss zu nehmen. Immer mehr fühlte sich die Volkskammer übergangen und wollte nicht weiterhin lediglich Gesetze abnicken, die anderswo bereits beschlossen worden waren.

Zu erheblicher Verunsicherung führte dann der 15. Januar 1990. An dem Tag stürmten Bürgerrechtler die Normannenstraße, den Zentralsitz des Ministeriums für Staatssicherheit, zu dem Zeitpunkt bereits Amt für Nationale Sicherheit. Dieser Sturm auf die Normannenstraße löste das Ende des Ministeriums für Staatssicherheit aus. Diese Situation und der drohende wirtschaftliche Kollaps führten zu einem erheblichen Autoritätsverlust der Regierung Modrow.

Zu diesem Zeitpunkt erschienen auch erste Prognosen für die noch für den 6. Mai 1990 angesetzten Volkskammerwahlen. Nach diesen Prognosen sollte die SPD, die sich zwischenzeitlich von SDP in SPD umbenannt hatte, die absolute Mehrheit erringen können. Die anderen Parteien waren nach dieser Prognose weit abgeschlagen. Allerdings stellte sich heraus, dass diese Meinungsumfrage eine telefonische Meinungsumfrage war und insofern nicht als repräsentativ angesehen werden konnte, denn wer hatte in der DDR schon ein Telefon? Darüber hinaus sagte sie aus, dass erst 40 Prozent der Wähler entschieden seien, 60 Prozent noch völlig unentschieden. Am 28. Januar 1990 kam es zu einer dramatischen Sitzung im Hotel „Johannishof", bei der die an der Koalition beteiligten Parteien und die Parteien des Runden Tisches versuchten, eine Marschrichtung für die nächsten Wochen festzulegen. Bei dieser Sitzung wurde beschlossen, die Volkskammerwahlen vom 6. Mai vorzuverlegen auf den 18. März 1990. Die ersten freien Kommunalwahlen sollten für den 6. Mai anberaumt werden. Um die Regierungsarbeit zu stabilisieren, wurden von den neuen Parteien und Gruppierungen Vertreter in das Modrow-Kabinett, dies jedoch ohne Geschäftsbereich, aufgenommen. Modrow bezeichnete seither das Kabinett als „Regierung der nationalen Verantwortung".

Zwei Tage später reiste Hans Modrow nach Moskau, offensichtlich um bei Gorbatschow die Zustimmung zu seinem Kurs zu holen, Zudem hatte er wohl die Hoffnung, noch wirtschaftliche Hilfe erlangen zu können. Diese Hoffnung war absolut unrealistisch. Im Januar 1990 fand in Sofia das letzte Gipfeltreffen des Rates für Gegenseitige Wirtschaftshilfe (RGW) statt. Auf diesem Gipfeltreffen kündigte Michail Gorbatschow den Verrechnungsrubel, auch „XTR-Rubel" genannt, auf. Dies war eine RGW-interne Währung, die der Verrechnung der wirtschaftlichen Leistungen der RGW-Staaten untereinander diente. Auf dieser Grundlage wurden die Preise vereinbart und auf der Grundlage dieses Verrechnungsrubels wurden gegenseitig Vorteile und Ähnliches gewährt. Der Verrechnungsrubel stand im Verhältnis zur Mark der DDR wie 1:2,34. Gorbatschow erwartete auf dieser Sitzung, dass zukünftig der gesamte gegenseitige Waren- und Leistungsaustausch auf der Grundlage von Weltmarktpreisen und konvertierbarer Währung vorzunehmen sei. Hätte sich Gorbatschow mit dieser Forderung durchgesetzt, wäre der gesamte RGW-Handel sofort zum Erliegen gekommen. In zähen Verhandlungen, an denen seitens der DDR Hans Modrow und die Wirtschaftsministerin Christa Luft teilnahmen, wurde erreicht, dass der XTR-Rubel bis zum Jahresende 1990 weitergehen sollte. Im Wissen um das Ende dieser speziellen Verrechnungsbasis kam es zu zunehmender Vertragsuntreue innerhalb des RGW. Jeder versuchte, seine Produkte nunmehr zukünftig auf dem Weltmarkt loszuwerden zu dann günstigeren Bedingungen. Ich sehe in dieser, wie ich meine, unbedachten Aufkündigung des XTR-Rubels eine der Ursachen für den bedauerlich schnellen Untergang des Ostblockhandels.

Um die Hoffnung auf Unterstützung durch Moskau ärmer geworden, kehrte Modrow in die DDR zurück, trat am 1. Februar 1990 vor die Volkskammer und legte ein Programm für den Weg zur Einheit Deutschlands in vier Schritten vor, für ein „Deutschland einig Vaterland". Dieser Plan, insbesondere die plötzliche Verkündung der Losung „Deutschland einig Vaterland", war in der Koalition nicht abgesprochen und führte zu einem weiteren Vertrauensschwund innerhalb der Koalition. Die Entwicklung stand stark unter dem Gesichtspunkt der bevorstehenden freien Wahlen am 18. März. Die SED-PDS trennte sich endgültig von den drei Buchstaben SED und glaubte so, ihre Wahlchancen zu verbessern. Die oppositionellen Parteien bzw. Vereinigungen wie „Demokratie Jetzt", „Neues Forum" und „Initiative Frieden und Menschenrechte" schlossen sich am 6. Februar 1990 zum „Bündnis 90" zusammen. Tags zuvor hatte sich die „Allianz für Deutschland" formiert.

Aufgrund der angespannten Situation innerhalb der Koalition beschlossen wir, also die Minister der CDU, am 9. Februar 1990, die Modrow-Regierung offiziell zu verlassen und unsere Aufgaben nur noch amtierend wahrzunehmen. Modrow betrieb zunehmend Politik an seinen Koalitionspartner vorbei, das war unser Eindruck. So reiste er am 13. Februar 1990 nach Bonn und hatte in seiner Begleitung fast ausschließlich Minister aus den neuen Parteien und Gruppierungen. Offensichtlich wollte er sich mit diesen schmücken und den Anschein erwecken, dass er und seine zur PDS gewandelte alte SED eine Nähe zu den Revolutionären von einst habe. In der Delegation reisten mit: Wolfgang Ullmann, Walter Romberg und Matthias Platzeck. Wir, die CDU, blieben die „schmutzigen Blockflöten", die anderen hatten ja alle neue Namen. Doch natürlich dienten die Vertreter der Opposition da dem falschen Freund, nämlich dem alten Feind.

Der Hoffnung Modrows allerdings, in Bonn einen ungebundenen 15-Milliarden-DM-Kredit zu erlangen, erteilte Helmut Kohl, trotz des munteren Geleits, eine klare Abfuhr. Kohl sagte Hilfe zu für die Zeit nach den ersten freien Wahlen, nicht jedoch für die Zeit davor. Allerdings bot Helmut Kohl bei diesem Gespräch an, in Verhandlungen über eine Währungs- und Wirtschaftsgemeinschaft einzutreten. Die nächsten Wochen standen ganz im Zeichen des Wahlkampfes. Im Kabinett wurden maßgebliche Beschlüsse nicht mehr gefasst.

Mythos Runder Tisch

AM 12. MÄRZ 1990 tagte der Runde Tisch das letzte Mal. Bei dieser Tagung wurde die Verfassungsfrage besprochen. Die Arbeitsgruppe, die eine Verfassung erarbeiten sollte und an der auch Richard Schröder mitwirkte, legte erste Papiere vor. Der Grundrechtekatalog war im Wesentlichen fertiggestellt. Der gesamte staatsorganisatorische Teil stand jedoch größtenteils noch aus. Mitarbeiter dieser Arbeitsgruppe äußerten den Wunsch, weiterhin an einer Verfassung für die DDR zu arbeiten. Der Runde Tisch stellte dies der Gruppe frei, dies geschehe aber nicht mehr unter Verantwortung des Runden Tisches. Bisher war die Arbeit in den Arbeitsgruppen des Runden Tisches stets so gewesen, dass die Arbeitsgruppen ihre Ergebnisse vorlegten und der Runde Tisch dann im Plenum diese Beschlüsse absegnete. Zu einem solchen Prozess hinsichtlich der Verfassung des Runden Tisches ist es nicht mehr gekommen. Am 5. April 1990, der konstituierenden Sitzung der ersten frei gewählten Volkskammer, legten Abgeordnete von Bündnis 90 einen Verfassungsentwurf für die DDR vor. Es gehört zur Legendenbildung, dass dieser Entwurf in der Literatur „Verfassung des Runden Tisches" genannt wird. Der Runde Tisch hat darüber nie befunden. Zu Recht wies das Plenum des zentralen Runden Tisches am 12. März 1990 darauf hin, dass er seine Arbeit als beendet betrachte, da am 18. März eine durch freie Wahlen legitimierte Volksvertretung geschaffen würde. Und doch ist dieser Verfassungstext einer der Mythen des Runden Tisches geworden.

Die oppositionellen Gruppen und Parteien hatten die Kirchen, hier insbesondere den Bund der Evangelischen Kirche, bereits im Dezember 1989 gebeten, zu einem Runden Tisch einzuladen. An diesem Runden Tisch sollten neben den oppositionellen Gruppen und Parteien vor allem die Parteien teilnehmen, die in der Regierung Modrow vertreten waren. Vorbild fand dieser Runde Tisch im Runden Tisch Polens, der bereits im Februar 1989 zusammengetreten war und an dem die kommunistische Partei Polens und die Solidarnosc um einen Zukunftskompromiss rangen. Im Ergebnis dieser Tätigkeit des polnischen Runden Tisches wurden die ersten teilfreien Wahlen für den 24. Juni 1989 angesetzt. Ein Drittel der Mandate konnte die kommunistische Partei noch besetzen, ohne dass sie sich der Wahl stellte, die restlichen zwei Drittel der Mandate wurden durch Wahlen ermittelt. Die Wahl endete mit einem haushohen Sieg der Solidarnosc. Der erste frei gewählte Ministerpräsident Polens wurde Tadeusz Mazowiecki, mit dem ich später im Zusammenhang mit dem Warschauer Vertrag noch zu tun haben sollte. Diese ersten teilfreien Wahlen in Polen fanden übrigens am gleichen Tag statt, an dem in Peking auf dem Platz des Himmlischen Friedens Studenten von Panzern niedergemalmt wurden.

Zum Runden Tisch in der DDR war zum 7. Dezember 1989 um 15 Uhr in das Bonhoeffer-Haus in der Ziegelstraße eingeladen worden. Ort: der Kirchsaal der Herrnhuter Brüdergemeinde. Als ich dort ankam, traf ich als Erstes auf meinen alten Mandanten Wolfgang Templin. Er gehörte zu denen, die im Januar 1988 im Zusammenhang mit der Karl-Liebknecht-und-Rosa-Luxemburg-Demonstration festgenommen worden waren. Mit Unterstützung der evangelischen Kirche gelang es uns damals, eine Haftstrafe zu vermeiden und das Ehepaar Regina und Wolfgang Templin unter Beibehaltung ihrer Staatsbürgerschaft als DDR-Bürger in den Westen ausreisen zu lassen. Sie gingen nach Bethel, wo der dortige Pastor Martin Braune ihnen Asyl angeboten hatte. Sein Bruder Werner Braune war damals Pfarrer in Berlin und Leiter der Stephanus Stiftung in Berlin Weißensee. Über diese geschwisterliche Verbindung war die Ausreise möglich geworden.

Der Runde Tisch konstituiert sich am 7. Dezember 1989 im Dietrich-Bonhoeffer-Haus. BArch, Bild 183–1989–1207–026 / Klaus Oberst

Der Runde Tisch im Bonhoefferhaus war nicht rund, sondern eckig. An der Stirnseite saßen die drei Moderatoren. Vom Bund der evangelischen Kirchen war Oberkirchenrat Martin Ziegler anwesend, Monsignore Karl-Heinz Ducke von der römisch-katholischen Kirche und Pastor Martin Lange von der Methodistischen Kirche für die Arbeitsgemeinschaft christlicher Kirchen (AGCK). An den Längsseiten saßen einerseits die neuen Parteien und Gruppen und andererseits die bereits bestehenden Parteien. Es herrschte aber helle Aufregung vor dem Hause in der Ziegelstraße, weil weitere Gruppen unbedingt am Runden Tisch teilnehmen wollten, so der Demokratische Frauenbund, die unabhängigen Frauen des FDGB und weitere Gruppierungen, die versuchten, sich lautstark Zutritt zu verschaffen. Aber ohne Erfolg. Mit erheblicher Verspätung konnte die Tagung beginnen. Zunächst wurde geklärt, dass jede Gruppe drei Stimmen haben sollte und dass das Verhältnis der neuen Gruppen und Parteien zu den alten Gruppen der Parteien paritätisch sein sollte, so dass keine Seite die andere überstimmen konnte, ohne Stimmen aus dem gegnerischen Lager von seiner Meinung zu überzeugen. Sodann wurde geklärt, dass es keine „Schleppmandate" geben sollte, wie dies in der Volkskammer noch der Fall war.

In der Volkskammer der alten Besetzung war die SED die stärkste Fraktion, besaß aber nicht die absolute Mehrheit der Stimmen der Volkskammer. Aber in der FDGB-Fraktion, in der FDJ-Fraktion, in der Fraktion des Demokratischen Kulturbundes, in der Fraktion des DFD, des Demokratischen Frauen Bunds Deutschlands, saßen ganz überwiegend Abgeordnete, die zugleich auch Mitglied der SED waren, so dass auf diese Weise eine absolute Mehrheit der Stimmen für die SED stets gesichert war.

Am Runden Tisch sollte jeder nur für die Gruppierung sprechen können, der er angehörte. Wer beispielsweise noch Mitglied der SED war und zugleich für das „Neue Forum" antreten wollte, schied somit aus. Die Sitzung nahm zunächst einen chaotischen Verlauf. Es gelang den Moderatoren nur knapp, die Wortmeldungen der Reihe nach abzuarbeiten. In dieser Situation beschloss ich, mich in eine Ecke zu setzen und dort eine Geschäftsordnung für den Runden Tisch zu entwerfen. Als Vizepräses der Synode des Bundes der Evangelischen Kirchen hatte ich in den Jahren gelernt, wie hilfreich eine Geschäftsordnung ist, insbesondere dann, wenn die Meinungen im Plenum weit auseinandergehen und eine ordnende Hand notwendig ist. Ich legte diese Oberkirchenrat Ziegler vor und bat ihn, sie zur Diskussion zu stellen. Die Geschäftsordnung wurde nach kurzer Diskussion angenommen, mit einer Ergänzung, nämlich der, dass auch Minderheitsvoten zu Protokoll genommen werden sollten. Mit dieser Änderung konnte ich gut leben. Diese Geschäftsordnung des Runden Tisches hat bis zu seinem letzten Tage gegolten und wurde von vielen dezentralen Runden Tischen in der gesamten DDR übernommen und hat sich so bewährt. Später trug diese Geschäftsordnung mir den Spott meiner Töchter ein, die sagten: „Die ganze Republik macht Revolution, und unser Vater schreibt dafür die Geschäftsordnung."

Die Sitzung des ersten Tages des Runden Tisches war geprägt von zwei wichtigen Themen: Erstens sein Selbstverständnis. Der Runde Tisch betonte, dass er nicht durch Wahlen legitimiert sei, sondern dass er seine Autorität aus der Delegitimierung der alten Macht zöge. Er begriff sich als Übergangsorgan bis zu den ersten freien Wahlen. Die Versammelten gingen mehrheitlich davon aus, dass die DDR noch eine längere Zeit Bestand haben würde. Trotz des am 28. November 1989 von Helmut Kohl im Bundestag vorgestellten Zehn-Punkte-Planes, war das Thema deutsche Einheit noch kein Thema am Runden Tisch. Zweitens: Der Zeitpunkt der ersten freien Wahlen in der DDR. Die neuen Gruppierungen waren überwiegend der Meinung, dass diese recht spät liegen sollten, weil sie noch viel Zeit brauchten, um sich zu konstituieren und zu konsolidieren, um Wahlkampf führen zu können, um breite Menschengruppen in der DDR zu erreichen. Die SED-PDS drängte auf einen möglichst schnellen Wahltermin, weil sie hoffte, mit ihrer strukturellen Überlegenheit noch einmal die Macht erringen zu können. Ich plädierte dafür, die Wahlen etwa in der Mitte des Jahres 1990 zu positionieren, weil ich fürchtete, dass wir mit einem späteren Wahltermin in den Sog des Wahltermins der Bundesrepublik geraten könnten. Noch war ich so naiv anzunehmen, dass die Wahlen in der DDR und die Bundestagswahlen unabhängig voneinander durchgeführt werden könnten. Man einigte sich in der Sitzung auf den 6. Mai als Wahltermin. Dieser Termin wurde bewusst gewählt. Er sollte einen Tag vor dem 7. Mai liegen, dem Datum, an dem im Jahr 1989 die letzten Kommunalwahlen alter Prägung durchgeführt worden waren, die zur Initialzündung der gesamten Prozesse des Jahres 1989 wurden.

Für die CDU haben neben mir zwei weitere Vertreter an der ersten Sitzung des Runden Tisches teilgenommen. Das war Marion Walsmann, die nach ihrer Volkskammerzeit Mitglied im Landtag von Thüringen war. Sie war Justizministerin im letzten

Kabinett von Dieter Althaus. Außerdem Rudolf Krause, der 1990 kurz Innenminister in Sachsen wurde und dem Landtag in Dresden angehörte. Aus den neuen Gruppen und Parteien sind mir einige Personen besonders in Erinnerung. Wolfgang Uhlmann, der für „Demokratie Jetzt" am Tisch saß, Martin Gutzeit und Ibrahim Böhme für die SDP und Rolf Henrich, mein Anwaltskollege aus Eisenhüttenstadt, für das „Neue Forum". Rolf Henrich war etwa ein Jahr zuvor wegen seines in der Bundesrepublik erschienenen Buches „Der vormundschaftliche Staat" die Anwaltszulassung durch den Minister für Justiz entzogen worden. Für den „Demokratischen Aufbruch" erinnere ich mich an Ehrhart Neubert und für die „Initiative Frieden Menschenrechte" war Gerhard Poppe am Runden Tisch vertreten.

Ursprünglich war die erste Sitzung bis 19 Uhr anberaumt, doch sie dauerte bis in die späten Nachtstunden hinein. Der im Hause wohnende Pfarrer der Herrnhuter Brüdergemeinde wurde geweckt und um seine Schreibmaschine gebeten, damit die Beschlüsse geschrieben werden konnten. Später wurde die Regierung der DDR gebeten, dem Runden Tisch Arbeitsmittel zur Verfügung zu stellen. Der Runde Tisch tagte lediglich bis zum 22. Dezember im Bonhoeffer-Haus, danach im Schloss Niederschönhausen im Konferenztrakt, in dem auch später die letzte Beamtenrunde des Zwei-plus-Vier-Vertrages tagte. Geregelt wurde auch, dass die Teilnahme am Runden Tisch als „gesellschaftliche Arbeit" galt, für die nach dem Arbeitsgesetzbuch der DDR die Freistellung von der Arbeit gewährt werden konnte. Bis dahin mussten die Teilnehmer des Runden Tisches Urlaubstage für diese Tätigkeit verwenden. Ursprünglich war vorgesehen, dass die benannten Moderatoren des Runden Tisches lediglich einladen sollten und die erste Sitzung leiten und dass danach ein Rotationssystem eingeführt werden sollte. Das heißt, die Leitung des Runden Tisches sollte von den Parteien umschichtig erfolgen. Alle Gruppen und Parteien am Runden Tisch waren jedoch von der Art und Weise, wie die Moderatoren diese Aufgabe

117

wahrnahmen, so überzeugt, dass diese gebeten wurden, die Moderation auch weiterhin durchzuführen, was sie bis zum Ende des Runden Tisches, also bis zum 12. März 1990, auch taten.

Die drei Moderatoren füllten ihre Aufgabe mit der je eigenen Eigenschaft und Temperament aus. Oberkirchenrat Ziegler als akribisch handelnder Verwaltungsmann, Monsignore Ducke mit ausgleichendem Humor und Pastor Lange mit freundlicher Güte. Am Runden Tisch haben wir Demokratie geübt. Dazu gehörte, einander zu ertragen, unterschiedliche Auffassungen auszutragen, Diskussionen nie von vornherein mit einem endgültigen Ergebnis versehen zu wollen, sondern Spielraum und Zeit zum Nachdenken zu belassen.

Der Runde Tisch bildete mit der Zeit Arbeitsgruppen zu den unterschiedlichen Themenbereichen der Gesellschaft und der Wirtschaft. Beispielsweise hat ein „Ausschuss" das Wahlgesetz erarbeitet, das von der Volkskammer dann für die ersten freien Wahlen in der DDR auch angenommen wurde. Im Laufe der Zeit gewann der Runde Tisch an Selbstbewusstsein und zitierte zunehmend Mitarbeiter der Regierung herbei, die Rede und Antwort stehen sollten. Dies waren für die Vertreter der Regierung keine angenehmen Veranstaltungen, umso weniger als sie selbst ja noch Suchende waren und sich noch in ihre Ressorts einarbeiten mussten. Hier war es gut, dass die Moderatoren glätteten und dafür sorgten, dass die Wellen nicht allzu hoch schlugen. Die Sitzungen des Runden Tisches wurden teilweise vom Fernsehen der DDR übertragen. Sie wurden von Anfang an wortwörtlich protokolliert.

Doch die geradezu euphorische Verklärung des Runden Tisches kann ich nicht teilen. Zum einen deswegen nicht, weil die Mitglieder nicht durch Wahlen legitimiert waren. Zum anderen wurden am Runden Tisch unrealistische Vorstellungen über den weiteren Verlauf der Geschichte der DDR entwickelt, die mit der ökonomischen Basis, aber auch mit der Befindlichkeit der Menschen immer weniger zu tun hatten. Als auf den Straßen längst

„Deutschland einig Vaterland" skandiert wurde, da träumten einige in dem Gremium noch von der neuen DDR. Klein, bescheiden, ökologisch, basisdemokratisch und himmlisch gerecht sollte der deutsche Teilstaat werden. Lediglich wie man so einen kleinen Gottesstaat mitten im Herzen Europas finanziert, wusste am Runden Tisch auch keiner. Joachim Gauck hat dies am 9. November 1999 anlässlich des 10. Jahrestages des Mauerfalls in einer Rede vor dem Deutschen Bundestag auf den Punkt gebracht, als er sagte: „Wir träumten das Paradies, und wach geworden sind wir in Nordrhein-Westfalen." Das wesentliche Verdienst des Runden Tisches ist, dass er das Land vor dem Chaos bewahrt hat. Die Menschen hatten das Gefühl, dort sitzen Leute, die die Übergangsregierung im Auge behalten, die dafür sorgen, dass sich keine Strukturen verfestigen, dass der Weg offen bleibt. Ich selbst habe zunehmend seltener an den Tagungen des Runden Tisches teilgenommen und mich stattdessen auf den Wahlkampf konzentriert.

Plakate und andere Grausamkeiten: Mein erster Wahlkampf

DER WAHLKAMPF HATTE nach meiner Einschätzung zwei Phasen: In der ersten Phase waren sich fast alle neuen Parteien und Gruppierungen, aber auch die CDU und die LDPD einig, dass es darum ginge, Wahlkampf gegen die SED-PDS zu führen. Es sollte endgültig der Herrschaftsanspruch der SED gebrochen werden. So hatten wir diesen Anspruch ja schon aus der Verfassung tilgen lassen als Voraussetzung für den Beitritt zur Koalition. Mitte Januar 1990 fand der Parteitag der SED-PDS statt. Bis dahin hatte die Partei im Wahlkampf noch geworben mit der Troika bestehend aus Gysi, Modrow und Berghofer. Plötzlich erklärte Berghofer aus dem Skiurlaub in Österreich seinen Parteiaustritt. Auf dem Parteitag wurden erhebliche Stimmen laut, die SED aufzulösen und eine neue linke Partei zu gründen, wofür jedoch keine Mehrheit gefunden wurde.

Ich entsinne mich, dass mich einige Tage vor diesem Parteitag meine Anwaltskollegin Barbara Erdmann, selbst Mitglied der SED-PDS, anrief und fragte, was denn wohl für den Fall der Auflösung der Partei aus dem Vermögen der Partei würde. Das Vermögen falle dann an den Staat, quasi als letzter gesetzlicher Erbe, erklärte ich ihr. Jede Partei sei ihrer Rechtsfigur nach ein Verein, und die Vereinssatzung habe stets eine Bestimmung zu enthalten, an wen das Vermögen für den Fall der Auflösung des Vereins fließen soll. Da sie aber ihren Verein für unsterblich gehalten hätten, bemerkte ich, fehlte in ihrer Satzung eine solche Bestimmung. Mangels Bestimmung sei der letzte Erbe eben der Staat. Außerdem ginge ich davon aus, dass dies sich auch aus der Verfassung der DDR ergäbe, denn dort hieße es in einem der ersten Artikel: „Was des Volkes Hände schaffen, soll des Volkes eigen sein." Nicht etwa der Partei eigen. Unser Telefonat abschließend erklärte ich ihr, dass ich nicht bereit sei, ihr in dieser Frage zu helfen, weil wir uns gegeneinander im Wahlkampf befänden.

Nach diesem Parteitag der SED-PDS, auf dem sie sich ganz von den Buchstaben S, E, D getrennt hatte, wandelte sich die Stimmung. Die PDS galt plötzlich nicht mehr als der Hauptgegner im Wahlkampf. Jetzt verlief die Front im Wahlkampf zwischen der SPD, die bei einer ersten Meinungsumfrage hochgeschrieben worden war, und der CDU bzw. der „Allianz für Deutschland". Dies war für mich deshalb eine merkwürdige Situation, weil in der SPD manche Mitglieder waren oder kandidierten, die mir aus kirchlicher Arbeit vertraut waren.

Der Wahlkampf wurde darüber hinaus immer stärker auf Personen und Kandidaten zugeschnitten, was mir gar nicht recht war. Ich habe mich lange geweigert zuzulassen, dass Plakate mit einem Foto von mir gedruckt werden. Die Wahlkampfstrategen aus dem Westen, die uns berieten, waren der Meinung, dies sei unumgänglich, so dass ich mich überstimmen ließ und tatsächlich ein Plakat mit einem Konterfei von mir erschien, das alte CDU-Wahlkampfparolen wieder aufgriff. Unser Westberliner Berater Dieter Fläming machte den Vorschlag, den Slogan von Ludwig Erhard „Wohlstand für alle" wieder aufleben zu lassen und mit dem Bekenntnis „Wir sind ein Volk" zu kombinieren. Auch plakatierten wir „Nie wieder Sozialismus". Beides war erfolgreich und kam bei den Menschen an. Eines Morgens aber wurde ich durch die Stadt gefahren und sah überall die Plakate, die zwischenzeitlich von Wahlkampfgegnern verunstaltet waren. Mir waren Menjou-Bärtchen angemalt worden, um so eine Nähe zu Hitler zu insinuieren. Kaum im Büro angekommen, klingelte das Telefon, und Gregor Gysi war am Apparat. Er verspottete mich, ob ich das gesehen hätte und ob ich das nicht hätte verhindern können. Ich hatte den Eindruck, dass ihm dies Vergnügen bereitete. Am nächsten Tag fuhr ich allerdings auch durch die

Stadt und sah, dass nunmehr die Plakate mit dem Konterfei von Gregor Gysi aufgehängt waren, sie waren ebenfalls entstellt, indem ihm Teufelshörner und Augen rot angemalt worden waren. Nun war es an mir, mich sofort lästernd ans Telefon zu setzen und ihn zu fragen, ob er denn schon die schönen Gemälde in der Stadt gesehen hätte. Noch heute entsinnen wir uns gern an diese den Wahlkampf auflockernde Episode. Der Wahlkampf nahm mit den Wochen an Schärfe zu und es wurde manche Wunde geschlagen, die später bei den Koalitionsverhandlungen nur schwer heilen wollte. Ich entsinne mich an ein herrliches Plakat, das die CDJ hatte drucken lassen. Die CDJ war die Christlich-Demokratische Jugend, ein Jugendverband, den wir innerhalb der ostdeutschen CDU gebildet hatten, der sich später mit der Jungen Union der Bundesrepublik verbündete und in dieser Jungen Union aufging. Dieses Plakat zeigte ein Foto aus dem Jahr 1987, als Erich Honecker das Saarland besuchte. Auf diesem Foto standen strahlend nebeneinander Oskar Lafontaine und Erich Honecker und beide winkten in eine imaginäre Menge. Darunter hatte die CDJ drucken lassen: „Jetzt wächst zusammen, was zusammen gehört". Dieses Plakat wurde von der SPD in Ost wie West als besonders provozierend empfunden, dies umso mehr als Oskar Lafontaine ja der Spitzenkandidat der SPD für die 1990 anstehende Bundestagswahl war. Ich glaube, alle waren erleichtert, als der 18. März 1990 – der Tag der ersten freien Wahlen – kam.

18. März 1990 –
der unerwartete Wahlsieg der Allianz

AM ABEND VOR dem 18. März begab sich eine kleine Gruppe von Mitarbeitern und Freunden in ein Restaurant im Nikolaiviertel, um von den anstrengenden Wahlkampfwochen zu verschnaufen und einen Blick auf den folgenden Tag zu werfen. Meine Mitarbeiter Hans-Christian Maaß und Fritz Holzwarth, aber auch andere redeten in dem munteren Kreis schon von einem bevorstehenden Wahlsieg. Ich müsste das Amt des Ministerpräsidenten antreten und ähnliche Spekulationen machten die Runde. Ich war ziemlich wütend darüber. Sie sollten nicht von ungelegten Eiern reden, ermahnte ich meine Mitstreiter. Der Wahlausgang sei noch keineswegs so sicher, wie sie meinten, so dass es also vermessen sei, über Ämter und Posten zu reden.

Am nächsten Morgen, am Wahltag, begab ich mich in das für mich zuständige Wahllokal. Es war das Café Idyll in der Straße am Treptower Park 17. In eben jenem Café hatte ich als Kind meine ersten wenig ruhmreichen Klaviervorspiele. Eine private Musikerzieherin, Wally Kayß, mietete ein- oder zweimal im Jahr dieses Restaurant und ließ dort ihre Schützlinge vor Eltern und Tanten ihre Klavierkünste vortragen. Meine Schwestern waren regelmäßig besser als ich, so dass ich wenig Freude an diesen Veranstaltungen hatte. Doch an diesem Tag ging es nun um etwas ganz anderes. Ich ging zum Wahllokal und wurde erwartet von einer Meute von Journalisten, mehreren Fernsehkameras, so dass ich Mühe hatte, überhaupt in das Wahllokal hineinzukommen. Es war im Gedränge auch schwer, in die Wahlkabine zu kommen. Doch dahin musste ich durch das Gewühl gelangen, da wir im Wahlgesetz ausdrücklich beschlossen hatten, dass die Benutzung der Wahlkabine Pflicht sei. An der Wahlurne gab es dann das Ritual, dass ich längere Zeit den Wahlzettel festhalten musste, um allen die Möglichkeit zum Fotografieren zu geben. Ich muss zugeben, dass mir dieser Rummel außerordentlich unangenehm war. Ich hätte mir gewünscht, dass erste Mal in meinem Leben bei einer freien Wahl etwas mehr Ruhe und Besinnlichkeit zu haben, mir der Tragweite und der Größe des Augenblickes still bewusst zu werden. Doch das war offensichtlich nicht möglich.

Am Nachmittag ging ich in das Hauptquartier der CDU am Gendarmenmarkt, in das „Jakob-Kaiser-Haus", wie wir unter Rückbesinnung auf die ostdeutschen Wurzeln der CDU dieses Hauptquartier wieder benannt hatten. In kleiner Runde machten wir unsere strategischen Vorüberlegungen. An Wahltagen müsse man im Grunde genommen drei Statements für die Presse vorbereiten, sagten uns die Berater aus dem Westen. Erstens: katastrophale Niederlage, Gratulation an den Gegner. Zweitens: achtbares Ergebnis, wir werden sehen, wie wir damit umgehen und welche Koalitionsmöglichkeiten sich ergeben. Drittens: klarer Sieg, wir danken dem Wähler und stellen uns der Verantwortung. Schnell kamen wir überein, dass die Variante eins nicht probiert werden müsse, da wir doch mit einem besseren Wahlergebnis rechnen konnten. Die Varianten zwei und drei sollten geprobt werden. Mit der Bundes-CDU war vereinbart worden, auf die Prognose, die um 18 Uhr veröffentlicht werden sollte, noch nicht zu reagieren, sondern die erste Hochrechnung abzuwarten. Nach der ersten Hochrechnung sollte ich als der Spitzenkandidat der ostdeutschen CDU vor die Kameras treten. Danach sollte sich Volker Rühe als Generalsekretär der CDU der Bundesrepublik vor den Fernsehkameras äußern. Um 18 Uhr erschien die erste Prognose, die fast identisch war mit dem Ergebnis, das sich später als amtliches Endergebnis herausstellte. Nach dieser Prognose durfte die CDU mit einem Stimmenanteil von über 40 Prozent rechnen. Ich bekam den wohl größten Schreck in meinem Leben; mit einem solch klaren Ergebnis für die CDU und für die „Allianz für Deutschland" hatte ich nicht gerechnet. Mir war klar, welches Amt und welche Verantwortung jetzt auf mich zurollen würden. Entgegen der Vereinbarung trat Volker Rühe sogar schon nach der Prognose vor die Fernsehkameras und verkündete, der Bundeskanzler Dr. Helmut Kohl habe die Wahl in der DDR gewonnen. Dieses Vorpreschen von Volker Rühe hat uns sehr geschadet. So ein Umgang vergiftet alles. Bei den Koalitionsverhandlungen wurde uns dann immer wieder vorgehalten, nicht wir säßen am Tisch der Verhandlungen, sondern die bundesdeutsche CDU.

Wie verabredet begab ich mich nach der ersten Hochrechnung in den Palast der Republik, wo das internationale Pressezentrum aufgebaut war. Der Platz der Republik, heute wieder Schlossplatz, war voller Übertragungswagen mit großen Satellitenschüsseln, die Nachrichten in alle Welt senden sollten. Diese Wahl stieß auf großes internationales Interesse, da es die erste wirklich freie Wahl im gesamten ehemaligen Ostblock war und man von dieser Wahl daher Entwicklungstrends für den gesamten europäischen Osten ableiten wollte. Um überhaupt in den Palast der Republik zu kommen, war ich mit dem Auto in den Marstall gefahren, von dem es einen unterirdischen Gang zum Palast der Republik gab. Ein Fahrstuhl führte dann in die oberen Räume. Dort wurde ich sofort von Journalisten umringt, von Kameraleuten, die laut schreiend und gestikulierend von mir eine Meinungsäußerung einfangen wollten. Damals hatte ich noch keinen Personenschutz, zumindest nicht bei dieser Gelegenheit, so dass meine Begleiter Holzwarth und Maaß versuchten mich abzuschirmen. Meinem Büroleiter Holzwarth wurde eine Kamera so über die Stirn geschlagen, dass er eine tiefe, klaffende Wunde hatte, die nur notdürftig versorgt werden konnte. Noch heute ziert ihn eine kleine Narbe, die meine Mitarbeiter und ich als „Wahlkampfgedächtnisnarbe" ansehen. Die erste Fernsehstation, die ich anlief, war das Fernsehen der DDR, damals noch DFF – Deutscher Fernsehfunk. Ich habe damals, bei meinem ersten Statement, wie auch später immer wieder betont, dass diese Wahl in ihrem innersten Wesen ein Plebiszit war. Ein Plebiszit für die deutsche Einheit, ein Plebiszit für einen föderalen grundgesetzkompatiblen Staatsaufbau, ein Plebiszit für die soziale Marktwirtschaft und letztlich ein Plebiszit für den Rechtsstaat mit einer klaren Gewaltenteilung. Ich erklärte, bald Koalitionsverhandlungen beginnen zu wollen, um möglichst schnell eine handlungsfähige Regierung zu bilden.

Dieser Abend war nicht nur für mich schwierig, sondern vor allem schwierig für die Journalisten. Die hatten sich alle auf einen anderen Wahlsieger, nämlich Ibrahim Böhme vorbereitet, mussten nun ihre vorbereiteten Fragenzettel beiseite legen. Beim Gang von Fernsehstation zu Fernsehstation gab es immer wieder heftiges Geschiebe und Gedränge. Ein Schienbein wurde mir dabei so lädiert, dass ich eine Auszeit nehmen musste. Wir fuhren mit dem Fahrstuhl wieder in die unteren Kelleretagen und versuchten dort, im Flaschenlager, unsere Wunden notdürf-

Lothar de Maizière am Abend des 18. März 1990 als Wahlsieger im Gedränge der Journalisten

Pressekonferenz am 19. März im Internationalen Pressezentrum gemeinsam mit Rainer Eppelmann (ganz rechts).
BArch, Bild 183–1990–0319–010 / Andreas Altwein

tig zu versorgen. Die Medien haben daraus einen „Schwächeanfall" gemacht. Dies ist natürlich Unsinn. Aber angenehm ist es nicht, mit einem blutenden Schienbein durch die Gegend zu laufen.

Nachdem wir diesen Marathon im Palast der Republik hinter uns gebracht hatten, begaben wir uns in die Gaststätte „Ahornblatt". Dort wurde die Wahlkampfparty der CDU ausgerichtet. Eberhard Diepgen war herbeigeeilt, ebenso Elmar Pieroth und andere Mitglieder der Westberliner CDU, die uns im Wahlkampf unterstützt hatten. Als wir kamen, war es schon so voll, dass wir nur noch neben der Küche einen Platz fanden. In der Ecke haben wir uns auf die bevorstehende Regierungszeit eingeschworen. Neben meinen engen Mitarbeitern waren auch Heiner Geißler und mein Vetter Thomas dabei. Endlich kam es dort auch zum Telefonat mit Kohl, bei dem wir uns beide gegenseitig beglückwünschten. Am späten Abend fuhr ich noch in die

Gaststätte „Mühle" im Prenzlauer Berg, wo der „Demokratische Aufbruch" sein beklagenswert schlechtes Wahlergebnis von 0,9 Prozent zu verdauen versuchte. Der DA – ursprünglich mit wesentlich besseren Wahlchancen ausgestattet – hatte eine Woche vor dieser Wahl das Debakel mit der Enttarnung seines Spitzenkandidaten Wolfgang Schnur als Stasi-Mitarbeiter erlebt und war hoffnungslos in der Wählergunst abgesunken. Ich war hingefahren, um ihnen Mut zuzusprechen und sie an die Gemeinsamkeit in der „Allianz für Deutschland" zu erinnern. Ich glaube, dass die Anwesenden, wie Rainer Eppelmann und Angela Merkel, diese Geste sehr wohl verstanden haben.

Am nächsten Morgen tagte das Präsidium der CDU im Jakob-Kaiser-Haus. Ich erschreckte die Mitglieder mit der Frage, wer denn wohl von ihnen bereit sei, das Amt des Ministerpräsidenten zu übernehmen. Alle Anwesenden sagten sofort, dass gar keine andere Möglichkeit bestünde, als dass ich dies Amt übernähme, was mir auch klar war. Doch ich wollte mir noch einmal der Zustimmung aller Präsidiumsmitglieder sicher sein. Wir erörterten, welche Koalitionsmöglichkeiten gegeben wären. Die Parteien der Allianz hatten zusammen fast 48 Prozent. Es war also ein Leichtes, die Liberalen – mit einem Ergebnis um 6 Prozent – in eine Koalition zu holen. Eine absolute Mehrheit war jederzeit gewährleistet. Zum Erstaunen aller erklärte ich, dass ich jedoch die Absicht hätte, eine große Koalition unter Einschluss der Sozialdemokraten zu bilden, und zwar dies aus mehreren Gründen: Erstens wolle ich möglichst viele Kräfte in die Regierung einbinden, die den Herbst 1989 und die nachfolgende Entwicklung mitgetragen hätten. Zweitens befänden sich in der SPD viele Leute, die mir aus kirchlicher Arbeit vertraut und bekannt wären. Drittens würden wir auf dem Weg zur deutschen Einheit ständig verfassungsändernde Mehrheiten in der Volkskammer brauchen, die ich mir nur schwer bei den enttäuschten Sozialdemokraten holen könnte. Mehrere Ministersessel für die SPD, so glaubte ich, würden zudem einen anders nicht zu errei-

chenden Corps-Geist schaffen. Durch das Einbinden der Sozialdemokraten in die DDR-Regierung würden wir zusätzlich auch
die Konfrontation in Einigungsfragen in der Bundesrepublik
entschärfen können. Es wurde beschlossen, erste Gespräche
mit den Liberalen zu führen und dann den Versuch zu unternehmen, auf die Sozialdemokraten zuzugehen.

Am Folgetag flogen wir, ein kleinerer Kreis, nach Bonn, wo
wir im Bundeskanzleramt mit Bundeskanzler Helmut Kohl und
anderen Vertretern der bundesdeutschen CDU und mit unseren
Partnern von der „Allianz für Deutschland" das weitere Vorgehen besprechen wollten. Bei dieser Gelegenheit äußerte ich
unvorsichtigerweise, dass ich erheblichen Respekt vor dieser
Aufgabe hätte und dass es mir fast lieber wäre, wenn der Kelch
an mir vorüberginge. Rainer Eppelmann griff dies sofort auf und
brachte Manfred Stolpe als möglichen Ministerpräsidenten ins
Gespräch. Dem habe ich jedoch sofort widersprochen und gesagt, mein Zögern sei keine Absage an das Amt gewesen, sondern lediglich der Ausdruck meines Respekts vor der Aufgabe.
Ich würde selbstverständlich das Amt des Ministerpräsidenten
anstreben und annehmen. Zu meinem Erstaunen respektierte
Helmut Kohl meine Ansichten zur Bildung einer großen Koalition, und zwar aus eben den Gründen, die ich selbst im Präsidium vorgetragen hatte.

Schon bei dieser Besprechung kamen wir überein, bei der
Regierungsbildung die Ressorts so anzulegen, dass sie spiegel-
bildlich zu den bundesdeutschen Ressorts entstünden, um so
bei späteren Verhandlungen von Ressort zu Ressort Einzelheiten besprechen zu können. Abweichungen gab es bei uns lediglich dadurch, dass wir keine föderale Struktur hatten, sondern
eine zentralstaatliche Struktur. So brauchten wir zusätzliche Ministerien, und zwar: Erstens ein Ministerium für den Aufbau re-
gionaler Strukturen. Dieses Ministerium sollte den Aufbau der
kommunalen Selbstverwaltung und der Länderverwaltungen
vorbereiten. Zweitens ein Ministerium für Kultur, da Kultur in

der Bundesrepublik Ländersache, in der DDR aber zentralstaatlich geregelt war. Es musste geschaffen werden, um die Überführung der kulturellen Aufgaben auf die Länder vorzubereiten. Drittens waren wir uns im Klaren darüber, dass wir schrittweise von der Planwirtschaft zur Marktwirtschaft gelangen müssten und bis dahin ein Ministerium für Handel und Versorgung notwendig war, um den Transformationsprozess im Handel vom Plan zum Markt zu bewerkstelligen. Und viertens schufen wir noch ein Medienministerium, das die Aufgabe haben sollte, die zentralistischen meist bei der SED angesiedelten Medien in eine liberale SED-ferne Struktur zu überführen. Bei dem hohen Rang, den Sport in der DDR hatte, wurde zusätzlich ein Ministerium für Jugend und Sport geschaffen. Zurückgekehrt nach Berlin machten wir uns daran, in Koalitionsverhandlungen einzutreten.

Pionierarbeit:
Die demokratische DDR

BEREITS WENIGE TAGE nach der Wahl kam es zu Koalitionsverhandlungen mit der FDP. Genauer gesagt sprachen wir mit
dem Bund Freier Demokraten, wie sich das Parteienbündnis aus
Liberaldemokratischer Partei, Nationaldemokratischer Partei, Fo-
rumspartei und der neu gegründeten FDP genannt hatte. Ich
konnte auch die Liberalen von meiner Strategie überzeugen, die
Sozialdemokraten mit ins Boot zu nehmen. Die SPD hatte jedoch
bereits einen Tag nach der Wahl verkünden lassen, dass sie keinesfalls für eine Koalition mit der DSU bereitstünde. Zwischen
der SPD und der DSU war es im Wahlkampf zu erheblichen Rem-
peleien gekommen, um es vorsichtig auszudrücken. Deswegen
kam es zu dieser kategorischen Absage von Präsidium und Parteivorstand. Etwas anders verhielten sich die Mitglieder der Fraktion,
sie konnten sich zunächst aber nicht durchsetzen.

In dieser Phase fand mein erstes Gespräch mit Reinhard
Höppner in dieser Sache statt, der offensichtlich von seinen
Fraktionskollegen vorgeschickt worden war. Wir kannten uns
beide aus früheren Präsidiumssitzungen der Synoden sehr gut.
Wir vereinbarten ein weiteres Treffen, das aber zunächst geheim
gehalten werden sollte. An diesem Treffen sollten zwei weitere
Mitglieder der Fraktion teilnehmen. Es war vorgesehen, dass
die drei Verhandlungsführer, um nicht gesehen zu werden, in
einem Auto kommen sollten. Als sie ankamen, fuhren sie sofort
in die Tiefgarage des Jakob-Kaiser-Hauses, von wo aus man un-
bemerkt in das Gebäude selbst gelangen konnte. Zu dem anvi-
sierten Gespräch kamen neben Höppner Markus Meckel und
Richard Schröder. Beiden bin ich bei dieser Gelegenheit erstmalig begegnet. Von Markus Meckel wusste ich lediglich, dass

er Mitbegründer der SDP war. Von Richard Schröder hatte ich gehört, dass er Dozent am Sprachenkonvikt war. Viele der Fraktionskollegen, soweit es sich um Theologen handelte, waren seine Schüler, so dass er mit einer gewissen Autorität auch in seine neue politische Arbeit gehen konnte. Die Beziehung zu ihm wurde mir sehr wichtig, vor allem weil er wie ich sehr pragmatisch und wenig ideologisch dachte. Schnell war bei dem Treffen klar, dass es bei den Dreien große Sympathie für den Regierungseintritt gab.

Schon bei diesem ersten Sondierungsgespräch wurden konkrete Sachfragen angesprochen, insbesondere die Frage, wie für den Fall der Wiedervereinigung mit der Eigentumsfrage an Grund und Boden umgegangen werden sollte. Ich merkte, dass Richard Schröder sich mit dieser Frage bereits im Vorfeld ausgiebig befasst hatte. Er hatte für die SPD eine Erklärung diesbezüglich vorbereitet, die sich die Fraktion dann auch zu eigen machte. Diese Erklärung sah vor, Enteignungen von Wohngrundstücken bis zum Mauerbau nicht rückgängig zu machen, sondern es sollte lediglich eine Entschädigung gezahlt werden. Danach enteignete Grundstücke sollten zurückgegeben werden. Sollten Grundstücke an DDR-Bürger verkauft worden oder im Wege eines Überlassungsvertrages an einen DDR-Bürger gegangen sein, sollte der Alteigentümer eine Entschädigung erhalten. Diese Stichtagsregelung schien mir nicht schlüssig; wenn man sich für Rückgabe entscheide, dann müsste dies für jeden Zeitpunkt gelten. Wir waren uns einig, dass das Vernünftigste wäre, keine Rückgabe, sondern ein generelles Entschädigungsgebot durchzusetzen. Wir waren uns aber auch darin einig, dass dies wohl auf westdeutschen Widerstand stoßen würde. Wenn wir dem Grundgesetz in der geltenden Form beitreten würden, mit dem starken Schutz des Eigentums durch den Artikel 14, würde es Konflikte geben. Und genau so kam es. Einig waren wir uns darüber, dass die Bodenreform-Enteignungen nicht rückgängig gemacht werden sollten, obgleich uns allen, insbesondere Richard Schröder und mir als

den älteren in der Runde, der hohe Unrechtsgehalt der seiner-
zeitigen Enteignungen wohl bewusst war. Schon hier wurde die
Kalamität deutlich, wie man Unrecht versucht aufzuheben, ohne
neues Unrecht zu begehen oder dem Recht Gewalt anzutun. Die
Eigentumsfrage würde der vielleicht größte und schwierigste Pro-
blemkreis der Einheit insgesamt werden – vielleicht zusammen
mit der Stasi-Aufarbeitung – und bis heute bleiben.

Wir kamen überein, dass die drei Verhandlungsführer das
Ergebnis unserer Besprechung in ihren Gremien vortragen und
versuchen sollten, eine veränderte Haltung zur Koalitionsfrage
herbeizuführen. Wie groß war unser Entsetzen am Abend, als
wir im Westfernsehen Bilder sahen von Gesprächen, die bei
mir im Büro geführt worden waren. Das CDU-Hauptquartier,
das Jakob-Kaiser-Haus, in dem ich im ersten Stockwerk mein
Büro hatte, lag gegenüber dem Französischen Dom. Dort hatte
sich ein Fernsehteam auf den Turm des Doms begeben und
von dort mittels Zoom in mein Büro hineingefilmt. Zwar konnten sie auf die Entfernung hin keine Tonaufnahme fertigen, dennoch war klar erkennbar, dass wir dort im besten Einvernehmen
im Gespräch vertieft waren. Die sozialdemokratischen Genossen
fühlten sich von meinen drei Gesprächspartnern hintergangen
und es stand zu befürchten, dass eine Koalition überhaupt nicht
mehr zustande kommen würde.

Eine Wende in der Haltung der Sozialdemokraten trat ein,
als am 2. April 1990 Ibrahim Böhme wegen der ihm zur Last ge-
legten Stasi-Kontakte zurücktrat und der Vorstand der SPD an
diesem Tage Markus Meckel zum Amtierenden Vorsitzenden
der Partei wählte. Hans-Wilhelm Ebeling, der Vorsitzende der
DSU, entschuldigte sich für bestimmte Verhaltensweisen seiner
Partei im Wahlkampf, so dass auch dieser Grund, keine Koalitionsverhandlungen zu führen, aus dem Wege geräumt war. Zuvor hatte ich der SPD klargemacht, dass es eine Koalition lediglich bestehend aus CDU und Demokratischen Aufbruch nicht
geben würde. Die Parteien der „Allianz für Deutschland" seien

ein Wahlbündnis eingegangen und wären auch nicht bereit, nach der Wahl einen der Bündnispartner von der Regierungsbildung auszuschließen.

Als große Schwierigkeit stellte sich der Einigungsweg heraus. Wir, die Parteien der „Allianz für Deutschland", hatten im Wahlkampf klar gesagt, dass wir die deutsche Einheit auf dem Wege über den Artikel 23 des Grundgesetzes, der so genannten Beitrittslösung, herbeiführen wollten. Dies war der einfachste Weg, der formal gesehen nicht die Einwilligung der Bundesrepublik bedurfte und auch keinen Vertrag erfordert hätte. In der SPD war eine klare Haltung nicht erkennbar. In der westdeutschen SPD überwog wohl aufgrund der Meinung von Oskar Lafontaine, dem Kanzlerkandidaten, die Ansicht, dass der Weg über den Artikel 146 Grundgesetz der richtige sei. Dieser Weg hätte de facto die Neugründung eines gesamtdeutschen Staates bedeutet und wäre mit der Erarbeitung einer neuen Verfassung verbunden gewesen. Es wäre die weitaus umständlichere Variante gewesen. Auch Willy Brandt schlug damals eine verfassungsgebende Versammlung vor. Aber es gab auch in den Reihen der SPD Pragmatiker, die die Notwendigkeit einer schnellen Einigung erkannten und befürchteten, dass eine verfassungsgebende Versammlung erhebliche Zeit in Anspruch nehmen würde.

Mir war diese Diskussion unverständlich, und zwar deshalb, weil ich mich erinnerte, dass ich noch im Mai 1989, wenige Monate vor dem Mauerfall, im Westfernsehen eine Feierstunde anlässlich des 50. Jahrestages des Grundgesetzes gesehen hatte. Einer der Hauptredner war SPD-Vordenker Erhard Eppler, der das Grundgesetz in höchsten Tönen lobte und die Verfassungswirklichkeit in den letzten 50 Jahren als vorbildlich charakterisierte. Aus diesen Reihen war auch über Jahre hinweg das Wort des Verfassungspatriotismus kreiert worden. Aus der Scheu, sich patriotisch für sein eigenes Vaterland, nämlich Deutschland, zu bekennen, wählte man den Weg des Patriotismus zu einer Verfassung. Mir war das Wort Verfassungspatriotismus immer wie die Pervertierung des Wortes Patriotismus vorgekommen, meint das Wort Patriotismus doch Patria, also Vaterland.

Auch die Mehrheit der ostdeutschen Sozialdemokraten lehnte zunächst einen Weg über den Artikel 23 des Grundgesetzes ab und wollte die Einigung über den Weg einer verfassungsgebenden Versammlung vollziehen. In zähen Verhandlungen wurde ein Kompromiss erzielt. Das Ziel gemeinsamer Politik wurde wie folgt formuliert: „Die Einheit Deutschlands nach Verhandlungen mit der BRD auf der Grundlage des Artikel 23 GG zügig und verantwortungsvoll für die gesamte DDR gleichzeitig zu verwirklichen und damit einen Beitrag zur europäischen Friedensordnung zu leisten." Gleichzeitig wurde vereinbart, bei diesen Verhandlungen gewisse Verfassungsänderungen anzustreben. So sollte versucht werden, plebiszitäre Elemente ins Grundgesetz hineinzuverhandeln und darüber hinaus Staatszielbestimmungen anzufügen. Das schien eine Herzensangelegenheit der SPD. Auf Kritik der Bundesrepublik stieß, dass wir in der Koalitionsvereinbarung außenpolitische Ziele nannten, die nicht völlig deckungsgleich mit denen der Bundesrepublik waren.

So wollten wir schon vor der Wiedervereinigung die polnische Westgrenze, also die deutsche Ostgrenze, vertraglich fixieren und einen entsprechenden Vertrag parafieren, der dann nach der Wiedervereinigung durch die gesamtdeutsche Regierung und vom gesamtdeutschen Parlament ratifiziert werden sollte. Dazu ist es in der Folge nicht gekommen. Jedoch wurde durch beide deutsche Parlamente eine gleichlautende Erklärung zur polnischen Grenze abgegeben, dies von unserer Seite wesentlich früher als von der bundesrepublikanischen Seite. Ich hatte den Eindruck, dass Helmut Kohl in dieser Frage lange zögerte, um die Erklärung der Endgültigkeit der deutschen Ostgrenze möglichst nahe an den Einigungstermin heranzurücken. Er wollte argumentieren können, dass der Verzicht auf die ehemaligen deutschen Gebiete der Preis für die Einheit sei. Wir wollten hingegen genau dieses Junktim vermeiden und waren davon überzeugt, dass eine europäische Friedensordnung nur dann gefunden werden kann, wenn diese Grenze ohne Wenn und Aber bestätigt wird. Weiterhin vereinbarten wir, dass die Verträge der DDR, die sie mit Drittstaaten abgeschlossen hatte, ihre Gültigkeit behalten sollten oder, sofern dies notwendig sei, einvernehmlich aufgelöst oder modifiziert werden sollten. Auch dies war nicht unumstritten, ist aber letztendlich in Artikel 12 des Einigungsvertrages geltendes Recht geworden.

Besonders schwierig war auch die Bündnisfrage. Wir plädierten für ein gesamteuropäisches Sicherheitssystem, das alle KSZE-Staaten einschließen sollte. Die Bundesregierung setzte hingegen einseitig auf die zukünftige NATO-Mitgliedschaft des geeinten Deutschlands. Wir vertraten dazu die Auffassung, dass das vereinigte Deutschland nur Mitglied einer sich „in ihren militärischen Funktionen verändernden NATO sein" könne. Eine Mitgliedschaft sei unseren osteuropäischen Nachbarn nur zuzumuten, wenn die gesamtdeutsche Mitgliedschaft im westlichen Bündnis mit dem „Aufgeben bisher gültiger NATO-Strategien, wie Vorneverteidigung, flexible response und nuklearer Ersteinsatz, verbunden ist". Schon immer hatte mich der Begriff der Vorneverteidigung geärgert. Sagte dieser doch, dass ein Angriff auf die Bundesrepublik auf dem Territorium des Gegners, sprich auf dem Boden der DDR, abgewendet werden sollte. Man wollte das eigene Territorium, die eigenen Landsleute schützen, indem man einen potenziellen Krieg auf dem Territorium der anderen Deutschen und auf deren Rücken austragen wollte. Mich hatte schon erstaunt, dass eine bundesdeutsche Regierung einer solchen Regelung zulasten ihrer ostdeutschen Landsleute zugestimmt hatte. Und was ich nicht uns zumuten wollte, wollte ich dann auch nicht unseren osteuropäischen Nachbarn, den Polen und den Tschechen, zumuten. Tatsächlich hat sich dann auch die NATO Anfang September 1990 bei einer Konferenz in London von diesen Strategien getrennt.

Weitere außenpolitische Ziele, die in der Koalitionsvereinbarung festgeschrieben wurden, wie die Streichung des Artikel 23 Grundgesetz oder der endgültige Verzicht Deutschlands auf die Herstellung, Verbreitung und Besitz von A-, B- und C-Waffen, finden sich im Zwei-plus-Vier-Vertrag wieder. Besonderes Augenmerk wollten wir auf die Wahrung sowjetischer Interessen lenken, hier insbesondere der Handelsbeziehungen, da wir wussten, in welchem Maße die DDR-Wirtschaft von diesen Beziehungen abhängig war. Wir wollten ein gutes Einvernehmen mit der Sowjetunion, da die Truppen der Sowjetunion, immerhin fast 400.000 Soldaten, nicht binnen weniger Wochen hätten abgezogen werden können. Tatsächlich hat sich dieser Truppenabzug bis zum 31. August 1994 hingezogen.

Außenpolitisch strebten wir damals ein „neues europäisches Sicherheitssystem unter Einschluss der USA, Kanadas und der Sowjetunion" an. Wir waren der Meinung, dass man die KSZE dergestalt umbauen könne, dass sie ein zunächst Warschauer Vertrag und NATO überwölbendes Bündnis wurde, um später diese beiden zu ersetzen. Dies deckte sich keinesfalls mit den Intentionen der Bundesrepublik und schon gar nicht mit denen der USA. Für die Zukunft unseres Kontinents wäre es mit Sicherheit besser gewesen, wenn man damals unseren Gedanken weiterverfolgt hätte. Denn in der Folge wurde die NATO, wie wir wissen, nach Osten hin ausgeweitet und das führte zu einer Isolierung der Sowjetunion bzw. des russischen Nachfolgestaates. Uns hielt man damals für unrealistische Träumer. Doch tatsächlich waren wir nicht so ganz unbewandert in den östlichen Befindlichkeiten.

Noch vor meiner Regierungserklärung vom 19. April, aber nach Abschluss der Koalitionsvereinbarung, tauchten Horst Teltschik und Peter Hartmann aus Bonn auf, um bestimmte Passagen im Entwurf meiner Rede, wie sie meinten, zu glätten. Dies wäre jedoch ein Abweichen von der Koalitionsvereinbarung gewesen. Mir missfiel diese zensierende und belehrende Art. Ich betonte, dass ich wohl bereit sei, mir abweichende Standpunkte anzuhören, nicht jedoch, mir diese vorschreiben zu lassen.

Schon bei diesem Gespräch und erst recht im weiteren Verlauf hatte ich den Eindruck, dass Helmut Kohl quasi mit dem 18. März, seit den freien Wahlen, die DDR als sein Operationsgebiet betrachtete. Wir sollten in unserem Handeln letztlich seinen Vorstellungen auf dem Weg zur deutschen Einheit folgen. Offensichtlich war ihm nicht klar, dass es ganz bestimmte DDR-eigene Interessen gab, die diese Regierung, der ich vorstand, zu schützen hatte. Dies war auch die Ursache für mehr oder minder große Missverständnisse in den folgenden Wochen und Monaten. Auch in der Öffentlichkeit damals und in der historischen Wahrnehmung heute hat sich diese Kohlsche Wunschvorstellung niedergeschlagen und festgesetzt: Die Menschen haben Kohl gewählt, de Maizière wurde Kohls Marionette, letztlich hat Bonn alles entschieden, was in Berlin gemacht wurde. Diese Sicht ist schlicht falsch und geradezu grotesk angesichts der Reibereien zwischen meiner Regierung und der Bundesregierung, die es in den wenigen Monaten vor der Einheit noch gegeben hat. Kohl und ich wollten beide die schnelle Einheit, aber damit es eben kein unwürdiger Anschluss wurde, bedurfte es einer selbstbewussten demokratischen DDR, die ihrer Bevölkerung einen guten Übergang ermöglichte.

Nachdem wir uns in den Koalitionsverhandlungen, was schwierig genug war, auf die Beitrittslösung gemäß Artikel 23 des Grundgesetzes geeinigt hatten, ergab sich daraus alles andere. Im organisatorischen Teil legten wir fest, dass die mit der Bundesrepublik abzuschließenden Verträge den Koalitionsvereinbarungen im Wesentlichen folgen sollten. Wir legten fest, dass die Verträge mit einer parlamentarischen Beteiligung ausgehandelt werden sollen, das heißt, dass nach Möglichkeit von beiden deutschen Parlamenten Ausschüsse „Deutsche Einheit" gebildet werden, die zusammen wieder einen gesamtdeutschen Ausschuss bildeten. Dieser Ausschuss hat sich später noch in einer besonderen Weise bewährt. Im Frühsommer begannen Versuche der beiden unterschiedlichen Lager der Bundesrepublik,

Lothar de Maizière und Helmut Kohl nach einem Treffen am 24. April 1990 in Bonn zur Vorbereitung der Verhandlungen zur Wirtschafts-, Währungs- und Sozialunion

den Einigungsvertrag mit Themen zu belasten, die eigentlich keine Beitrittsthemen waren, sondern uralte Schlachtfelder der Bundesrepublik. Beispielsweise die Frage, ob und wie weit Staatszielbestimmungen in die Verfassung sollten. Seinerzeit haben Günther Krause, der Fraktionsvorsitzende der CDU, und ich vereinbart, dass diese Themen von der Volkskammer in den „Ausschuss Deutsche Einheit" überwiesen werden. Dort sind sie dann – wie wir vermuteten – unerledigt liegen geblieben.

In der Koalitionsvereinbarung hatten wir die Bildung eines Koalitionsausschusses festgeschrieben, der regelmäßig tagen sollte, aber auch im Konfliktfall einberufen würde. Wichtig war, dass keinesfalls eine der Parteien mit wechselnden Mehrheiten stimmen sollte, es sei denn, zwischen den Fraktionen sei ausdrücklich vereinbart worden, bestimmte Fragen nur dem Gewissen der Abgeordneten zu überantworten. Dennoch war das Erfrischende an der Volkskammer, dass wir eigentlich keinen strikten Koalitionszwang hatten, sondern dass wir mitunter Mehrheiten quer über die Fraktionsgrenzen hinweg, auch in die Opposition hinein, fanden.

Wichtig waren mir bei den Koalitionsverhandlungen – insoweit konnte ich mich auch durchsetzen – zwei Punkte: Zum einen, dass alle Vereinbarungen unter den Vorbehalt ihrer Finanzierbarkeit gestellt werden. So wollte ich erreichen, dass allzu hochgesteckte Blütenträume möglicherweise gestoppt werden könnten, wenn der Einwand der nicht gegebenen Finanzierung erkennbar wurde. Und zum anderen war mir wichtig, dass wir im Koalitionsvertrag ausdrücklich vereinbarten: „Die Richtlinienkompetenz des Ministerpräsidenten, insbesondere in der Deutschlandpolitik, ist gewährleistet." Bezeichnend ist, dass die gesamten Fragen der Herstellung der Einheit Deutschlands noch im Abschnitt Außenpolitik behandelt wurden. Offensichtlich muss die Propaganda der SED doch unterbewusst auch bei uns gewirkt haben, so dass wir die Deutschlandpolitik in die Außenpolitik eingliederten, was – wie ich vermute – westdeutsche Unions-Politiker wohl kaum getan hätten. Allerdings war die Haltung, dass die DDR Ausland wäre, im Westen weit verbreitet. Vor allem auch in der SPD.

Breiten Raum in der Koalitionsvereinbarung nahm die Rechts- und Innenpolitik ein. Meine Regierung hat das Gemeinwesen komplett umgekrempelt, föderale Strukturen eingeführt und vor allem die Wiederherstellung der kommunalen Selbstverwaltung durchgesetzt. Das waren nicht nur Verwaltungsakte, das war ganz praktisch vor Ort ein Teil vom Ende der Diktatur. In dem Abschnitt über Rechts- und Innenpolitik beschlossen wir darüber hinaus eine klare Trennung zwischen Legislative, Exekutive und unabhängiger Rechtsprechung, was die Bildung eines Verfassungsgerichtes, einer Verwaltungsgerichtsbarkeit, von Finanz- und Arbeitsgerichten sowie die Abschaffung der Militärgerichte beinhaltete. Sprich: die DDR hat selbst, sicher auch mit Hilfe von außen, ihre gesamte Rechtsprechung demokratisiert. Immer wieder, so scheint es mir, muss betont werden, dass das Volk nicht nur die Mauer niedergedrückt hat, die Diktatur weggefegt hat, sondern selbst das Land verändert hat, hin zu einem freiheitlichen Rechtsstaat. Das Ziel war die deutsche Einheit, aber der Weg dorthin war nicht nur der Beitrittsbeschluss. Aus dieser historischen Tatsache müsste nach wie vor ein spezifisch ostdeutsches Selbstbewusstsein erwachsen, etwa vergleichbar dem der Bayern.

Die Justizreform haben wir in der Volkskammer noch auf den Weg gebracht, indem wir Richterüberprüfungsausschüsse gebildet haben und so versuchten zu garantieren, dass lediglich solche Richter weiterhin zum Einsatz kommen, die rechtsstaatlichen Grundsätzen entsprechen. Die Überprüfung der Richter ist später in die Kompetenz der Länder übergegangen. Im Ergebnis der Richterüberprüfung kann festgestellt werden, dass etwa 50 Prozent der Richter übernommen wurden, die sich um eine Weiterbeschäftigung beworben hatten. Einige hatten allerdings gleich beschlossen, nicht mehr im Richterberuf tätig zu sein. In diesem Abschnitt über Rechts- und Innenpolitik hatten wir festgelegt, das SED-Parteivermögen, aber auch das Vermögen anderer Parteien – sofern es nicht rechtsstaatlich erworben war – in das Staatseigentum zu überführen. Wir bauten noch auf Freiwilligkeit in dieser Hinsicht. Nach Antritt der Tätigkeit mussten wir jedoch feststellen, dass insbesondere die SED nicht bereit war, diesen Grundsätzen zu folgen. Deswegen haben wir im Juni in das noch in der Modrow-Zeit von der Volkskammer beschlossene Parteiengesetz der DDR die Paragrafen 20a und 20b eingefügt, wonach das Vermögen aller Parteien unter die Treuhandschaft einer unabhängigen Kommission für die Überprüfung des Parteien- und Organisationsvermögens gestellt wurde. Diese beiden Paragrafen haben mein Vetter Thomas und ich in einer Nacht im Juni 1990 vorbereitet. Am folgenden Tage haben wir die Präsidentin der Volkskammer, Sabine Bergmann-Pohl, gebeten, dieses Gesetz sofort in zwei Lesungen durch das Haus zu bringen und am gleichen Tage noch auszufertigen, damit keine Zeit blieb, noch mehr Vermögen zu verstecken oder zu verbuddeln. Für die Leitung dieser Kommission konnte ich meinen langjährigen Kollegen, Rechtsanwalt Georg Reinicke, gewinnen. Er genoss bei allen Rechtsanwälten des Berliner Kollegiums, aber auch weit darüber hinaus, ein hohes Ansehen, ob seiner Integrität und seines hohen Fachwissens. Als Parteiloser war er für dieses Amt wie geschaffen. Insbesondere konnten ihm wegen dieses Ansehens die SED-Genossen nicht unterstellen, dass er parteiisch und nicht rechtsstaatlich vorgehen würde. Der Erfolg seiner Arbeit war, dass mehrere Milliarden D-Mark Parteivermögen sichergestellt werden konnten. Wolfgang Schäuble verlieh am Ende dieser Tätigkeit Reinicke dafür das Bundesverdienstkreuz.

In der Entwicklungshilfepolitik beschränkte unsere Regierung sich darauf, einige Projekte zu benennen, die von der DDR bereits angefangen worden waren, und die nach unserer Auffassung im Sinne des Vertrauensschutzes heraus fertiggestellt werden sollten. Die Bundesrepublik hat tatsächlich später solche Projekte übernommen. Ich erinnere mich an das Krankenhaus „Carlos Marxos", das in Nicaragua gebaut wurde. Am Ende hat es den Namen nicht getragen, aber es wurde gebaut und es hat den Menschen in Nicaragua dienen können, trotz aller ideologisch-politischen Brüche im fernen Europa.

Unter der Überschrift „Soziales und Gesundheit" haben wir in der Koalitionsvereinbarung im Wesentlichen die Punkte festgehalten, die uns bei der Ausarbeitung des bevorstehenden Vertrages über die Herstellung einer Wirtschafts-, Währungs- und Sozialunion wichtig waren. So wollten wir einen umfassenden Kündigungsschutz durchsetzen. Außerdem sollten auf Löhne, Gehälter, Renten und Stipendien Pro-Kopf-Zuschläge ausgezahlt werden. Da mit Einführung der D-Mark die staatliche Subventionspolitik auf Waren des täglichen Bedarfs wegfallen sollte, würde es zu steigenden Preisen kommen. Die Zuschläge waren nötig, um die Zahlungsfähigkeit der Bürger zu gewährleisten. In dieser Beziehung zeigte sich die Bundesregierung bei Abhandlung des Vertrages äußerst einsichtsvoll. Die Renten in der DDR betrugen etwa 350 Mark/DDR, wenn man halbwegs Glück hatte. Es gab Rentner, die wesentlich weniger erhielten. Hätten wir die Rentner mit diesen Bezügen im Verhältnis 1:1 umgestellt und so in die Einheit entlassen, wären sie verhungert. Wir haben seinerzeit komplizierte Warenkorb-Berechnungen angestellt: Wie viel Leistung benötigt eine alleinstehende Person für Miete, öffentlichen Nahverkehr, für Zeitung, für Gebühren, für Nahrungsmittel, für Kleidung etc., und wir kamen auf den Betrag von 495 DM. Gleiche Berechnungen wurden angestellt für Studenten, für Familien mit einem oder zwei Kindern usw., um so zu sozial erträglichen Ergebnissen zu kommen. Das Rentensystem in der DDR war nicht dynamisiert. Es folgte in der Höhe der Bezüge nicht der Entwicklung der Arbeitseinkommen, sondern wurde von Zeit zu Zeit durch Parteitagsbeschlüsse neu festgelegt. Von den Rentnern wurde dann glühende Dankbarkeit erwartet, wenn ihre Rente um ein Geringes erhöht worden war.

Gleichzeitig vereinbarten wir, dass die Sonderversorgungssysteme der DDR überprüft werden sollten. In der DDR war im Jahr 1947 das Berufsbeamtentum auf sowjetisches Geheiß abgeschafft worden. Alle Bürger wurden in einem einheitlichen Rentensystem erfasst. Im Zuge der Zeit gelangte jedoch die DDR-Regierung zu der Auffassung, dass sie bestimmten Berufsgruppen oder ihren Staatsdienern bestimmte Vergünstigungen für den Versorgungsfall zubilligen müsste. So kam es zur Herausbildung von einem Netz von Sonderversorgungssystemen. Den Anfang machte in den 50er Jahren die Intelligenzrente, weil man hoffte, mit einer solchen Rentenregelung die so genannte Intelligenz in der DDR am Weggehen in die Bundesrepublik hindern zu können. Später kamen Sonderversorgungssysteme für alle möglichen

Berufsgruppen hinzu, so dass es am Ende der DDR rund 60 Sonderversorgungssysteme gab. Darunter waren auch solche Systeme, die als Privilegierung von Systemgetreuen angesehen werden konnten. Beispielsweise das System der Versorgung von Mitarbeitern des Staatsapparates, aber auch die Sonderversorgungssysteme für das Ministerium der Staatssicherheit, um nur einige zu nennen. Im Juni 1990 haben wir dann in der Volkskammer ein Rentenanpassungsgesetz beschlossen, um dieses Geflecht zu entwirren. Besonders schwierig waren die Berufsgruppen zu erfassen, die später eine gute Altersversorgung erhalten sollten, obwohl sie während der Berufstätigkeit geringere Einkünfte gehabt hatten. Stets wurde den Lehrern in der DDR erklärt, ihr habt zwar ein relativ geringes Monatseinkommen, dafür habt ihr aber eine ausreichende Altersversorgung. Bei den Verhandlungen mit der Bundesregierung war es besonders schwer, gerade solchen Gruppen gerecht zu werden, denn das Rentensystem der Bundesrepublik fragte ausschließlich danach, wer hat was in die Versorgungssysteme eingezahlt. Hätte dieser Standpunkt durchgegriffen, wären zum Beispiel die ehemaligen hauptamtlichen Mitarbeiter des Ministeriums für Staatssicherheit ungleich besser gestellt worden als jeder Lehrer. Das Rentenanpassungsgesetz der DDR ist zwar in den Einigungsvertrag übernommen worden. Darüber hinaus haben wir aber festgelegt, dass die Auflösung der Sonderversorgungssysteme Aufgabe des zukünftigen deutschen Gesetzgebers sein sollte. Dies war leichtfertig, denn der bundesdeutsche Gesetzgeber war offensichtlich nicht in der Lage, die Kompliziertheit der ostdeutschen Systeme zu erkennen. Es ist zunächst zu sehr ungerechten Entscheidungen gekommen, so dass das Bundesverfassungsgericht mehrfach korrigierend eingreifen musste.

Uns war schon bei Abschluss der Koalitionsvereinbarung klar, dass es bei Einführung der sozialen Marktwirtschaft in der DDR zu erheblichen Arbeitsmarktproblemen kommen würde. Deshalb beschlossen wir auch die Ausarbeitung eines Arbeitsförderungsgesetzes und den Aufbau eines flächendeckenden Netzes von Arbeitsämtern. Die Daseinsvorsorgesysteme sollten nach bundesdeutschem Muster umgestaltet werden. Hinsichtlich der Ärzte haben wir uns wieder an der Niederlassungsfreiheit orientiert und darauf hingewirkt, ein Kammersystem nach westdeutschem Vorbild zu schaffen. Gleiches wurde später für die Anwaltschaft und andere in Kammern organisierte Berufe beschlossen.

Schon in der Koalitionsvereinbarung setzten wir uns mit der Problematik des Schwangerschaftsabbruchs auseinander. In der DDR bestand seit 1973 eine Fristenregelung. Die schwangere Frau konnte binnen der ersten 12 Wochen allein entscheiden, ob sie die Schwangerschaft beenden wollte oder nicht. Es bedurfte keinerlei Beratung, die sie zwar einholen konnte, aber nicht einholen musste. Wir wollten in der Großen Koalition diese Fristenregelung beibehalten, sie aber mit einem System von Beratung, Aufklärung und Unterstützung kombinieren. Diese Frage erlangte im Zusammenhang mit der Aushandlung des Einigungsvertrages noch einmal besondere Bedeutung. Im Einigungsvertrag haben wir später vereinbart, dass es in bestimmten Fragen für eine Übergangszeit unterschiedliches Recht in Ost und West geben kann. Der künftige deutsche Gesetzgeber wurde aufgefordert, zu einem späteren Zeitpunkt einheitliche Regelungen zu finden, die den unterschiedlichen Interessenlagen, aber auch der unterschiedlichen gesellschaftlichen Entwicklung in beiden Teilen Deutschlands gerecht würde.

In dem Abschnitt Wirtschafts- und Finanzpolitik haben wir uns klar zu einer sozial- und ökologisch orientierten Marktwirtschaft bekannt. Wörtlich heißt es: „Sie ist die Grundlage für Freiheit und Verantwortung, für Leistung und Solidarität, für Wohlstand und soziale Gerechtigkeit im Rahmen einer demokratischen Gesellschaft." Dieser hehren Absichtserklärung fügten wir allerdings zugleich einen weiteren Satz hinzu, der lautete: „Für die Umstellung der staatlich gelenkten Kommandowirtschaft der DDR auf eine soziale Marktwirtschaft gibt es bisher kein geschichtliches Beispiel." Dieser Satz beschreibt das Dilemma, vor dem wir standen und das in der Öffentlichkeit völlig unzureichend reflektiert worden ist. Die späteren Debatten um Kohls Versprechen von „blühenden Landschaften" und die Frage von richtigem und falschem Aufbau Ost verkennen im Kern die Einmaligkeit der Lage, die – Hilfen hin oder her – natürlich im Osten gemeistert werden musste und wurde. Wer heute die blühenden Landschaften, im Vergleich zu vorher, übersieht, ist blind oder ideologisch verblendet. Aber es sind unsere gemeinsamen blühenden Landschaften, nicht die einer westdeutschen Bundesgartenschau in Ostelbien.

Es gab in der DDR Dutzende von Lehrbücher, in denen wir im Laufe der Jahre nachlesen konnten, wie man von einer Marktwirtschaft zu einer Planwirtschaft kommt und was die Vorzüge dieser Planwirtschaft seien. Leider gab es aber kein einziges Lehrbuch für den umgekehrten Weg, für den Rückweg zur Marktwirtschaft. Auch in der Bundesrepublik gab es diesbezüglich keinerlei theoretischen Vorlauf. Diese Tatsache hat mich später zu dem sarkastischen Satz verleitet: „Die Bundesrepublik hat sich 40 Jahre lang ein ziemlich teures Ministerium für Gesamtdeutsche Fragen geleistet, leider jedoch keines für gesamtdeutsche Antworten." In den Anfangsjahren der Bundesrepublik wurden in dem „Forschungsbeirat für die Wiedervereinigung Deutschlands" noch Überlegungen angestellt, wie eine wirtschaftliche Vereinheitlichung stattfinden sollte für den Fall, dass es zur Wiedervereinigung käme. 1975 wurde dann in der sozial-liberalen Koalition dieser Forschungsbeirat „modifiziert" und mündete in der „Forschungsstelle für gesamtdeutsche wirtschaftliche und soziale Fragen", die als nachgeordnete wissenschaftliche Einrichtung des Bundesministeriums für innerdeutsche Beziehungen firmierte. Da ging es hauptsächlich um Beziehungspflege. Was in sich auch logisch war. Man kann nicht mit einem Gegenüber verhandeln auf der Basis der Anerkennung des Status quo und gleichzeitig Konzepte entwerfen, wie man die Situation der Zweistaatlichkeit beendet. Diesen schwierigen Prozess der Transformation haben wir später der Treuhandanstalt anvertraut, über die noch zu sprechen sein wird.

Breiten Raum in der Diskussion nahm ein, in welchem Verhältnis die Mark der DDR zur D-Mark umgetauscht werden sollte. Im Wesentlichen ist der Vertrag über die Herstellung der Wirtschafts-, Währungs- und Sozialunion unseren Vorstellungen gefolgt, dass Löhne, Renten und alle wiederkehrenden Leistungen im Verhältnis 1:1 umgetauscht wurden und dass die Ersparnisse und Versicherungen mit Sparwirkung ebenfalls nach Möglichkeit 1:1 umgestellt werden. Tatsächlich wurde später vereinbart, dass jeder DDR-Bürger 4.000 Mark/DDR 1:1 in D-Mark umtauschen konnte, Rentner sogar 6.000 Mark/DDR, wohingegen Kinder und Jugendliche bis zur Erreichung des 16. Lebensjahres nur 2.000 Mark/DDR 1:1 in die D-Mark umtauschen konnten. Die darüber hinausgehenden Beträge wurden im Verhältnis 2:1 gewechselt. Da aber die Spareinlagen in der DDR relativ gering waren, wurde auf diese Weise insgesamt gerechnet auf das Vermögen der Bevölkerung ein Umtauschkurs von 1 zu 1,81 erreicht. Die DDR-Bürger hatten zum fraglichen Zeitpunkt etwa 160 Milliarden Mark/DDR Ersparnisse, aus denen ca. 120 Milliarden D-Mark wurden. Die Versicherungen mit Sparwirkung hatten ein Umfang von etwa 18 Milliarden Mark/DDR und wurden 2:1 umgestellt. Diese 120 Milliarden D-Mark der DDR-Bürger haben dann einen gewaltigen Konjunkturschub der westdeutschen Wirtschaft bewirkt. Die DDR-Bürger wollten nicht mehr ihre eigenen Produkte kaufen. Lange genug hatten sie damit gelebt, für ihr Arbeitseinkommen nur minderwertige Waren zu erhalten. Nur wer in der DDR über D-Mark verfügte, war in der Lage, in den so genannten Intershops einzukaufen. Wer außerdem ein hohes DDR-Mark-Einkommen hatte, konnte in *Exquisit-* und *Delikat-Läden*, bessere, nämlich Westprodukte, erwerben. Das war also die klassenlose Gesellschaft. Aber von dieser Konsum-Aufbauhilfe West, die die Ostdeutschen der Alt-

Bundesrepublik Anfang der 90er Jahre in der Zeit einer Wirtschaftsflaute bescherten, redet heute kaum einer mehr.

Allerdings konnten wir uns später mit der Vorstellung, die Schulden der DDR-Betriebe zu streichen, um so ihre Wettbewerbsfähigkeit zu erhöhen, bei den Verhandlungen nicht durchsetzen. Die Betriebe gingen mit einem Mühlstein am Halse, mit den Schulden, die in der DDR-Zeit aufgrund staatlichen Druckes bei ihnen angehäuft worden waren, in die Marktwirtschaft. In der zurückliegenden Zeit wurden die Investitionen – sofern sie überhaupt genehmigt wurden – nach vorne, also ins Kreditsystem verlagert, was zu einer weiteren Verschuldung der Betriebe führte. Auch hinsichtlich der Eigentumsproblematik waren wir in der Koalitionsvereinbarung relativ nahe bei dem, was später im Einigungsvertrag beschlossen wurde. Wörtlich heißt es in der Koalitionsvereinbarung: „– Anerkennung der alliierten Rechtsprechung, – Gesetz zur Sicherung der Eigentumsrechte aus der Bodenreform, – Gesetz zur Sicherung sonstiger Eigentums- und Besitzrechte der DDR-Bürger, wo in Treu und Glauben Eigentum oder Nutzungsrechte erworben wurden." Grundsätzlich sollte zukünftig in der DDR Boden handelbar sein, und zwar auch volkseigener Grund und Boden. In der DDR galt der Grundsatz, volkseigener Grund und Boden ist unteilbar, unveräußerbar und unbelastbar. Dieser Grundsatz war ein ideologischer Grundsatz, der in allen sozialistischen Staaten gleichermaßen galt. In der DDR war er bereits zur Modrow-Zeit durchbrochen worden, und zwar durch das Gesetz vom 7. März 1990. Danach durften Häusle-Bauer – sofern sie ihr Haus auf volkseigenem Grund und Boden erbaut hatten – diesen Boden käuflich erwerben. Nach dem gleichen Gesetz sollten aber auch DDR-Bürger Häuser kaufen können, die noch im Eigentum von Westdeutschen standen, die die DDR in den Jahren zwischen 1945 und 1989 verlassen hatten. Damit sollte für diejenigen, die solche Häuser in Besitz hatten – darunter nicht wenige Privilegierte –, die Möglichkeit geschaffen werden, Eigentum zu erwerben. Schwierig genug war es später, diese Regelungen transparent zu machen und auf rechtsstaatlich unbedenkliche Fälle zu reduzieren.

Ein wichtiges Thema in der Koalitionsvereinbarung war auch die Regelung der Fragen des Umweltschutzes und der Energieversorgung. Jedem DDR-Bürger war klar, wie sträflich in der DDR mit der Umwelt umgegangen wurde. Dies war im Wesentlichen der Tatsache geschuldet, dass die DDR außer der Braunkohle keinerlei eigene Energieträger besaß. Seit einem Ministerratsbeschluss des Jahres 1976 war jegliche Energiegewinnung durch Öl untersagt. Alle Betriebe, die Ölheizung hatten, mussten umstellen auf Braunkohleheizung, selbst dann, wenn diese Maßnahme ökonomisch völlig unsinnig war. So entsinne ich mich, seinerzeit einen Betrieb vertreten zu haben, der seine neu gebaute Ölheizung beibehalten wollte und nachweisen konnte, dass für die Anlieferung der zukünftig benötigten Braunkohle und den Abtransport von Schlacke und Asche mindestens ebenso viel Diesel verbraucht würde wie die gesamte Heizung an Öl kosten würde. Doch selbst so vernünftige Argumente konnten über die ganz oben, sozusagen unfehlbar, gefassten Beschlüsse nicht hinweghelfen. Auch an solchen Widersinnigkeiten ist die DDR letztendlich kaputtgegangen. Eine der Hauptursachen lag allerdings auch darin, dass die DDR-Industrie und -Wirtschaft aus einer ehemals intelligenzintensiven Industrie mit hohem technischem und wissenschaftlichem Knowhow im Rahmen der Arbeitsteilung des RGW umgewandelt worden war in eine ressourcenintensive, energieintensive Industrie.

In der Land- und Forstwirtschaft vereinbarten wir, die „rechtliche Gleichstellung aller Eigentumsformen in Land- und Forstwirtschaft" zu gewährleisten. Uns war klar, dass wir den Prozess der Konzentrierung der Produktion in der Landwirtschaft, so wie er durch die Maßnahmen des so genannten sozialistischen Frühlings auf dem Lande im Jahr 1960 in Gang gesetzt worden war, nicht in vollem Umfang würden rückgängig machen können. Allen war klar, wie hoch der Unrechtsgehalt bei diesen Maßnahmen war und wie verbittert manche der Bauern damals dagegen gekämpft hatten, in die Landwirtschaftliche Produktionsgenossenschaft (LPG) eintreten zu müssen. Gleichwohl hatte sich das Wirtschaften auf Großeinheiten bewährt. Künftig sollte den Bauern freigestellt werden, in welcher Form sie in der Landwirtschaft tätig sein wollten, ob in Agrargenossenschaften, in Agrar-GmbHs oder als Einzelbauern, als so genannte Wiedereinrichter. Zum Erstaunen der Westdeutschen machten aber nur relativ wenige Landwirte von der Möglichkeit, Wiedereinrichter zu werden, Gebrauch. Die Tradition einzelbäuerlicher Wirtschaften war überwiegend in Thüringen und Sachsen, auch in Teilen Sachsen-Anhalts historisch gegeben, nicht aber in Mecklenburg und in Brandenburg, wo bereits seit dem Dreißigjährigen Krieg im Wesentlichen in wirtschaftlichen Großeinheiten, in Rittergütern, in Staatsgütern oder in Kirchengütern Landwirtschaft betrieben worden war. Landwirtschaft in Großeinheiten zu betreiben, hatte auch unmittelbar seine Ursache in der Bodenfruchtbarkeit. Findet man in der Magdeburger Börde Böden mit Bodenwert- oder Ackerzahlen von 90 bis 94 in der Skala bis 100, also sehr hochwertige Flächen, so haben die guten Böden in Brandenburg eine Bewertungsziffer von 30. Diese mangelnde Bodenfruchtbarkeit der brandenburgischen Landschaften führte schon in Zeiten vor dem Zweiten Weltkrieg zu der spöttischen Beschreibung der „Brandenburger Fruchtfolge". Die lautete: „Roggen, Kartoffeln, Hypothek, Pistole" Nicht umsonst bezeichnete man früher Brandenburg als die Streusandbüchse des Heiligen Römischen Reiches Deutscher Nation.

In der Bildungspolitik konzentrierten wir uns auf die Schulpolitik. Die Durchsetzung des Prinzips der weltanschaulichen Bekenntnisneutralität der öffentlichen Schule stand auf der Agenda. Die Gleichstellung von staatlichen Schulen, von Privatschulen, von konfessionellen Schulen und Schulen in freier Trägerschaft sowie die Durchlässigkeit der Bildungswege gehörten dazu. Wir vereinbarten Dinge, die eigentlich selbstverständlich sein sollten. Doch in der DDR waren sie eben immer noch revolutionär. In unserem Gesetz hieß es dann: „Jedes Kind soll bei entsprechender Begabung eine weiterführende Schule bzw. Ausbildungsstufe besuchen können. Die Aufnahmekriterien sollen ausschließlich leistungsorientiert sein. Die Zulassung zu den Schulen darf nicht von den finanziellen Möglichkeiten der Eltern abhängig sein." Was die ideologische Überformung des Bildungssystems bedeutet, kann ich schon aus familiären Gründen ermessen. Alle drei Kinder meiner Schwester Dorothee durften nicht die Erweiterte Oberschule besuchen, was der gymnasialen Oberstufe entsprach, weil sie Pastorenkinder waren. Auf beschwerlichen Umwegen mussten sie ihr Ziel erreichen. So hat der Älteste Maurer gelernt und nur nebenbei Abitur machen dürfen. Dann ist er Theologe geworden. Der Zweite ist Gießereifacharbeiter und heute Kirchenmusikdirektor in Halle. Die Tochter hat einen medizinischen Heilberuf ergriffen. Wie in der Bildungspolitik sollte insbesondere auch unsere Kulturpolitik dafür Sorge tragen, dass die Kunst und die Kultur frei von ideologischer Bevormundung und Beeinflussung sind.

Koalitionsverhandlungen: Stimmungen und Posten

Insgesamt umfasst die Koalitionsvereinbarung 50 eng beschriebene Seiten und ist von großer Dichte und Fülle. Die Sozialdemokraten waren erst ab Anfang April bereit mit uns zu verhandeln. Damit wir dann bis zum 12. April 1990, der zweiten Sitzung der Volkskammer, fertig werden haben wir gelegentlich bis tief in die Nacht hinein verhandelt.

Auf der Seite der CDU-DSU-DA-Delegation, also eigentlich meiner Truppe, wurde wenig Verhandlungsdisziplin gezeigt. Das lag daran, dass die meisten der Auffassung waren, eine große Koalition sei nicht notwendig. Es reiche, nur mit der FDP zu koalieren. Bei der SPD-Verhandlungsgruppe taten zwei Schwierigkeiten auf: Zum einen wollten sie nicht mit der DSU koalieren und zum anderen stellten sie angesichts ihres Wahlergebnisses ungerechtfertigte Forderungen auf Ministerposten. Im Ergebnis war die Verteilung dann wie folgt: Die CDU erhielt inklusive Ministerpräsidenten 12 Ministerposten, die SPD 7, der Bund Freier Demokraten 3, die DSU 2 und der Demokratische Aufbruch 1 Ministerposten. Die DSU beanspruchte ursprünglich 3 Posten, doch wir einigten uns schließlich darauf, dass Hans-Wilhelm Ebling Minister für Entwicklungshilfe und Peter-Michael Diestel Innenminister wurde. Nachdem die SPD hartnäckig um viele Ministerposten gekämpft hatte, hatte sie nun Schwierigkeiten, geeignete Persönlichkeiten dafür zu benennen. Über Tage hinweg war sie nicht in der Lage, passable Namen für die Ressorts Arbeit und Soziales und für Landwirtschaft zu präsentieren. Zunächst zeigte die SPD auch wenig Neigung, das Finanzressort zu übernehmen. Ich stand jedoch auf dem Standpunkt, dass es nicht angehen kann, dass eine Partei alle Lob- und Dank-Ministerien erhält und die anderen Parteien die Prügel-Ministerien. Wer das Ressort Arbeit und Soziales übernimmt, das die meisten Ausgaben hat, der muss auch das Ministerium für Finanzen übernehmen, um zugleich in seinen eigenen Reihen zu klären, wie überzogene Wünsche finanziert werden sollen. Ich hatte sehr gehofft, dass die Sozialdemokraten Walter Romberg zum Außenminister machen würden, da dieser aus seiner kirchlichen Arbeit und der Arbeit in Aktion Sühnezeichen gute Erfahrungen in Osteuropa mitbrachte. Das Außenressort beanspruchte jedoch Markus Meckel als amtierender Parteivorsitzender, wohl auch in der Annahme, dort am besten glänzen zu können. Walter Romberg hatte bereits in der Modrow-Zeit die Verhandlungsdelegation zur Vorbereitung der Währungsunion geführt und wurde deswegen für das Finanzressort benannt. In einem persönlichen Gespräch bat ich ihn, dieses Ressort nicht anzunehmen, weil ich der Auffassung war, dass er nicht hinreichend geeignet sei. Er beharrte jedoch darauf. Da er Walter Siegert, einen hocherfahrenen Finanzspezialisten, zum Staatssekretär machen wollte, machte ich von meinem Vetorecht keinen Gebrauch.

Ich will an dieser Stelle nicht alle Minister benennen und schon gar nicht Zensuren verteilen. Dennoch sei gesagt: Ich hatte in meinem Kabinett Minister, die öffentlich kaum in Erscheinung traten, aber eine hocheffektive Arbeit leisteten. Genannt sei diesbezüglich Manfred Preiß, der Minister für regionale und kommunale Angelegenheiten. Aus seinem Haus kam in kurzer Zeit eine moderne Kommunalverfassung, ein Kommunalvermögensgesetz, später das Ländereinführungsgesetz. Somit wurden wesentliche Voraussetzungen geschaffen, grundgesetzkompatible Strukturen herzustellen. Andere Minister waren in der Öffentlichkeit außerordentlich präsent, ohne dass ihre Arbeitsergebnisse mit diesem öffentlichen Ansehen Schritt hielten.

Eine Besonderheit gab es noch hinsichtlich des Verteidigungsressorts. Bei den Verhandlungen wurde deutlich, dass keine der Parteien dieses Ressort gerne übernehmen wollte. Noch während der Verhandlung erreichte mich ein Telefonat von Helmut Kohl, in dem er mir mitteilte, dass Rainer Eppelmann sich

Unterzeichnung der Koalitionspapiere im Haus der Volkskammer am 2. April 1990. V. l. n. r.: Rainer Eppelmann, Markus Meckel, Lothar de Maizière, Hans-Wilhelm Ebeling, Rainer Ortleb

153

bei ihm beschwert habe, dass er als amtierender Vorsitzender des Demokratischen Aufbruch und Mitglied der Allianz für Deutschland mit keinem Ministerposten bedacht worden sei. Ich bot daraufhin Rainer Eppelmann das Verteidigungsressort an. Zu meinem Erstaunen zeigte er sich nicht abgeneigt. Mein Einwand, dass es möglicherweise einen merkwürdigen Eindruck machte, dass er, der wegen Wehrdienstverweigerung vorbestraft war, das Verteidigungsressort übernähme, rührte ihn nicht. Vor diesem Hintergrund bat er sich aber Bedenkzeit aus. Wir haben dann das Ministerium umbenannt in Ministerium für Abrüstung und Verteidigung. Dann stand seiner Nominierung nichts mehr im Wege. Rainer Eppelmann beansprucht für sich, so habe ich es in seinem Buch gelesen, dass er auf den Gedanken gekommen sei, das Ministerium umzubenennen. Nach meiner Erinnerung ist es anders. Aber so ist es eben auch in der Politik, gute Ideen haben immer mehrere Väter.

Besonders froh bin ich, dass wir Egon Bahr, der sich ein Leben lang mit Sicherheitspolitik befasst hatte, als Berater für das Ministerium für Abrüstung und Verteidigung gewinnen konnten. Egon Bahr bin ich das erste Mal persönlich bei einer Tagung kurz nach dem Fall der Mauer begegnet. Ich war zunächst erstaunt über seine merkwürdige Distanziertheit uns gegenüber, kam er mir doch wie ein alter Bekannter vor. Ob das wohl daran lag, dass wir ihn ja aus dem Fernsehen kannten, er uns aber noch in keiner Weise?

Schon zu DDR-Zeiten hatte mir seine Formel vom Wandel durch Annäherung imponiert. Und ich war überzeugt davon, dass dies eine positive Leitidee war, wie man Konfrontation überwinden und in Kooperation überleiten könnte. Letztendlich haben wir in der DDR in der evangelischen Kirche nach dem gleichen Gedanken gearbeitet.

Nach der Wiedervereinigung wurde in Literatur und Politik gestritten, welche Politik welcher früheren Bundesregierung wohl mehr zur Erlangung der deutschen Einheit beigetragen habe. Die einen behaupten, dass die Adenauersche Politik der Westeinbindung der Bundesrepublik entscheidend gewesen sei. Die anderen waren davon überzeugt, dass die neue Ostpolitik unter Willy Brandt und Walter Scheel mit dem Vordenker Egon Bahr die Möglichkeit zur deutschen Einigung eröffnet hat. Ich persönlich bin der Meinung, dass beides richtig ist. Ohne die feste Verankerung der Bundesrepublik in dem westlichen Bündnissystem hätte die Brandt/Scheel-Regierung und ihr Unterhändler Egon Bahr nicht so erfolgreich sein können.

Schon zu DDR-Zeiten hatte mich beeindruckt, wie Egon Bahr als der eigentliche Macher unauffällig zur Seite trat, wenn den anderen die Lorbeerkränze geflochten wurden. In meinen Augen war er eben ein linker Patriot. Wenn es auch jeden Linken jetzt wahrscheinlich schütteln wird, wenn er als Linker mit dem Wort Patriot in Verbindung gebracht wird. Ich bin mir aber sicher, Egon Bahr passt ebenso wie ich nicht in eine Schublade, die man bereithält, um Geschichte einfach und leicht erklärbar zu machen. Vielleicht ist es gerade diese Eigenschaft, die uns beide verbindet und die unsere Verbindung im Laufe der Jahre zu einer Freundschaft werden ließ.

Schwierigkeiten bereitete die Besetzung des Postens des Wirtschaftsministers. Lange Zeit hatten wir von der CDU vorgesehen, Elmar Pieroth mit diesem Amt zu beauftragen. Elmar Pieroth war langjähriger Wirtschaftssenator in Westberlin gewesen, im Kabinett von Richard von Weizsäcker und auch von Eberhard Diepgen. 1990 war er zugleich Vorsitzender der Mittelstandsvereinigung der CDU. Ich hielt es für wichtig, für den Raum der DDR einen starken Mittelstand aufzubauen. Deswegen glaubte ich, dass Elmar Pieroth die geeignete Persönlichkeit für dieses Amt sei. Die SPD wollte aber keinen, der nicht Staatsbürger der DDR sei, so dass Pieroth ausschied. Er wurde jedoch zunächst in meinem Haus Berater und ist im Mai 1990 zum Ostberliner Magistrat von Berlin gewechselt. Statt seiner wurde Gerhard Pohl Minister für Wirtschaft.

Neben den Ministern wurden nach der Regierungsbildung insgesamt 64 Staatssekretäre berufen. Teils parlamentarische Staatssekretäre, teils festangestellte Staatssekretäre. Die Staatssekretäre wurden von den Parteien vorgeschlagen und vom Kabinett berufen. Die Staatssekretäre wurden aber weniger unter politischen als nach sachlichen Gesichtspunkten ausgesucht. Eine herausgehobene Stellung hatte Günther Krause. Er war parlamentarischer Staatssekretär im Amt des Ministerpräsidenten und leitete in diesem die Abteilung Deutschlandpolitik. Er war mithin verantwortlich für alle wesentlichen Vorgänge, die mit der Gestaltung des Prozesses hin zur deutschen Einheit zu tun hatten. Gelegentlich musste ich ihn daran erinnern, dass die Richtlinienkompetenz des Ministerpräsidenten für die Deutschlandpolitik auch ihm gegenüber gelte. Krause erwies sich als weit überdurchschnittlich intelligent, hoch flexibel, arbeitsmäßig außerordentlich belastbar und zeigte großes Geschick bei Verhandlungen. All diese Eigenschaften befähigten ihn und prädestinierten ihn geradezu zum Verhandlungsführer. Problematisch war nur, dass er diese positiven Eigenschaften seiner Person selbst am besten kannte, was ihm nicht ganz zu Unrecht den Vorwurf der Arroganz eintrug. Seine weit überdurchschnittlichen Leistungen in dieser Phase werden bis heute nicht hinreichend gewürdigt, was an seiner persönlichen Entwicklung nach der deutschen Wiedervereinigung liegt. Diese politisch hochbegabte Persönlichkeit ist nicht an den Umständen, sondern an sich selbst gescheitert.

Die neue Volkskammer

Die am 18. März 1990 gewählte Volkskammer war die erste Volkskammer, die diesen Namen zu Recht trug. Sie war des Volkes Kammer und ich glaube, selten hat ein Parlament so exakt den Querschnitt der Bevölkerung wiedergegeben. Es gab in die-

Peter-Michael Diestel (l.), Lothar de Maizière und Günther Krause (r.)
im Gespräch

ser Volkskammer Krankenschwestern und Ärzte, Lehrer und
Professoren, Arbeiter und Ingenieure, Landwirte, Tierärzte,
Handwerker und Gewerbetreibende. Der einzige Berufsstand,
der ein wenig überrepräsentiert war, war der der evangelischen
Pastoren, was aber seine Ursache darin hatte, dass die Kirchen
in der Endphase der DDR eine entscheidende Rolle gespielt hatten. Ich wage die Behauptung, dass diese Volkskammer das flei-
ßigste Parlament in der deutschen Parlamentsgeschichte war.
In der kurzen Zeit ihres Wirkens, das heißt vom 5. April 1990
bis zum 2. Oktober 1990, hat sie an die 100 Gesetze verabschie-
det, drei große Staatsverträge ratifiziert und eine Unzahl von
Beschlüssen gefasst. Es gab nicht wie beim deutschen Bundestag sitzungsfreie Wochen, sondern wir haben fast täglich getagt,
häufig wenn es notwendig war, auch an Sonnabenden und
Sonntagen, lediglich anderthalb Wochen im August waren sit-
zungsfrei.

157

Die Sitzungen wurden permanent vom Fernsehen übertragen, und die Übertragungen erreichten hohe Einschaltquoten. Die Arbeitsbedingungen waren außerordentlich schwierig und konnten nur dadurch erträglich gestaltet werden, dass wir das Gebäude, das zuvor dem Zentralkomitee der SED gedient hatte und jetzt das Auswärtige Amt der Bundesrepublik Deutschland beherbergt, zum Haus der Parlamentarier deklarierten und in dessen Räumen Abgeordnetenbüros einrichteten. Besonders schwierig gestaltete sich auch die ganz praktische Frage der Unterbringung der Abgeordneten. Gelöst wurde dieses Problem dadurch, dass wir ein Bettenhaus des Ministeriums für Staatssicherheit in der Ruschestraße zum Hotel der Abgeordneten umfunktionierten. Dies stieß anfänglich auf erheblichen Widerstand, weil sich die Abgeordneten weigerten, als frei gewählte Abgeordnete ausgerechnet in einem früher dem MfS gehörenden Hause wohnen zu müssen. Die Minister, die in der Mehrheit nicht aus Berlin stammten, wurden im Gästehaus der Regierung im „Johannishof" oder im Gästehaus beim Schloss Niederschönhausen untergebracht.

Die Volkskammer konstituierte sich am 5. April 1990. Zuvor jedoch nahmen fast alle Abgeordneten an einem ökumenischen Gottesdienst in der Gethsemane-Kirche teil. Den Ort hatten wir bewusst gewählt, weil diese Kirche eine besondere Rolle im Herbst 1989 gespielt hatte. Insbesondere hatten sich am 7. Oktober 1989, am 40. Jahrestag der DDR, die Demonstranten, als sie von Polizei und Staatssicherheit verfolgt wurden, in diese Kirche geflüchtet, um sich so der Verhaftung zu entziehen. Wir hatten die drei Moderatoren des Runden Tisches gebeten, diesen Gottesdienst für uns zu gestalten, und so übernahm Pastor Lange die Eingangsliturgie, Monsignore Ducke die Fürbitten und Oberkirchenrat Ziegler predigte über einen Text aus dem Psalm, der beginnt mit: „Herr schaffe mir Recht". Der Text schien passend für die Versammelten, da sie sich nach langen Zeiten des Unrechts daran machen sollten, Recht zu suchen und Recht zu setzen. Und die bei dieser Beschäftigung sehr bald wohl auch an die Grenzen des Rechts stoßen würden. Uns frei gewählte, demokratische Abgeordnete sagte Ziegler einen Satz, der mich seither nicht mehr losgelassen hat: „Die Güte steht über dem Recht, Recht kann ordnen, Güte kann heilen. Sie erlöst uns aus Verstrickung und Schuld, Recht und Güte sind bei Gott gepaart."

Danach also nahmen wir die Volkskammer in Besitz. Der große Sitzungssaal war so umgebaut worden, dass die acht Fraktionen darin Platz hatten. In der Mitte des Saales war das Präsidium der Volkskammer platziert, vom Rednerpult aus gesehen links war die Regierungsbank, auf der ich mit meinen Ministern saß. Dies also genau andersherum als im Bundestag. Rechts waren die Bänke für den Staatsrat. Der Staatsrat war eine Art kollektives Staatsoberhaupt. Es ersetze nach dem Tod von Wilhelm Pieck 1960 die Funktion des Präsidenten der DDR. Wir hatten beschlossen, den Staatsrat nicht neu zu besetzen, sondern die Aufgaben auf das Präsidium der Volkskammer zu übertragen. Das Staatsoberhaupt der DDR war dementsprechend die Präsidentin Sabine Bergmann-Pohl.

Eröffnet wurde die Sitzung durch eine kurze, aber würdige Rede des Alterspräsidenten Lothar Piche (DSU). Dann wurde die Präsidentin der Volkskammer gewählt. Im Vorfeld bei den Koalitionsverhandlungen hatte ich mit den Sozialdemokraten gesprochen, ob möglicherweise Reinhard Höppner für dieses Amt zur Verfügung stünde und dafür die SPD auf zwei Ministerposten verzichten würde. Mir schien, als ob die SPD bereit gewesen wäre, auf diesen Tausch einzugehen. Dies wurde in meiner Fraktion, der CDU-Fraktion, ruchbar und löste erheblichen Ärger aus. Empört wurde argumentiert, die CDU habe die Wahl haushoch gewonnen. Insofern sei es selbstverständlich, dass sie den Präsidenten zu stellen habe. Man schlüge deswegen auch Sabine Bergmann-Pohl vor, weil in Analogie zum Deutschen Bundestag, deren erste Präsidentin damals Rita Süssmuth war, die

Lothar de Maizière und Sabine Bergmann-Pohl in der Volkskammer

Wahl einer Frau deutlich macht, dass wir es mit Demokratie und Gleichberechtigung ernst meinen.

Ich hatte den Vorschlag, Reinhard Höppner zum Präsidenten zu wählen, nur deshalb gemacht, weil ich wusste, dass er als erfahrener Präses der Synode der Kirchenprovinz Sachsen dieser Aufgabe in besonderer Weise gewachsen sein würde. Tatsächlich war es dann auch so, dass Sabine Bergmann-Pohl immer dann, wenn die Verhandlungssituation der Volkskammer besonders schwierig wurde, im Interesse der Sache die Leitung an Höppner abtrat. Ich rechne ihr das hoch an. Und ich rechne ihr auch sehr hoch an, dass sie mir nicht dauerhaft nachgetragen hat, dass ich nicht sie, sondern Reinhard Höppner vorgeschlagen hatte. In dieser konstituierenden Sitzung hatte ich gemäß Artikel 79 Abs. 2 den Auftrag erhalten, eine Regierung zu bilden. Dies zu einem Zeitpunkt, als die Koalitionsvereinbarung noch nicht fertig und das Postengerangel im Gange war. Dennoch wurde die zweite Sitzung für den 12. April 1990, genau eine Woche später, einberufen.

Die zweite Sitzung der Volkskammer am 12. April 1990 begann mit einer wilden Geschäftsordnungsdebatte. Die junge

Demokratie DDR verstolperte ihren Start mit Formalien, bis der erste Tagesordnungspunkt aufgerufen wurde. Ich hatte dafür den Anlass geboten. Denn ich wollte mich nicht auf die alte Eidesformel der Verfassung der DDR vereidigen lassen deswegen sollte die Volkskammer eine neue Eidesformel beschließen. Dafür schlug ich die Formel aus dem Verfassungsentwurf vor, den Vertreter von Bündnis 90 am 5. April der Volkskammer vorgelegt hatten und den sie als Verfassungsentwurf des Runden Tisches bezeichneten. Aufgrund dieser Tatsache nahm ich an, dass diese Verfassungsänderung ohne große Diskussionen von der Volkskammer beschlossen werden würde. Doch es wurde ein Tauziehen bei dem Regierungsfraktionen und Opposition zum ersten Mal in der DDR ihre Kräfte erprobten. Es war ein denkbar schlechter Gegenstand dafür. Nach dem Gerangel kamen wir dann zu dem eigentlichen Punkt 1 der Tagesordnung: zum „Antrag aller Fraktionen der Volkskammer der Deutschen Demokratischen Republik zu einer gemeinsamen Erklärung.". Noch heute bin ich stolz auf diesen gemeinsamen Akt. Im Wortlaut: „1. Das erste frei gewählte Parlament der DDR bekennt sich im Namen der Bürgerinnen und Bürger dieses Landes zur Mitverantwortung für Demütigung, Vertreibung und Ermordung jüdischer Frauen, Männer und Kinder. Wir empfinden Trauer und Scham und bekennen uns zu dieser Last der deutschen Geschichte. 2. Uns, den Abgeordneten des ersten frei gewählten Parlamentes der DDR ist es ein tiefes Bedürfnis, uns mit der folgenden Erklärung an die Bürgerinnen und Bürger der Sowjetunion zu wenden. Wir haben die furchtbaren Leiden nicht vergessen, die Deutsche im Zweiten Weltkrieg den Menschen in der Sowjetunion zugefügt haben. Diese von Deutschland ausgegangene Gewalt hat schließlich auch unser Volk selbst getroffen. Wir wollen den Prozess der Versöhnung unserer Völker intensiv fortführen. 3. Die Volkskammer der DDR bekennt sich zur Mitschuld der DDR an der Niederschlagung des „Prager Frühlings" 1968 durch Truppen des Warschauer Paktes. 4. Wir sehen eine besondere Verantwortung darin, unsere historisch gewachsenen Beziehungen zu den Völkern Osteuropas in den europäischen Einigungsprozess einzubringen. In diesem Zusammenhang erklären wir erneut feierlich, die im Ergebnis des Zweiten Weltkrieges entstandenen deutschen Grenzen zu allen Anrainerstaaten ohne Bedingungen anzuerkennen. Insbesondere das polnische Volk soll wissen, dass sein Recht, in sicheren Grenzen zu leben, von uns Deutschen weder jetzt noch in Zukunft durch Gebietsansprüche in Frage gestellt wird." Diese wichtige und schöne von mir auszugsweise zitierte Erklärung, dieses Bekenntnis zur Mitverantwortung für die deutsche Geschichte steht einzigartig am Anfang der Arbeit unserer demokratischen Volkskammer. Alles andere schloss sich diesem Bekenntnis an und folgte gleichsam aus ihm. Die Schweigeminute, zu der wir uns anschließend erhoben, hat sich tief in mein Herz eingebrannt.

Als nächster Tagesordnungspunkt wurde ein gemeinsamer Antrag aller Fraktionen der Volkskammer behandelt zur Einsetzung eines Prüfungsausschusses. Die Aufgabenstellung war, festzustellen, ob Abgeordnete der Volkskammer entweder als hauptamtliche oder inoffizielle Mitarbeiter für das MfS/AfNS tätig waren. Wörtlich heißt es: „1. Mitgliedern der Volkskammer, die als hauptamtliche oder informelle Mitarbeiter des MfS/AfNS aufgrund einer Verpflichtungserklärung oder gegen Geld zum Nachteil von Mitbürgern für das MfS/AfNS tätig gewesen sind, ist der Rücktritt aus der Volkskammer zu empfehlen."

Erst danach kamen wir zur Regierungsbildung und Vorstellung der Kandidaten. Der Wortlaut der Verfassung der DDR war, was den Wahlmodus anbelangt, nicht sehr präzise. Er sagte lediglich, dass die Mitglieder des Ministerrates nach der Neuwahl der Volkskammer von ihr, der Volkskammer, für die Dauer einer Legislaturperiode gewählt werden. Deswegen kam es zum Streit über zwei Wahlvarianten. Zum einen die Wahl des Ministerrates nach meinem Vorschlag en bloc anzunehmen oder aber den Ministerpräsidenten und alle Minister jeweils in geheimer Wahl ad personam zu wählen. Insbesondere die Abgeordneten von Bündnis 90/Die Grünen, aber auch von der PDS sprachen sich gegen eine Wahl en bloc aus. Die Wahl en bloc war in der DDR üblich. Davon wollte man sich abgrenzen. Klärung in dieser Frage brachte ein Beitrag von Richard Schröder, dem Fraktionsvorsitzenden der SPD. In der ihm eigenen, leicht belehrenden Form führte er aus: „Es gibt verschiedene Arten von parlamentarischer Demokratie. Sie haben Elemente, die zueinander passen. Man kann sie auch mischen, so dass etwas Sinnloses herauskommt. Typ 1 – die Präsidialdemokratie: Der Präsident wird als Person vom Volk gewählt. Er benennt die Minister. Sie werden einzeln vom Parlament bestätigt, so in den USA, ein wenig anders in Frankreich. Typ 2 – der Ministerpräsidententyp oder Kanzlertyp: Der Ministerpräsident wird nicht als Person vom Volk gewählt. Gewählt werden vom Volk nur die Abgeordneten, das Parlament wählt den Ministerpräsidenten und die Minister."

Des Weiteren führte er aus, dass es bei diesem Typ stets notwendig ist, Koalitionsverhandlungen zu führen, die in einen Koalitionsvertrag einmünden, dessen Bestandteil auch die Ministerliste ist. Wollte man nun über jeden Minister einzeln abstimmen, müssten jedes Mal erneut die Koalitionsverhandlungen aufgerufen werden. Also: Die Anträge, die Minister einzeln zu wählen, seien systemwidrig und erzeugten Chaos.

Wie so oft noch führte die kluge Argumentation von Richard Schröder zu einem vernünftigen Ergebnis. Zu Richard Schröder, den ich für den klügsten oder zumindest doch für den gebildetsten Abgeordneten der ersten frei gewählten Volkskammer halte, entwickelte sich – obwohl wir uns erst bei dem ersten, die Koalition vorbereitenden Gespräch kennen gelernt hatten – eine enge Freundschaft, die bis heute anhält. Offensichtlich verbindet uns eine gewisse Wesensverwandtheit. Beide sind wir relativ nüchtern, sachlich orientiert, richten den Blick auf das Machbare und nicht auf das Wünschbare. Es gibt Leute, die behaupten, dass wir beide nicht nur einen, sondern mehrere Spleens hätten. Das mag so sein, hat aber unsere gemeinsame Tätigkeit nicht behindert. Während meiner Regierungszeit trafen wir uns häufig heimlich, entweder fuhr ich zu ihm nach Blankenfelde in sein kleines Einfamilienhaus, das er mit hohem handwerklichen Geschick aus- und angebaut hatte und das über eine wunderschöne Werkstatt im Keller verfügte. Oder wir trafen uns bei mir in Treptow in meiner Wohnung und beratschlagten, was er seiner Fraktion, was ich meiner Fraktion zumuten könne, wie ein Kompromiss aussehen könne, um so dem gemeinsamen Ziel, über das wir nie lange zu diskutieren brauchten, näher zu kommen. Obwohl diese Geheimtreffen nie herausgekommen sind, gerieten wir beide in unseren Fraktionen in Verdacht. Richard wurde der CDU-Schröder und ich der SPD-de-Maizière genannt. Auch bei den im Laufe der Zeit zunehmend häufiger stattfindenden Koalitionsausschussgesprächen haben wir beide zur Deeskalation beigetragen. Auch wenn ich mit einzelnen Ministern seiner Partei schwerwiegende Meinungsverschiedenheiten auszutragen hatte, bat ich Richard dazu, weil ich auf seine moderierende Kraft vertraute.

Erstmalig war dies unmittelbar nach der Währungsunion notwendig. Ich erhielt einen donnernden Anruf von Helmut Kohl mit der Frage, was in meinem Kabinett los sei. Regine Hildebrandt habe zusätzliche 3 Milliarden DM angefordert. Dies sei telefonisch geschehen durch einen ihrer Mitarbeiter bei einem Abteilungsleiter des Bundesministeriums für Arbeit und Soziales. Dieser Mitarbeiter habe daraufhin sofort seinen Minister Norbert Blüm, der sich in Finnland im Urlaub befand, angerufen. Dieser wiederum habe Helmut Kohl über diese Forderung benachrichtigt. Nun sei es an mir zu klären, wie diese zusätzliche Forderung über 3 Milliarden DM entstanden sei. Ich zitierte Regine Hildebrandt und Walter Romberg zu mir und bat Richard Schröder, dazuzukommen. Regine Hildebrandt führte aus, dass es notwendig gewesen sei, Arbeitsverwaltungen –

sprich Arbeitsämter – aufzubauen und diese nicht nur mit Personal zu bestücken, sondern vor allem mit entsprechender Ausstattung. Man habe das Geld benötigt, um die Arbeitsmöglichkeiten der dort Tätigen zu verbessern. Später stellte sich heraus, dass auch Kaffeemaschinen, Kühlschränke und Ähnliches erworben worden waren. Durch diese Verschwendung fehlte das Geld, um die ersten Renten in DM auszahlen zu können. Ich gewann den Eindruck, dass Regine Hildebrandt nicht einmal die Größenordnung einschätzen konnte.

Auch Walter Romberg war nicht in der Lage, eine plausible Erklärung abzugeben. Ich versuchte, ihm deutlich zu machen, dass sie – die unbedingt eine verhandelte Einheit wollen – in besonderer Weise verpflichtet seien, korrekt zu arbeiten und Haushaltsdisziplin zu halten, um uns nicht dem Vorwurf der Bundesrepublik auszusetzen, dass wir mit dem uns zur Verfügung gestellten Geld nicht umgehen könnten. Durch Umschichtung und zusätzlich überwiesene Mittel gelang es dann, die erste Rentenzahlung in DM sicherzustellen. Eine zweite derartige Situation ergab sich Wochen später. Sie führte dann zum Ende der Koalition mit den Sozialdemokraten. Bei mir erschien der Staatssekretär Walter Siegert, Staatssekretär im Finanzministerium, ein hocherfahrener Haushaltsrechtler, und bat mich, ihn abzuberufen. Sein Minister wolle ihn im Zuge der Einigungsvertragsverhandlungen zwingen, einen Finanzmodus zu verhandeln, der gegen die Interessen der DDR gerichtet sei. Er, der viele Jahre in der SED-Zeit im Finanzministerium tätig gewesen sei, habe es als Chance zur Wiedergutmachung empfunden, in dieser Regierung dienen zu dürfen. Er wolle nun aber nicht erneut der DDR schaden. Deswegen bäte er mich, ihn abzuberufen. Ich erklärte ihm daraufhin, dass noch nicht entschieden sei, wer abberufen würde: er oder sein Minister. Ich bat Walter Romberg zum Gespräch und zog Richard Schröder hinzu. Romberg beabsichtigte, mit der Bundesrepublik zu verhandeln, dass nach der Wiedervereinigung alle Steuereinnahmen, die im Raum der DDR entstünden oder erhoben würden, im ostdeutschen Raum bleiben sollten. Dafür wollte er auf jegliche Zuschüsse aus dem Westen verzichten. Ich entsinne mich, dass ich ihm erklärte: „Walter, 100 Prozent von Nichts sind immer noch Nichts. Unsere Betriebe werden kaum Erträge erwirtschaften, so dass wir keine Ertragssteuern haben werden. Die Einkommen in der DDR sind niedrig, so dass wir auch kaum Einkommens- bzw. Lohnsteuer haben werden. Es gibt keine Vermögen und keine Reichtümer, die zu besteuern wären, oder Erbschaften, die zu versteuern wären. Das Einzige, was in der DDR fließen wird, werden die Verbrauchssteuern sein." Er müsse also bemüht sein, möglichst hohe Anteile an den Verbrauchssteuern für die ostdeutschen Länder zu reklamieren. Ich erinnerte Walter Romberg in diesem Zusammenhang an die Koalitionsvereinbarung, wo die Richtlinienkompetenz des Ministerpräsidenten festgelegt war.

Walter Romberg beharrte darauf, ein Ergebnis anzustreben, wie es von ihm vorgeschlagen war; das sei eine Frage der Würde. Die Ostdeutschen sollten sich nicht auf Dauer alimentieren lassen. Ich gab ihm 24 Stunden Bedenkzeit, dann sollte er mir seine Entscheidung mitteilen. Richard Schröder unterstützte mich durchaus in meiner Argumentation, weil er Rombergs Standpunkt ebenfalls für grundfalsch hielt. Walter Romberg antwortete nicht nach 24 Stunden, so dass ich mich bei ihm zurückmeldete. Er erklärte mir am Telefon, dass er bei seiner Auffassung bliebe und nicht die Absicht habe, meine Meinung anzunehmen. Ich erklärte ihm daraufhin, dass er im Haus zu verbleiben habe, bis ihm die Entlassungsurkunde übergeben worden sei. Ich habe ihm sofort per Boten die Entlassungsurkunde überbringen lassen. Diese Entlassung Walter Rombergs nahm die Fraktion der Sozialdemokraten zum Anlass, aus der Koalition auszuscheiden. Schon zuvor hatte ihnen Oskar Lafontaine, als er die Fraktion besuchte, erklärt, dass der Wahlkampf für die zukünftige gesamtdeutsche Regierung schwer aus der Koalition heraus zu führen sei und dass sie daher nach Möglichkeiten suchen sollten, aus der Koalition auszuscheren. Richard Schröder war gegen diese Entscheidung, die Koalition aufzukündigen, und erklärte für den Fall, das Amt als Fraktionsvorsitzender zur Verfügung zu stellen. Die entscheidende Sitzung der Fraktion der Sozialdemokraten war für 16.00 Uhr angesetzt. Zuvor tagte der Fraktionsvorstand. In dieser Sitzung wurde deutlich, dass die Fraktionsspitze ebenfalls die Koalition nicht fortsetzen wollte.

Fünf Minuten vor vier erreichte mich ein Telefonat von Richard Schröder, in dem er mir mitteilte, dass er sich im Fraktionsvorstand nicht habe durchsetzen können, dass er aus dem Beschluss, die Koalition aufzukündigen, seine Konsequenz ziehen würde und das Amt des Fraktionsvorsitzenden niederlegen würde. Er wolle mir dies mitteilen, weil er nicht wolle, dass ich diese gravierende Nachricht aus den Tickermeldungen erführe. Richard Schröder hielt das Ausscheiden aus der Regierungsverantwortung für verantwortungslos und zog daraus die für ihn einzig mögliche Konsequenz. Die freundschaftliche Beziehung zu ihm hat über die Volkskammer-Zeit hinaus bis heute angehalten. Wir sehen uns seltener, als wir es uns wünschen, dennoch verstehen wir uns immer wieder sofort. Vor einigen Jahren erhielt Richard Schröder den Preis der CDU-nahen Hermann-Ehlers-Stiftung. Ich war gebeten worden, die Laudatio zu halten, was ich auch gerne tat. Wir sind zusammen in meinem Auto nach Kiel gefahren und haben uns die Zeit vertrieben, indem wir uns die Stammformen griechischer Verben abfragten; selbst die Verben, von denen es heißt: „Die Verben auf „mi", begreifste nie". Wir beide gelten nicht als besonders eitel, aber eine gewisse intellektuelle Eitelkeit werden wohl weder Richard noch ich bestreiten können.

Ich hätte es sehr begrüßt, wenn Richard Schröder, wie von Wolfgang Schäuble vorgeschlagen, nach dem Ende der Präsidentschaft von Richard von Weizsäcker der erste gesamtdeutsche Präsident geworden wäre. Die CDU-Fraktion hätte diese Kandidatur mitgetragen, nicht aber die SPD-Fraktion, die glaubte, diese Kandidatur Johannes Rau antragen zu müssen, der dann die Wahl gegen Roman Herzog verlor.

Doch zurück zum 12. April 1990. Der Beitrag von Richard Schröder hat den Ausschlag gegeben, dass sich eine klare Mehrheit für die Wahl des Ministerrates en bloc entschied. Nach dieser Abstimmung gab die Präsidentin, Sabine Bergmann-Pohl, das Ergebnis der Wahl des Ministerpräsidenten bekannt. Es wurden 382 Stimmen abgegeben. Von denen gaben mir 265 ihre Stimme. Es gab 108 Gegenstimmen und 9 Enthaltungen. Nachdem ich die Frage der Präsidentin, ob ich die Wahl annähme, bejaht hatte und dazu Gottes Hilfe erbat, trat die Volkskammer in die Mittagspause ein. Die Fortsetzung der Sitzung wurde für 14.30 Uhr anberaumt. In diesem Moment erschien Matthias Gehler, mein Regierungssprecher, bei mir und bat darum, sich eine gute Stunde entfernen zu dürfen. Er habe um 13 Uhr seinen Termin beim Standesamt Mitte zur Eheschließung. Er werde aber danach sofort wieder zurückkommen und seine Tätigkeit wieder aufnehmen. Vieles passierte in den Wochen eben in großer Eile.

Nach der Mittagspause mussten sich einige designierte Minister den Fragen der Abgeordneten stellen. Einige Fragen zielten auf die fachliche Befähigung für das jeweils vorgesehene Amt, andere auf Verhaltensweisen in der Vergangenheit, insbesondere nach ihrer Stellung zum vorherigen Staat. Danach erfolgte die Wahl des Ministerrates. Unter Leitung von Vizepräsident Dr. Höppner wurde nun die Eidesformel beraten. Die Frage spitzte sich zu auf die Frage, ob man einen Eid für ein Land leisten könne, ohne dessen Verfassung zu respektieren. Auch hier schuf Richard Schröders Beitrag Klarheit. Man müsse bei der noch geltenden Verfassung der DDR unterscheiden zwischen dem, was als er „sozialistische Lyrik" bezeichnete und dem Grundgerüst, was die Grundlage der Wahl der Volkskammer und auch des Ministerrates sei.

Dieses müsse als geltend angesehen werden. Deshalb müsse die Eidesformel einen Bezug auf Recht und Gesetze der DDR haben. Schließlich wurde mit übergroßer Mehrheit ein verfassungsänderndes Gesetz angenommen, das den Eid neu regelte. Dieses Gesetz hatte folgenden Wortlaut: „§ 1 Artikel 79 Abs. 4 der Verfassung wird wie folgt gefasst: (4.) Der Vorsitzende des Ministerrates und die Mitglieder des Ministerrates leisten bei ihrem Amtsantritt vor der Volkskammer folgenden Eid: Ich schwöre, dass ich meine Kraft dem Wohle des Volkes widmen, Recht und Gesetze der Deutschen Demokratischen Republik wahren, meine Pflichten gewissenhaft erfüllen und Gerechtigkeit gegen Jedermann üben werde. So wahr mir Gott helfe. Der Eid kann auch ohne religiöse Beteuerung geleistet werden. § 12 Dieses Gesetz tritt am 12. April 1990 in Kraft."

Bei der Wahl des Ministerrates wurden 380 Stimmen abgegeben, davon 247 Ja-Stimmen, 109 Nein-Stimmen und 23 Stimmenthaltungen. Eine Stimme war ungültig. Ich war mit dem Ergebnis zufrieden, aber auch damit, dass ich mit 265 Ja-Stimmen gegenüber 247 Ja-Stimmen, die der Ministerrat erhielt, ein deut-

Vereidigung Lothar de Maizières zum Ministerpräsidenten der DDR

lich besseres Ergebnis erzielt hatte. Nach Bekanntgabe des Wahlergebnisses gab es Gelegenheit zu einem kurzen Statement. Nach dem Dank für das in der Wahl ausgesprochene Vertrauen wandte ich mich an die Bürger der DDR und erklärte: „Gehen Sie bitte von der festen Überzeugung aus, dass diese Regierung mit Zuversicht, mit Augenmaß, in großer sozialer Verantwortung die Probleme angehen wird, die vor uns allen stehen." Mein Statement endete mit: „Ich persönlich möchte den Anfang meiner Arbeit unter den Vorsatz stellen, den die Gründungsväter der Christlich-Demokratischen Union 1945 fassten, als sie sagten: „Voll Gottvertrauen wollen wir unseren Kindern und Enkeln eine glückliche Zukunft erschließen."

Dieser Satz der Gründungsväter der Union hatte mich schon immer gerührt, weil sie nach dem Inferno des Krieges offensichtlich nicht mehr an eine glückliche Zukunft für sich selbst dachten, sondern lediglich bestrebt waren, diese für ihre Kinder und Enkel zu erschließen. Ein schöner und würdiger Satz. Nachdem dann alle Minister den Eid auf die neue Eidesformel abgelegt hatten, bedankte sich der Stellvertreter des Präsidenten Höppner und drückte seine Befriedigung darüber aus, dass es uns gelungen war, noch vor Ostern 1990 eine komplette Regierung zu wählen. Die nächste Sitzung wurde für Donnerstag, den 19. April 1990, einberufen. Auf dieser Sitzung sollte ich die Regierungserklärung des nun gewählten Ministerrates geben.

Die Osterfeiertage waren also angefüllt mit der Arbeit an der Regierungserklärung. Zuvor, ausgerechnet an Karfreitag, traf ich mich noch im Ministerrat mit Hans Modrow, um eine Übergabe des Büros und des Inhaltes der Panzerschränke vorzunehmen. Das Haus war wegen des Feiertages fast menschenleer. Das ohnehin schon düstere Haus erschien mir aufgrund dieser Tatsache noch düsterer. Im Büro, im unmittelbaren Arbeitszimmer des Ministerpräsidenten, befanden sich rechts und links von der Tür in die Wand eingelassen zwei große Panzerschränke, deren Inhalt mir Hans Modrow übergab und sich die

Übergabe auf Karteikarten quittieren ließ. Diese Karteikarten hatten offensichtlich schon bei früheren Amtsübergaben gedient, denn man konnte auf ihnen ablesen die Übergabe der Unterlagen von Willi Stoph an Horst Sindermann, später zurück von Sindermann an Stoph und die dann folgende Übergabe an Hans Modrow. Ich empfand es schon als gespenstisch, nach diesen Vorgängern auf den Karten den Erhalt quittieren zu müssen. Ich erhielt einen großen Ordner, der die Verteidigungsdoktrin des Warschauer Vertrages enthielt, vier große Ordner mit der Aufstellung über die Ordnung der Staatsreserve, den Bericht über die Auflösung des Bereiches Kommerzielle Koordinierung (KoKo) des Schalck-Imperiums sowie eine Darstellung des aktuellen Standes der Verhandlungen mit der Bundesrepublik Deutschland, insbesondere zum Stand der Verhandlungen zur Herbeiführung einer Währungsunion. Es würde zu weit führen, alle Papiere aufzuzählen, die ich erhielt. Wichtig ist mir jedoch die Feststellung, dass es ein fairer und geordneter Übergang war, auf dem ich aufbauen konnte.

Wie viel anders verlief es jedoch nach dem Ende der DDR. Ich war zum Minister für besondere Aufgaben im Kabinett Kohl berufen worden, hatte jedoch noch immer Zutritt und Zugang zum Amt des Ministerpräsidenten und insbesondere zu meinem Arbeitszimmer. In meinem Arbeitszimmer befanden sich wie ausgeführt die Panzerschränke aus alter Zeit, noch immer gefüllt mit brisanten Unterlagen und insbesondere auch mit neuen Unterlagen, die aus der Zeit der Wiedervereinigung stammten. Ich schrieb daraufhin einen gleichlautenden Brief an Kohl und Hans-Dietrich Genscher. Im Panzerschrank im Arbeitszimmer des Ministerpräsidenten der DDR lägen die zentralen Regierungsunterlagen der DDR, die archiviert werden müssten. Besonders das DDR-Exemplar des Einigungsvertrages und das Dienstsiegel des Vorsitzenden des Ministerrats. Da immer strittig gewesen sei, welchen Charakter die Verträge zwischen der DDR und der Bundesrepublik hätten, ob es sich um Staatsverträge oder um völkerrechtliche Verträge handele, schrieb ich sie beide an. Die Briefe – sowohl an Kohl als auch an Genscher – blieben unbeantwortet. Man kann, wenn man will, auch an diesem an sich vielleicht unwichtigen Detail sehen, dass mit dem Erbe der demokratischen DDR in einer gewissen stillosen Weise umgegangen wurde. Ich habe dann meinen ehemaligen persönlichen Referenten, der inzwischen im Bundesministerium für Frauen und Jugend in der Außenstelle Berlin tätig war, Sven Olaf Obst, gebeten, mit Rudolf Kabel, der seinerzeit Außenstellenleiter des ehemaligen Amtes des Ministerpräsidenten war, die Übergabe zu vereinbaren. Kabel, der später Bundestagsdirektor wurde, war zunächst nicht dazu bereit, das sei nicht seine Aufgabe. Ich habe Obst gebeten, Kabel quasi zu nötigen, diese Übernahme durchzuführen. Am 15. Januar 1991 gelang dann die Übergabe der Staatsinsignien des verblichenen deutschen Staates. Dieser hat sie offensichtlich erst einen Monat später am 19. Februar 1991 weitergegeben, an wen genau ist mir nicht bekannt. Nur beispielhaft will ich aufzählen, was in diesem Zusammenhang übergeben wurde: Unter anderem befanden sich im Panzerschrank auch Materialien über Nachforschungen bezüglich des Bernsteinzimmers. Auch die Namen der „Oibe" im Amt des Ministerpräsidenten lagen dort unter Verschluss. „Oibe" wurden die „Offiziere im besonderen Einsatz" des Ministeriums für Staatssicherheit genannt. Außerdem Berichte von Ärzten über den Gesundheitszustand der ehemaligen Partei- und Staatsführung der DDR, zu ihrer Haft- und Verhandlungsfähigkeit. Ich war damals der naiven Ansicht, dass die beiden Exemplare der Staatsverträge mit den bundesdeutschen Exemplaren der Staatsverträge zusammengeführt werden müssten, weil sie erst jeweils zusammen den eigentlichen Vertrag ausmachen. Dies wurde in Bonn offensichtlich anders gesehen. Später habe ich durch Zufall erfahren, dass sich die DDR-Exemplare der beiden genannten Verträge im Archiv des Auswärtigen Amtes in Berlin befänden. Dies ist zwar verwunderlich, da die

bundesdeutsche Seite stets behauptete, mit der DDR nur Staatsverträge abzuschließen, nicht jedoch völkerrechtliche Verträge,
so dass sie in Konsequenz dieser Anschauung eigentlich in das
Bundesarchiv gehört hätten. Doch gewiss sind das nur noch historische Fragen.

„Das Ja zur Einheit ist gesprochen. Über den Weg dahin
werden wir ein entscheidendes Wort mitzureden haben." Dieser
Kernsatz meiner Regierungserklärung entsprach dem Wähler-
willen, aber auch unserem Selbstverständnis als frei gewählte
Volkskammer. Mein Ziel bei Abgabe der Regierungserklärung
war es, sowohl den desolaten Zustand der Gesellschaft als auch
der Wirtschaft der DDR aufzuzeigen. Aber andererseits auch
Wege aufzuzeigen, die wir gehen müssten, um den Prozess der
Gesundung einzuleiten. An den Anfang der Rede stellte ich jedoch notwendige Danksagungen. Sie gingen an Michail Sergejewitsch Gorbatschow für die von ihm eingeleiteten Prozesse in
der Sowjetunion; sie gingen nach Polen an die Solidarnosc mit
Lech Walesa; sie gingen an die Tschechen mit Vaclav Havel. Sie
gingen an die Ungarn, die sich solidarisch mit den Menschen in
der DDR gezeigt hatten und den Eisernen Vorhang haben öffnen
lassen, und sie gingen letztlich an die Kirchen in der DDR, die
der revolutionären Bewegung Schutz- und Artikulationsraum
gewährt hatten und darüber hinaus einen entscheidenden Beitrag dafür geleistet hatten, dass dieser Prozess friedlich verlaufen
war. Ich wies darauf hin, dass unser deutscher Prozess keinesfalls ein singulärer sei, sondern eingebettet in einen den Kontinent durchziehenden Prozess zu Demokratie, Frieden und in-
ternationalem Ausgleich.

Mit einem Hölderlin-Zitat erteilte ich dem zentralistischen
Allmachtsstaat eine klare Absage. Diese Passage aus Hölderlins
„Hyperion" hatte ich mir schon als Oberschüler angestrichen.
Ich bin von manchen fast belächelt worden, dass ich in einer Re-
gierungserklärung Hölderlin zitiere. Doch ich halte sie auch
heute noch für so zentral und wichtig, dass ich mir erlaube, sie

auch in diesem Zusammenhang erneut zu zitieren: „Du räumst dem Staate denn doch zu viel Gewalt ein. Er darf nicht fordern, was er nicht erzwingen kann. Was aber die Liebe gibt und der Geist, das lässt sich nicht erzwingen. Das lass er unangetastet, oder man nehme sein Gesetz und schlag es an den Pranger! Beim Himmel! Der weiß nicht, was er sündigt, der den Staat zur Sittenschule machen will. Immerhin hat das den Staat zur Hölle gemacht, dass ihn der Mensch zu seinem Himmel machen wollte."

Für den Einigungsprozess sagte ich ein Wort, das Richtschnur für unser gesamtes Handeln bis zum 3. Oktober war: „Die Einheit muss so schnell wie möglich kommen, aber ihre Rahmenbedingungen müssen so gut, so vernünftig und so zukunftsfähig wie nötig sein." Ich sprach ausführlich über den schwierigen Weg der wirtschaftlichen Angleichung. Aus heutiger Sicht bekenne ich aber freimütig, dass ich damals sowohl die Kosten als auch die Dauer des ökonomischen Anpassungsprozesses unterschätzt habe. Auch nicht vorausgesehen habe ich damals, dass die Sowjetunion binnen Jahresfrist zerfallen und damit die DDR-Wirtschaft ihren wichtigsten Abnehmer verlieren würde. Doch mit dieser Fehleinschätzung bin ich nicht in schlechter Gesellschaft. Damals lag uns ein Gutachten von renommierten Wirtschaftswissenschaftlern der alten Bundesrepublik vor, die uns ein neues Wirtschaftswunder in kürzester Frist voraussagten. Trotz der Schwierigkeiten bin ich der Auffassung, dass der Weg, den wir gegangen sind, alternativlos war. Wenn man sich die Umstrukturierungsprozesse in den anderen ehemals sozialistischen Ländern ansieht, kann ich nur sagen, dass wir Glück hatten, dass wir einen so starken Partner wie die alte Bundesrepublik an der Seite hatten. So ist der DDR-Bevölkerung beispielsweise eine Inflation erspart geblieben, so wie sie fast alle anderen osteuropäischen Länder hinnehmen mussten.

Aus den 160 Milliarden Mark/DDR Ersparnissen wurden immerhin 120 Milliarden DM Kaufkraft, die allerdings ganz überwiegend der altbundesdeutschen Wirtschaft zugute kam. Auch der Weg der Treuhandanstalt, mag er noch so nachhaltig kritisiert werden, war nicht falsch. Immerhin haben sowohl die Polen als auch die Tschechen und auch die Ungarn, orientiert an unserem Modell, Treuhandanstalten eingerichtet. In der Sowjetunion und deren Nachfolgestaaten bewahrheitete sich der Satz von Karl Marx, dass die ursprüngliche Akkumulation des Kapitals immer kriminell ist. Dort haben wenige Oligarchen das herrenlos gewordene Volkseigentum an sich gebracht und so zur Verelendung breiter Massen der Bevölkerung beigetragen.

Wir bekannten uns neben der Einheit Deutschlands zur Einbettung des Prozesses in Europa, vertraten aber die Hoffnung, dass aus der KSZE ein neues europäisches Sicherheitssystem erwachsen könnte, das sowohl die USA als auch die Sowjetunion mit einschlösse. Diese Hoffnung ist von westlicher Seite nicht geteilt worden. Wir wurden sogar dafür kritisiert, dass wir kein uneingeschränktes Ja zur NATO sagten. Wir taten dies nicht nur, weil wir um die ablehnende Haltung der Sowjetunion wussten, sondern weil wir der festen Überzeugung waren, dass eine zukünftige gesamteuropäische Sicherheitsarchitektur unter Einschluss der Sowjetunion gefunden werden müsste. Unsere Meinung stieß auf entschiedene Ablehnung der USA, die noch gefangen war im Geist des Kalten Krieges und durchdrungen von der Ansicht, dass Amerika eine führende Rolle in diesem Prozess anstreben müsse. Ich glaube, die Entwicklung der letzten Jahre hat uns recht gegeben. Die Ost-Ausdehnung der NATO bis an die Grenze Russlands und unter Einschluss ehemaliger Sowjetrepubliken hat zu vermeidbaren Spannungen mit Russland geführt, die uns noch lange beschäftigen werden. Ich äußerte in der Regierungserklärung die Hoffnung, dass der Zwei-plus-Vier-Prozess, so wie er im Februar 1990 in Ottawa begonnen hatte, möglichst bald zu einem klärenden Ende geführt werden könnte und dass damit die alliierten Vorbehaltsrechte über Deutschland abgelöst würden. Ich sah dies als eine Voraussetzung für die deutsche Einigung an. Ich bekannte mich zu den Prinzipien des Völkerrechts, insbesondere zum Prinzip der Vertragstreue, auch gegenüber der Sowjetunion.

Bereits am Folgetag, am Freitag, dem 20. April 1990, fand die Aussprache zur Regierungserklärung statt. Die Regierungserklärung fand zu meiner Genugtuung nicht nur bei den Koalitionsparteien, sondern auch bei weiten Teilen der Opposition im Wesentlichen Zustimmung. Am schärfsten in der Kritik stand die Entscheidung der Koalition, die deutsche Einheit auf dem Weg des Beitritts gemäß Artikel 23 des Grundgesetzes zu vollziehen, wobei mir deutlich wurde, dass die, die diesen Weg ablehnten, im Grunde genommen nicht den Weg, sondern die Tatsache der Einigung ablehnten. Die Aussprache blieb im Wesentlichen sachlich. Einige Abgeordnete glaubten, dass es der Ort sei, um mit der Vergangenheit schonungslos abzurechnen. Sie sprachen weniger zur Regierungserklärung als zu den Fehlern und Versäumnissen der Vergangenheit. Andere ergingen sich in sozialromantischen Träumereien, volkseigenen Grund und Boden keinesfalls zu verkaufen, sondern lediglich Pachtverträge abzuschließen. Die entscheidende Kritik der Opposition war die, dass mit dem Einigungsprozess kein neuer Verfassungsprozess verbunden sei. Dies hatte sich bereits am Vortage bei der umfassenden Diskussion des so genannten Verfassungsentwurfes des Runden Tisches herausgestellt. Ich war deshalb über diese Kritik nicht erstaunt, sondern sah darin vielmehr eine Bestätigung des von uns eingeschlagenen Weges.

Innenpolitik: Demokratisierung mit Hindernissen

Der Entschluss, die Einheit Deutschlands auf dem Wege des Artikel 23 des Grundgesetzes zu erreichen, implizierte die Herstellung grundgesetzkompatibler Strukturen, das heißt der Durchsetzung des Prinzips der Subsidiarität, von der Gemeinde über die Landkreise zu den Ländern und von dort zur zentralen Re-

Blick in die vollbesetzte Volkskammer im Sommer 1990

gierung. Die Demokratisierung der DDR war die vornehmste Aufgabe der neuen Regierung. Wie schon betont wird dieser Selbstveränderungsprozess der DDR heute im Rückblick zu wenig gewürdigt.

Bereits sehr früh war festgelegt worden, die ersten freien Kommunalwahlen in der DDR am 6. Mai 1990 durchzuführen. Die am 7. Mai 1989 „gewählten" Volksvertreter waren entweder verjagt worden oder sie waren, weil sie sich weiterhin die mangelnde Legitimation nicht vorhalten lassen wollten, freiwillig aus dem Amt gegangen. Vielerorts hatten Runde Tische quasi das Regieren übernommen. Auch auf der kommunalen Ebene musste irgendwann Schluss sein mit dem revolutionären Improvisieren. In der DDR waren viele kommunale Aufgaben von den so genannten volkseigenen Betrieben übernommen worden. Nach der Währungsunion würden sie zu Recht diese Betätigungsfelder abgeben wollen. Die betriebseigenen Kinderkrippen, Kindergärten, Polikliniken, Betriebslehrwerkstätten, Betriebsberufsschulen, Ferieneinrichtungen mussten von den

Kommunen übernommen oder anderweitig angesiedelt werden. Dazu aber mussten diese auch in der Lage sein.

Die Kommunalwahlen vom 6. Mai 1990 waren ein großer Erfolg für die CDU. Sie stellte in der Mehrzahl der Fälle die Bürgermeister und Landräte. Die Partei war dieser Aufgabe personell kaum gewachsen. Viele, die in kommunale Verantwortung gewählt wurden, hatten noch nie Kommunalpolitik gemacht. Sie standen mithin vor einer großen Lernaufgabe. Erschwerend kam hinzu, dass wir diese neu gewählten Bürgermeister, Landräte, Stadtbezirksverordneten und Gemeindevertreter etc. in einen rechtsfreien Raum hineinwählten. Formal galt zwar noch das Gesetz über die örtlichen Volksvertretungen, vom 4. Juli 1985, das inhaltlich aber nicht mehr genügte, da es den Kommunen kaum eigenen Spiel- und Gestaltungsraum ließ. Am 10. Mai 1990 brachte dann der Minister für regionale und kommunale Angelegenheiten Manfred Preiß in der Volkskammer das „Gesetz über die Selbstverwaltung der Gemeinden und Landkreise in der DDR (Kommunalverfassung)" ein. Damit war der Grundstein für eine neue freie und demokratische Entwicklung der Kommunen gelegt.

Der 17. Juni 1990: Altes und Neues

Die Volkskammer bzw. das Präsidium derselben hatte zunächst daran gedacht, eine Feierstunde in der Volkskammer selbst abzuhalten. Dagegen gab es von sowjetischer Seite erhebliche Bedenken, die den Volksaufstand von 1953 auch wegen der an der Niederschlagung beteiligten sowjetischen Truppen nach wie vor anders beurteilten als wir. Und wir wollten sie nicht verärgern, wir brauchten sie noch. Schließlich wurde vereinbart, eine „Kulturveranstaltung" durchzuführen, und zwar dies nicht in der Volkskammer, sondern auf neutralem Boden. Deswegen kam es zur Einladung zur Feierstunde in das Schauspielhaus am Gendarmenmarkt. Die Feierstunde wurde würdig eingeleitet durch das Berliner Sinfonieorchester, in dem mein bester und ältester Freund Alexander Koch Konzertmeister war. Ich entsinne mich noch, dass wir uns verstohlen zublinzelten. Auf meinen Wunsch hin wurde die Egmont-Ouvertüre von Beethoven gespielt, sie schien mir für diesen Anlass besonders passend. Wir waren übereingekommen, die Festrede nicht durch ein Mitglied der Volkskammer und eine parteipolitisch gebundene Person halten zu lassen. So wurde Manfred Stolpe gebeten, diese Rede zu halten. Er war damals noch nicht Mitglied der SPD.

Obgleich der 17. Juni 1990 ein Sonntag war, hatte das Präsidium der Volkskammer für den Nachmittag eine Sondersitzung einberufen, weil zwei ganz wesentliche Gesetze umgehend beschlossen werden mussten, damit sie zeitgleich mit dem Vertrag über die Herstellung der Wirtschafts-, Währungs- und Sozialunion am 1. Juli 1990 in Kraft treten konnten. Zum einen handelte es sich um das Verfassungsgrundsätzegesetz. Ich hatte mich wohl auf eine schwierige, nicht aber auf eine turbulente Sitzung eingestellt. Auf der Zuschauertribüne hatten, da sie ohnehin wegen der Feierstunde zum 17. Juni in Berlin weilten, verschiedene Bundestagsabgeordnete Platz genommen. Unter ihnen Rita Süssmuth, die Präsidentin des Deutschen Bundestages, und auch Helmut Kohl. Die Sitzung begann mit einem Geschäftsordnungsantrag des Fraktionsvorsitzenden der DSU, Hansjoachim Walther. Er beantragte, einen Beschluss als zusätzlichen Tagesordnungspunkt aufzunehmen, wonach die Volkskammer mit sofortiger Wirkung, also per 17. Juni 1990, gemäß Artikel 23 dem Geltungsbereich des Grundgesetzes beitritt. Das war eine politische Bombe, die der Kollege da platzen ließ. Da dieser Antrag aber nicht bis zum Vortage, 18 Uhr beim Präsidium eingereicht worden war, konnte dieser Tagesordnungspunkt nur dann aufgenommen werden, wenn eine Zweidrittelmehrheit des Hauses sich dafür entschied.

Aus einem Redebeitrag des Abgeordneten Konrad Weiß (Bündnis 90/Die Grünen) erfuhr ich, dass zunächst die Absicht bestanden hatte, einen Antrag gleichen Inhalts als interfraktionellen Antrag zu stellen, einer Gruppe, die sich ad hoc gebildet hatte, der aber dann nicht zustande kam, da Abgeordnete der CDU und der SPD ihre Unterschrift nach den jeweiligen Fraktionssitzungen zurückgezogen hatten. Da ich wegen anderer Verpflichtungen an der Fraktionssitzung der CDU-Fraktion am Vortage nicht teilgenommen hatte, merkte ich erst in dieser Sitzung, dass es solche Überlegungen gegeben hatte. Noch später erfuhr ich, dass Günther Krause, mein parlamentarischer Staatssekretär, Mitinitiator dieser Ad-hoc-Arbeitsgruppe gewesen war. Er hatte wohl offensichtlich erst in der Fraktionssitzung kalte Füße bekommen und war dann davon abgerückt. Er soll seine anfängliche Zustimmung damit begründet haben, dass ich, also sein Ministerpräsident, zu zögerlich sei in der Frage der Herstellung der Einheit Deutschlands, dass man mir Druck und Dampf machen müsse und dass eine solche Abstimmung den notwendigen Mobilisierungseffekt bei mir auslösen würde. Er sei von Anfang an davon ausgegangen, dass dieser Antrag nicht die notwendige Mehrheit finden würde, sondern dass er lediglich an die Ausschüsse überwiesen werden würde. Ich hätte Günther Krause ein solches Harakiri, ein solches politisches Abenteuertum nicht zugetraut und bin noch heute entsetzt und über seine Illoyalität mir gegenüber empört.

Hätte dieser Antrag in der aufgeheizten Stimmung des 17. Juni 1990 in der Sache eine Mehrheit gefunden, wäre der Zustand eingetreten, dass plötzlich annähernd 400.000 Sowjetsoldaten auf NATO-Territorium gestanden hätten ohne jedwede Regelung. Dem Antragsteller, Hansjoachim Walther von der DSU, den ich bereits aus mehreren höchst problematischen Redebeiträgen in der Volkskammer kannte, traute ich eine solche politische Unbedachtsamkeit zu, nicht aber Günther Krause. Der Abgeordnete Roland Claus von der PDS beantragte, gestützt auf § 18 der Geschäftsordnung der Volkskammer, mich als Regierungschef zu diesem Antrag zu hören. Ich äußerte mich dahingehend, dass ich für den Beitritt gemäß Artikel 23 des Grundgesetzes sei, dies aber erst nach getaner Arbeit. Wir hätten uns fünf wesentliche Schritte vorgenommen, von denen erst anderthalb erledigt seien. So seien zwar die Kommunen wieder selbstständig, die Länder aber noch nicht gegründet. Der Vertrag über die Wirtschafts-, Währungs- und Sozialunion sei zwar beschlossen, aber noch nicht in Kraft getreten. Es ginge noch darum, in einem gesonderten Vertrag, der später der Einigungsvertrag genannt wurde, die rechtlichen Rahmenbedingungen für den Beitritt zu regeln und letztendlich ginge es darum, die außenpolitischen Aspekte, die Ablösung der alliierten Vorbehaltsrechte und Ähnliches, zu klären. Insofern müsste ich diesem Antrag widersprechen oder könnte allenfalls einer Überweisung an die entsprechenden Ausschüsse, nämlich an den Ausschuss für Verfassungs- und Verwaltungsreform und den Rechtsausschuss, zustimmen.

Zu meinem großen Erstaunen sprach sich der Abgeordnete Konrad Weiß ebenfalls für einen sofortigen Beitritt aus, dies offensichtlich aus Verärgerung über die Situation, dass seine Gruppierung, seine Partei, die Fraktion Bündnis 90/Die Grünen, zu wenig Mitwirkungsmöglichkeiten aufgrund ihres schlechten Wahlergebnisses hatte. Die Mehrheit der vernünftigen Abgeordneten sprach sich Gott sei Dank für die Überweisung an die Ausschüsse aus. Am knappsten fasste es Richard Schröder zusammen: „Deshalb stimmen wir mit dem Ministerpräsidenten darin überein, dass diese Regierung und auch dieses Parlament zwar die Aufgabe haben, sich überflüssig zu machen – darüber gibt es keine Meinungsunterschiede –, aber bitte nach getaner Arbeit."

Nach dieser heftigen und hochkontroversen Debatte über diesen Antrag der DSU kamen wir zur eigentlichen Tagesordnung. Reinhard Höppner hatte klugerweise diesen zusätzlichen Tagesordnungsantrag an den Anfang der Debatte des 17. Juni gestellt, weil er der mit Abstand weitestgehende Antrag war. Wäre dem Antrag an diesem Tage entsprochen worden, wäre damit die Volkskammer quasi aufgelöst und die anderen Tagesordnungspunkte hätten keine Behandlung mehr zugeführt werden müssen. Als zweites kamen wir nun zum Verfassungsgrundsätzegesetz. Um den am 18. Mai 1990 in Bonn unterschriebenen Vertrag zur Herstellung zur Wirtschafts-, Währungs- und Sozialunion am 1. Juli in Kraft treten zu lassen, bedurfte es einer Reihe von verfassungsrechtlichen Voraussetzungen, die in der noch geltenden DDR-Verfassung nicht gegeben waren. Da wir in der Koalition beschlossen hatten, keine neue Verfassung mehr in Kraft zu setzen, sondern quasi nach einem gewissen Baukastenprinzip immer nur die Teile der Verfassung zu ändern, wie der jeweilige nächste politische Schritt es erforderte, verständigten wir uns auf ein zehn Artikel umfassendes Verfassungsgrundsätzegesetz, das quasi als Vorschaltgesetz für die Rumpfverfassung der DDR gelten sollte. In der Präambel dieses Gesetzes heißt es, dass das Verfassungsgrundsätzegesetz in Erwartung einer baldigen Herstellung der staatlichen Einheit Deutschlands gefasst wird und der DDR-Verfassung quasi vorgeschaltet wird. Wörtlich heißt es: „dass diesen Verfassungsgrundsätzen entgegenstehende Verfassungsgrundsätze keine Rechtsgültigkeit mehr haben."

Wir bekannten uns zu einer freiheitlichen Grundordnung. Wir bekannten uns zum Eigentum, auch zu seiner Sozialpflichtigkeit. Ausdrücklich wurde die wirtschaftliche Handlungsfreiheit für natürliche und juristische Personen gewährleistet. Wir bekannten uns zu einer unabhängigen Rechtsprechung zum Schutz der Umwelt und zum Schutz der Arbeit. Der wesentlichste Artikel war jedoch der Artikel 8, der deswegen wörtlich zitiert werden muss: „Artikel 8 – Hoheitsrechte. Die Deutsche Demokratische Republik kann durch Verfassungsgesetz Hoheitsrechte auf zwischenstaatliche Einrichtungen und Einrichtungen der Bundesrepublik Deutschland übertragen oder in die Beschränkung von Hoheitsrechten einwilligen." Diese Bestimmung war notwendig, weil am 1. Juli 1990 die Geldpolitik in die Verantwortung der Bundesbank übertragen werden sollte und diese eben nicht eine DDR-Einrichtung, sondern eine bundesstaatliche Einrichtung war, die nunmehr die Währungssouveränität übernehmen sollte. Dieses Gesetz wurde in zweiter Lesung behandelt und die Diskussion begann mit dem Bericht der Vorsitzenden des Ausschusses für Verfassungs- und Verwaltungsreform, der Abgeordneten Brigitta Kögler. Das, was ich befürchtet hatte, trat ein. Die Opposition wiederholte in endlosen Vorträgen die Diskussion, die sie schon geführt hatte, als es um die so genannte Verfassung des Runden Tisches ging. Am meisten tat sich Wolfgang Ullmann hervor, der noch Jahre nach der Wiedervereinigung das hohe Lied des Verfassungsentwurfes sang und sich nicht belehren ließ, dass eben der Runde Tisch diese Verfassung nicht beschlossen, sondern lediglich erste Anfänge zu sehen bekommen hatte und diese nicht einmal durch einen Plenumsbeschluss abgesegnet hatte.

Besonders ärgerlich fand ich einen langen Debattenbeitrag von Jens Heuer von der Fraktion der PDS. Er glaubte, uns die deutsche Verfassungsgeschichte beginnend mit der Verfassung von 1848/49 vortragen zu müssen, und gerierte sich im Folgenden als der große Wahrer verfassungsrechtlicher Grundsätze, die er eben in diesem Gesetz nicht erblicken könne. Ich fand es schon befremdlich, dass ein Vertreter der PDS, die jahrelang das Land mit einer Verfassung regiert hatte, der man Rechtsstaatlichkeit wohl kaum bescheinigen konnte, sich jetzt zum Hüter von Verfassungsgrundsätzen aufschwang.

Zusammenfassend kann gesagt werden, dass alle die Stimmen, die sich gegen das Verfassungsgrundsätzegesetz aussprachen, eigentlich Stimmen waren, die sich gegen den gesamten Einigungsprozess als solchen richteten. Sie glaubten auf diese Weise, den Prozess aufhalten oder gar verhindern zu können. Als Sachargumente nicht mehr trugen, versuchte man es im Folgenden mit Geschäftsordnungsanträgen bis hin zu der Tatsache, dass entgegen der geltenden Geschäftsordnung die Abstimmung zu diesem Gesetz über den Hammelsprung erfolgen musste, der in der Geschäftsordnung bisher nicht vorgesehen war. Reinhard

Höppner führte dies ganz amüsant ein. In der Geschäftsordnung, so wie sie galt, stand im § 21: „Abgestimmt wird durch Handzeichen, durch Aufstehen oder durch Stimmkarten." Reinhard Höppners Vorschlag ging nun dahin, das Aufstehen zu verbinden mit dem Verlassen des Volkskammersaales und durch drei als Ja-, Nein- oder Enthaltungs-Tür bestimmte Türen wieder einzutreten. So wurde denn verfahren, wobei die Abstimmung noch einmal wiederholt werden musste, weil drei Abgeordnete behaupteten, man hätte sie nicht durch die Tür hereingelassen, durch die sie hätten hereingehen wollen. Die zweite Abstimmung blieb ohne Beanstandungen und das Verfassungsgrundsätzegesetz wurde mit der notwendigen verfassungsändernden Mehrheit angenommen.

Nach kurzer Pause wurde dann die zweite Lesung des Treuhandgesetzes durchgeführt. Der Wirtschaftsausschuss hatte tagelang hoch verantwortungsvoll gearbeitet, so dass ein durchaus konsensfähiger Gesetzestext vorlag. Deutlich wurde – und dies ist sogar noch aus dem Gesetzestext direkt herauszulesen –, dass immer noch keine völlige Klarheit über den Zustand der Volkswirtschaft der DDR und insbesondere über deren Wert bestand. Im § 5 Abs. 2 des Treuhandgesetzes war vorgesehen, dass die Mittel, die die Treuhandanstalt einnimmt, für die Strukturanpassung der Wirtschaft verwendet werden sollen. Außerdem sollten mit den Einnahmen die Sanierung des Staatshaushaltes erreicht werden. Der Überschuss, der dann noch erzielt würde, sollte nachträglich zur Umstellung der nicht 1:1 umgestellten Sparguthaben herangezogen werden. Natürlich war das alles völlig unrealistisch. Als diese Passage in der Volkskammer diskutiert wurde, befand ich mich mit Fritz Holzwarth in meinem Büro im Hause der Volkskammer, wohin auch die Diskussion per Lautsprecher übertragen wurde. Er sagte zu mir, ich solle diesen Quatsch unterbrechen, da die Treuhandanstalt doch nie ein positives Ergebnis erzielen würde, geschweige denn ein solches, das eine nachträgliche Umstellung von Sparguthaben erlauben würde. Ich habe damals Fritz Holzwarth etwas zynisch geantwortet, dass ich den Abgeordneten diese Illusion lassen wolle. Zumal wir bei der Beendigung der Tätigkeit der Treuhandanstalt ohnehin nicht mehr verantwortlich sein würden. Wie sehr ich recht behalten habe, zeigt, dass im Ergebnis der Tätigkeit der Treuhandanstalt ein Schuldensaldo von circa 280 Milliarden DM zu verzeichnen war. Über die wirtschaftliche Situation der DDR und über die Tätigkeit der Treuhandanstalt wird an anderer Stelle zu berichten sein.

Regierungsalltag: Masseurin, Mittagspause und andere Privilegien

In der kurzen Zeit vom 12. April 1990 bis zum 2. Oktober 1990 wurden in diesem Kabinett insgesamt 759 Kabinettsvorlagen bearbeitet. 143 Verordnungen wurden beschlossen, 96 Gesetze wurden beraten und bei der Volkskammer zur Entscheidung eingereicht. Darüber hinaus wurden die drei bekannten großen Staatsverträge beraten. Die Kabinettssitzungen fanden grundsätzlich mittwochs statt und wurden durch Staatssekretärsberatungen am Montag vorbereitet. Die Kabinettsvorlagen aus den Ressorts mussten bis Freitag im Amt des Ministerpräsidenten eingereicht werden. Am Wochenende prüfte mein Staatssekretär Lothar Moritz die Vorlagen. Er klärte vor allem auch, ob ein bestehendes Gesetz oder ein bestehende Verordnung zum gleichen Regelungsgegenstand aus sozialistischer Zeit aufgehoben werden müsste. Hatten die Vorlagen das Kabinett passiert, sorgte er für die Weiterleitung an die Volkskammer, sofern es sich um Gesetze handelte, und für die Veröffentlichung, sofern es sich um Verordnungen oder sonstige zu veröffentlichende Beschlüsse handelte.

Manche Vorlage wurde in den Staatssekretärsrunden bereits geändert oder, sofern ein hoher Änderungsbedarf bestand, zurückverwiesen an das jeweilige Ressort mit bestimmten Auflagen. Ganz wesentliche Unterstützung erhielt Lothar Moritz durch Thomas de Maizière. Thomas war zur damaligen Zeit Pressesprecher der Westberliner CDU. Die Westberliner CDU hatte im Januar 1989 die Wahlen verloren. Walter Momper hatte, entgegen vorherigen Beteuerungen, eine Koalition mit der Alternativen Liste gebildet und so die CDU abgelöst. Thomas und ich kamen mit Eberhardt Diepgen überein, dass Thomas abgestellt wurde und bei mir im Hause arbeiten durfte, die Westberliner CDU ihn aber weiterhin bezahlte, was mir unmöglich gewesen wäre, da ich nicht über DM verfügte. Die Tatsache, dass Thomas dort mit tätig war, gab mir eine große Sicherheit in mehrfacher Hinsicht. Zum einen konnte ich mich darauf verlassen, dass tatsächlich nur entscheidungsreife Vorlagen ins Kabinett kamen und zum anderen hatte ich die Gewissheit, dass die Vorlagen auch nach westlichem Rechtsverständnis formal juristisch in Ordnung waren. Die Letztverantwortung in dieser Staatssekretärsrunde blieb aber bei Lothar Moritz, da wir festgelegt hatten, zumindest in den Ressorts, die von der CDU regiert wurden, dass immer der „Ossi" die letzte Entscheidungsbefugnis haben sollte, während der „Wessi" lediglich beratend tätig sein sollte. Diese Arbeit in Tandems aus „Ossi" und „Wessi" hat sich außerordentlich bewährt. Verfügte der „Wessi" oft über mehr Fachkompetenz, so war ihm der „Ossi" an Feldkompetenz voraus. Lothar Moritz war einer von den vielen fleißigen fach- und sachkundigen und überaus loyalen Mitarbeitern, ohne die die gesamte Arbeit nicht zu bewältigen gewesen wäre.

Meine Büroleiterin war, wie schon im CDU-Haus, Sylvia Schulz. Ich kannte sie seit ihrer Schulzeit, da sie die Schwiegertochter meines langjährigen Quartett-Freundes Werner Schulz war. Zeitweilig war sie auch Sekretärin bei mir im Rechtsanwaltskollegium. Sie ist später zur CDU gewechselt. Sie war – als ich in das Haus am Gendarmenmarkt kam – eine der wenigen Aktivposten, auf die ich mich verlassen konnte. Die Aufgabe des Büro-

Lothar de Maizière im Gespräch mit Fritz Holzwarth und Sylvia Schulz auf dem Flug in die USA am 9. Juni 1990

leiters teilte sie sich mit Fritz Holzwarth. Er war früher Büroleiter von Heiner Geißler gewesen und meine erste Anlaufstelle im Adenauer-Haus gewesen. Auf mein Bitten hin delegierte ihn Helmut Kohl nach Ostberlin. Er verfügte über enorme Kenntnisse des westlichen Apparates und konnte zu jeder handelnden Person seine zutreffenden Kommentare abgeben.

Sylvia Schulz nachgeordnet war Sven Olaf Obst, den ich ebenfalls aus dem CDU-Apparat mitgenommen hatte. Er war im Wesentlichen für die Büroorganisation zuständig. Jeden Morgen um acht Uhr hielten wir die so genannte „kleine Lage" ab. Dies war eine Besprechung der Aufgaben des Tages und ein Resümee für die Ereignisse des Vortages, insbesondere wie sich diese in der nationalen und internationalen Presse widerspiegelten. An dieser kleinen Lagebesprechung nahmen teil: Klaus Reichenbach, der Minister im Amt des Ministerpräsidenten, Günther Krause, Sylvia Schulz und Fritz Holzwarth sowie einer der beiden Regierungssprecher, also entweder Matthias Gehler oder seine Stellvertreterin, Angela Merkel.

Der Posten des Regierungssprechers war im Übrigen in der Form noch recht neu. Hans Modrow hatte nach seinem Regierungsantritt das Amt geschaffen. Darin aufgegangen waren das Presseamt beim Ministerrat, das zu SED-Zeiten für die Zensur der Zeitungen der Blockparteien, aber auch der Kirchen zuständig war, die Presseabteilung im Amt des Ministerpräsidenten, aber auch die Presseabteilungen anderer Ministerien, so des Außenministeriums. Leiter dieses Amtes des Regierungssprechers wurde unter Modrow Wolfgang Meyer. Daneben existierte das Internationale Pressezentrum in der Mohrenstraße, das dem Außenministerium unterstand, das aber auch von der Partei und der Regierung zu internationalen Pressekonferenzen benutzt wurde. In diesem Internationalen Pressezentrum in der Mohrenstraße befand sich im Übrigen der Konferenzsaal, in dem am 9. November 1989 Schabowski seine mauerstürzende Pressekonferenz gab.

Die Regierungspressekonferenzen meiner Regierungssprecher fanden ebenfalls in diesem Saal statt, wie auch meine Presseerklärung am 3. August 1990, als ich für die Vorziehung der Bundestagswahlen auf den 14. Oktober 1990 plädierte. Nach Amtsübernahme war mir klar, dass dieses Amt des Regierungssprechers neu aufgestellt und personell neu besetzt werden musste. Ich erteilte meinem Berater Hans-Christian Maaß den Auftrag, dies in die Wege zu leiten und das Amt des Regierungssprechers neu aufzubauen. Matthias Gehler hatte ich bereits als neuen Regierungssprecher auserkoren. Gehler kannte ich bereits aus der CDU, außerdem wusste ich, dass er zuvor in der „Neuen Zeit" zu den reformorientierten Kräften gehört hatte. Auf der Suche nach einem Stellvertreter oder einer Stellvertreterin schlug Hans-Christian Maaß mir Angela Merkel vor, nachdem ich zwei andere seiner Kandidaten von der SPD und der DSU abgelehnt hatte. Angela Merkel kannte ich schon von den gemeinsamen Wahlkampfauftritten der Allianz für Deutschland. Dort hatte ich bereits ihre Fähigkeit erlebt, Konflikte zu schlichten, die zwischen Vertretern der CDU und der beiden anderen Partner ausgebrochen waren. Maaß schlug mir also Angela Merkel vor, mit der ich dann ein etwa zehnminütiges Gespräch führte. Dann stimmte ich dem Vorschlag zu. Niemand wird wohl heute bestreiten, dass wir beide damals ein glückliches Händchen hatten.

Von Angela Merkel profitierten wir schon damals, beispielsweise wenn sie bei der eben erwähnten Morgenrunde die Presseschau vornahm. Sie verblüffte durch ihren klaren analytischen Verstand, ihr sicheres Gespür für die Unterscheidung von Wichtigem und Unwichtigem und ihre Fähigkeit, sofort praktische Vorschläge für sachgerechte Reaktionen zu unterbreiten. In wenigen Sätzen konnte sie die Schlagzeilen der Weltpresse – von New York Times bis Prawda – referieren und die Knackpunkte herausfiltern, die für uns von Belang waren und möglicherweise brisant. Wenn andere diese Aufgabe morgens übernahmen, war der Unterschied sofort zu sehen.

Aus dieser Erfahrung heraus habe ich Helmut Kohl nach der ersten gesamtdeutschen Bundestagswahl am 2. Dezember 1990 vorgeschlagen, sie zur Ministerin zu machen. Ich entsinne mich an den Vorgang noch genau. Kohl sagte mir in einem Gespräch, dass er ein „weiches Ressort" mit einer ostdeutschen Frau besetzen wolle. Besser kann man seine Quotenpolitik nicht beschreiben: „weiches Ressort", ostdeutsch und Frau, das waren seine Kriterien. Ich schlug ihm, wie gesagt, Angela Merkel vor und sagte, sie wäre außerordentlich gescheit und von daher geeignet. Kohl amüsierte sich über mein Wort „gescheit" und meinte, dass dieses Wort ziemlich altmodisch sei und im Westen kaum noch im Sprachgebrauch. Ich habe heute die Genugtuung, dass ich mit diesem altmodischen Wort „gescheit" wohl recht behalten habe.

Zum etwas weiteren Kreis meiner Mitarbeiter gehörten zwei Westberliner, die meine Redenschreiberei verstärkten. Zum einen Sybille Blomeyer-Rudolph, die über ein unglaublich sensibles Sprachgefühl verfügt. Von ihr stammt, wenn ich mich richtig entsinne, in meiner letzten Rede am 2. Oktober 1990 im Schauspielhaus das Wort „vom Abschied ohne Tränen". Des Weiteren gehörte dazu Winfried Fest. Irgendwann im April erschien er bei mir im Büro und stellte sich mit den Worten vor: Mein Name ist Winfried Fest. Ich bin pensionierter Staatssekretär, habe von daher freie Zeit und Valenzen und würde gerne behilflich sein. Er war früher Staatssekretär im Kultusressort in Westberlin gewesen und ein unglaublich belesener kulturvoller Mann. Er sorgte dafür, dass wir, wenn wir in höheren Sphären träumten, die Bodenhaftung nicht verloren. Er besaß einen feinsinnigen Humor und verstand viel von Musik. Er hatte sich in sein Büro einen Recorder mitgebracht und ich habe gelegentlich

Die stellvertretende Regierungssprecherin Angela Merkel

mit ihm dort Mozart-Aufnahmen gehört. Meist kam der Vorschlag von ihm, Musik zu hören, wenn er merkte, dass ich nervlich fast am Ende meiner Kräfte war. Eines Tages kam er zu mir und sagte, „Herr Ministerpräsident, Sie reisen jetzt relativ häufig und da besteht die Gefahr, dass man Sie irgendwann unvorbereitet vor ein Goldenes Buch setzt und erwartet, dass Sie etwas Kluges da eintragen." In solchen Momenten sei man meist relativ hilflos. Plötzliche Blutleere im Gehirn führe dazu, dass einem nichts Vernünftiges einfiele und er unterbreite mir daher den Vorschlag, für solche Reisen stets einen kleinen Zettel mit einer geeigneten Eintragung vorzubereiten. Ich nahm diesen Vorschlag gerne an. Und als ich nach Bonn fuhr und zu erwarten stand, dass ich mich in das Goldene Buch der Stadt Bonn eintragen sollte, kam er mit zwei Zetteln. Dazu erklärte er, dass der eine für mich bestimmt sei und der andere für die Eintragung. Der für mich bestimmte Zettel hatte folgenden Wortlaut: „Berlin, die Hauptstadt des zukünftig geeinten Deutschlands, wünscht der provisorischen Hauptstadt Deutschlands Bonn angenehme letzte Tage." Das Gesicht von Daniels, dem Oberbürgermeister von Bonn, der damals schon um die zukünftige Rolle seiner Stadt bangte, hätte ich sehen mögen, wenn ich dieses zur Eintragung gebracht hätte. Der zweite Zettel enthielt irgendwelche Ausführungen von fairer Konkurrenz oder Ähnliches. Ich müsste im Goldenen Buch der Stadt Bonn nachsehen, um zu wissen, was ich damals eintrug.

Eine zweite Anekdote von Winfried Fest muss erzählt werden, weil sie von seiner tiefen Loyalität gegenüber der bei uns übernommenen Aufgabe zeugt. Damals fragten mich häufig Journalisten, was wir Ostdeutschen denn in die deutsche Einheit einbrächten. Einem solchen Journalisten antwortete ich, dass ich es leid sei, ständig mit einem Verzeichnis meines wertbeständigen Nachlasses herumzulaufen. Wir kämen schließlich mit den Ländern, in denen Goethe und Schiller es vorgezogen hätten zu leben, in denen Bach, Händel und Telemann geboren wären, in denen Barlach gewirkt hätte, kurz wir brächten den Westdeutschen auch die norddeutsche Backsteingotik und Barlach und Fontane, um nur einiges zu nennen, zurück. Ich freute mich allerdings darauf, die Kaiser-Dome, die Hausteingotik, den Kölner Dom und Städte, die schon von den Römern gegründet worden wären, zurückzubekommen. Kurz darauf erhielt ich einen Brief von Joachim Fest, in dem er mitteilte, dass er empört über mein Interview wäre. Die von mir für Ostdeutschland reklamierten Dinge seien immer integraler Bestandteile des Selbstverständnisses der Bundesrepublik gewesen; die SED habe sich jedoch angemaßt, diese Dinge für Ostdeutschland, für die DDR zu reklamieren. Kurz: man müsse davon ausgehen, dass die Bundesrepublik der einzige und wahre Hüter der kulturellen Identität der Deutschen gewesen wäre. Diesen Brief gab ich Winfried Fest und sagte, Herr Fest, hier habe ich einen Brief von einem Namensvetter von Ihnen, den ich ziemlich unverschämt finde. Bitte fertigen Sie mir einen durchaus groben Antwortbrief.

Winfried Fest verschwand mit diesem Brief, kam nach zwei Stunden wieder, brachte das erwünschte, ziemlich grobe Antwortschreiben und sagte bei dieser Gelegenheit, „Herr de Maizière, Sie haben meine Loyalität fast überfordert. Bei dem Briefschreiber handelt es sich um meinen Bruder." Mir war zum damaligen Zeitpunkt nicht bewusst, dass es sich bei Winfried Fest und dem Historiker Joachim Fest um Brüder handelte, was mir etwas peinlich war. Dennoch haben wir diesen Antwortbrief, den er entworfen hatte, abgeschickt.

Meine Mitarbeiter, auch die Sekretärinnen in meinem Büro, waren bemüht, mir eine möglichst stressfreie Arbeitsatmosphäre zu verschaffen. Dazu gehörte auch mein Fahrer, Herr Prüfer, der mir auf der Rückbank meines Wagens Kopfkissen und Decke parat legte, damit ich bei längeren Fahrten schlafen konnte. Besondere Rücksichtnahme verlangte ich mittags in der Zeit von 13 bis 14 Uhr. Im Februar 1990 hatte ich Justus Frantz kennen gelernt, und zwar bei einer Wahlkampfveranstaltung – wenn ich mich richtig entsinne – in Leipzig. Bei dieser Gelegenheit unterbreitete er mir den Vorschlag, in Mecklenburg-Vorpommern ein Musikfestival, vergleichbar dem Schleswig-Holstein-Musikfestival, dessen Intendant er damals war, zu gründen. Heute, 20 Jahre danach, ist der Erfolg dieser Initiative zu sehen. Er fragte mich damals, ob ich bereit sei, beim Eröffnungskonzert als Solist aufzutreten. Ich sagte ihm leichtfertigerweise zu. Kurz nach meiner Wahl zum Ministerpräsidenten rief ich ihn an und sagte, Herr Frantz, die Bedingungen haben sich total geändert, ich muss jetzt regieren und habe keine Zeit. Ich bitte daher von meiner Teilnahme am Mecklenburg-Vorpommern-Festival abzusehen.

Er meinte, eine bessere PR könne man für dieses Festival nicht bekommen und ich hätte die Aufgabe zu spielen. Daraufhin nahm ich meine Bratsche mit in den Ministerrat und habe täglich von 13 bis 14 Uhr eine Stunde geübt. Diese Stunde war von außerordentlicher Wichtigkeit für mich, sie teilte mir den Tag in zwei Arbeitssegmente ein. Und darüber hinaus hatte ich das Gefühl, eine Stunde am Tag nur für mich da zu sein und erneut Kräfte sammeln zu können. Ich weiß nicht, ob meine Mitarbeiter diese Situation als etwas verrückt ansahen. Ich weiß aber, dass sie mir in dieser Stunde alles vom Halse hielten. Es wurden keine Telefonate durchgestellt und niemand störte mich, selbst wenn der Vorgang noch so dringlich war. Hinter meinem großen Büroraum war ein kleinerer Raum, ausgestattet mit einem Sofa oder einer Couch. Offensichtlich war dieser Raum so eingerichtet worden, weil meine Vorgänger aus SED-Zeiten meist sehr viel älter waren und eine Gelegenheit brauchten, um sich auszuruhen.

Der Amtssitz des Ministerpräsidenten war im Neuen Stadthaus in der Klosterstraße. Dieses Haus ist ein schöner Ludwig-Hoffmann-Bau, der damals aber den Eindruck von Dunkelheit und Muffigkeit verbreitete, was wohl an der unsensiblen und geschmacklosen Ausstattung des Interieurs gelegen haben mag.

Lothar de Maizière mit der Bratsche bei der Probe zur Eröffnung des Mecklenburg-Vorpommern Musikfestivals

Das Zentrum des Hauses, der Bärensaal, war zu DDR-Zeiten umgebaut worden. Der dort ursprünglich befindliche bronzene Bär von Georg Wrba war 1959 schon zu Grotewohls Zeiten an den Berliner Tierpark abgegeben worden. Es war eine ziemlich niedrig gehängte Zwischendecke eingezogen worden, so dass der Saal einen unproportionierten, gedrückten Eindruck machte. Im zweiten Stockwerk gab es einen zentralen Platz, auf dem gelegentlich Presseerklärungen abgegeben wurden.

Erstaunlich war für uns, dass in diesem Hause das System der Privilegierung aus SED-Zeiten klar hervortrat. Einerseits propagierte man die klassenlose Gesellschaft, nahm aber ganz selbstverständlich Vorzüge und Privilegien in Anspruch. So gab es einen allgemeinen Essensraum für die Mitarbeiter des Hauses und daneben ein Ministercasino. Das Speisen- und Essenangebot war sehr unterschiedlich. Das Essen für die Mitarbeiter im allgemeinen Speiseraum entsprach dem üblichen in der Mittagsversorgung der DDR-Ministerien. Im Ministercasino gab es hingegen meist mehrere Wahlessen und zu für mich völlig unverständlichen Preisen. So kostete ein Rumpsteak mit Pommes frites und Gemüse lediglich 2,10 M/DDR. Bereits am ersten Tag bestellte ich mir den Küchenchef und erklärte ihm, dass ich erwartete, dass ab morgen kostendeckende Preise für das Mittagessen vereinnahmt werden. Tatsächlich war am nächsten Tag das Essen geringfügig teurer, schien mir aber immer noch nicht kostendeckend. Auf meine Frage erklärte mir der Koch, dass er alle Anschaffungspreise für die Zutaten des Essens im Preis kalkuliert habe. Auf meine Frage, ob er denn auch Energie-, Lohnkosten und ähnliches einbezogen habe, verneinte er und ich musste feststellen, dass er in seinem Leben offensichtlich noch nie einen Preis kalkuliert hatte.

Zu den Privilegien zählte auch, dass es im Hause eine eigene Gesundheitsabteilung gab. Neben einem im Bedarfsfall zu rufenden Arzt waren dort Pflegekräfte und auch eine Masseurin angestellt. Sie entsprach dem Klischee einer netten, etwas dicklichen Berliner Mutti-Type. Ihre Dienste nahm ich später gern in Anspruch, als ich mich auf das Konzert vorbereitete und Verspannungen im Schulter-Hals-Bereich hatte. Wenn ich zu ihr kam, sagte sie: „Genosse Ministerpräsident, machen Sie sich schon mal frei. Ich werde Ihnen gleich massieren." Regelmäßig sagte ich ihr, dass mir die Ansprache mit „Genosse" nicht zustünde. Es würde genügen, wenn sie „Herr Ministerpräsident" sage. Doch das hinderte sie nicht daran, mich weiterhin „Genosse" Ministerpräsident zu nennen. „Schad ja nischt, Genosse Ministerpräsident", sagte sie in diesem Fall zu mir. Sie war überaus redselig, erzählte mir gern, dass sie vier Kinder hätte, fragte mich nach meinen. Kurz: es war angenehm, sie im Hause zu wissen, wobei ich davon ausgehe, dass sie mit ihrer Vollzeitstelle wohl kaum ausgelastet war.

Als wir das Haus in Besitz nahmen, wurde der Wachdienst noch immer von Wachleuten des ehemaligen Wachregiments „Felix Dzierzynski" durchgeführt. Sie hatten die feldgrauen Uniformen an und das Ganze machte einen außerordentlich militärischen, den Bürger abweisenden Eindruck. Ich konnte diese Atmosphäre nicht mehr ertragen und verfügte, dass diese Herren zukünftig Zivil zu tragen hätten. Hätte ich vorausgesehen, was das Ergebnis dieser Weisung war, hätte ich sie wohl unterlassen. Am nächsten Tag erschienen die gleichen Wachleute nunmehr in „Present 20"-Anzügen mit altmodischem Schnitt, meistens schon ein wenig eng sitzend. Mit anderen Worten: sie sahen geradezu verboten aus. Dennoch es blieb dabei, ich wurde fortan von Zivilisten bewacht.

Moskau, Washington, London, Paris – Staatsbesuche im Dienste der Einheit

IM RÜCKBLICK SCHEINT alles so einfach und reibungslos abgelaufen zu sein. Mauerfall, Volkskammerwahl, Einigungsvertrag, deutsche Einheit. Diese Betrachtung verkennt, dass über den Weg zur deutschen Einheit weder innen- noch außenpolitisch, weder in Ost noch in West ein klarer Konsens herrschte. Dieser welthistorisch einmalige Vorgang ist nicht vom Himmel gefallen. Auch nach der grundsätzlichen Zustimmung der Siegermächte war noch nichts gewiss und sicher. Die neue demokratische DDR musste in diesem Prozess ihren Beitrag leisten. In Bonn wehrte man sich bisweilen dagegen, dass die DDR im Jahr 1990 überhaupt noch Außenpolitik betrieb. Doch das war sie ihren Bürgern schuldig. Und sie war es natürlich auch ihren neuen und alten Partnern schuldig. Das Gerede vom „Anschluss" der DDR an die BRD ist falsch. Dieser irreführende Eindruck hätte vermieden werden können, wenn die neue DDR für die kurze Zeit im Jahr 1990 als das angesehen worden wäre, was sie war: ein im Wesentlichen souveräner Staat mit einer spezifischen Geschichte, der sich in einem Prozess des Übergangs befand. Wenn dieses Bewusstsein im Westen bestimmend gewesen wäre, dann wäre der Osten mit mehr Würde in die Einheit gegangen. Daraus hätte mehr dauerhafte Wertschätzung für die „verlorenen Brüder" und das Glück der Einheit erwachsen können. Deswegen muss jetzt noch einmal ins Bewusstsein gerückt werden, 20 Jahre danach, dass das diplomatische Vorgehen der letzten DDR-Regierung einen wichtigen Beitrag zum friedlichen Zusammenwachsen Europas geleistet hat, in dem behutsam alte Verbindungen verändert und erneuert und neue Kontakte geknüpft wurden.

Gleich das erste Gespräch am Freitag nach Übernahme der Amtsgeschäfte war dazu der Auftakt. Nachdem ich am Donnerstag, 12. April, durch die Volkskammer zum Ministerpräsidenten gewählt worden war, erreichte mein Büro bereits am 13. April, am Karfreitag 1990, frühmorgens ein Anruf von der sowjetischen Botschaft. Man ließ mir mitteilen, dass der Botschafter Wjatscheslaw Kotschemassow mich um 12 Uhr desselben Tages zu sprechen wünsche. Ich hätte um diese Zeit in der sowjetischen Botschaft zu erscheinen. Meinem Büro hatte ich aber aufgetragen, mit neuem Selbstbewusstsein zu antworten. Dem Anrufer aus der Botschaft wurde erwidert, dass Karfreitag sei, der höchste christliche Feiertag. Dem Ministerpräsidenten sei der Tag heilig, sagte meine Sekretärin. Außerdem ließ ich erklären, dass die Zeit vorbei sei, in der DDR-Ministerpräsidenten in die sowjetische Botschaft einbestellt werden könnten. Der Herr Botschafter dürfe aber um einen Termin nachsuchen, um dem Ministerpräsidenten seine Aufwartung zu machen.

In der Zeit zuvor hatte ich bereits mit Vertretern der sowjetischen Botschaft Kontakt gehabt. Zum einen mit Botschaftsrat Igor Maximytschew, der wohl für Sicherheitsfragen verantwortlich war. Zum anderen hatte ich Verbindungen zu Kyrill Toropow, der in der Botschaft zuständig war für Kirchen und die Blockparteien. Beide, sowohl Igor Maximytschew als auch Kyrill Toropow, sprachen hervorragend deutsch, wohingegen Wjatscheslaw Kotschemassow kein Wort Deutsch verstand. Bei Besuchen deutscher Politiker hatte Kyrill Toropow meist die Aufgabe zu dolmetschen. Kyrill, mit dem ich heute befreundet bin, hat mir später erzählt, dass meine Antwort auf den Anruf des Botschafters in der sowjetischen Botschaft große Verwirrung und Empörung ausgelöst habe. Zumindest sei es als absolutes Novum empfunden worden, dass eine russische Bitte von einem DDR-Politiker abgeschlagen wurde. Bis dahin war es offensichtlich üblich, dass ein Botschafter der Sowjetunion nur mit dem Finger zu schnipsen brauchte und die entsprechenden Politiker der DDR brav erschienen.

Dieses Verhalten meines Büros sollte der Klarstellung dienen. Um aber den Botschafter nicht vollends zur verärgern, wurde ihm bereits für Dienstag nach Ostern, für den 17. April, um 16 Uhr ein Termin angeboten. Kotschemassow erschien dann in Begleitung von Kyrill Toropow. Zunächst musste der Botschafter seiner Empörung Luft machen, dass ich ihn nicht zu dem von ihm gewünschten Zeitpunkt besucht hatte. Er sagte mir – und er betonte, dass dies außerhalb des Protokolls sei –, dass ich derjenige sei, den sich Moskau im Ergebnis der ersten freien Volkskammerwahlen am allerwenigsten gewünscht habe. Ich bedankte mich artig und sagte, dass ich nun doch genau wüsste, womit ich zu rechnen hätte, und ich hoffte, dass diese Atmosphäre der Offenheit und Ehrlichkeit zwischen uns beiden von Dauer sei. Dann übergab er mir ein fast sieben Seiten langes „Nonpaper". Nach seinem Besuch musste ich mich zuerst schlau machen, was ein „Nonpaper" ist. Es ist eine Darstellung des Standpunktes einer Regierung zu bestimmten Punkten und Entwicklungen, die nicht unterzeichnet ist und auch nicht erkennen lässt, ob der Außenminister, der Ministerpräsident oder wer auch immer der Verfasser derselben ist. In Verhandlungen kann man sich auf dieses Papier auch nicht berufen, daher der Name „Nonpaper". Aber es stellt eine ziemlich genaue Unterrichtung des gegenwärtigen Standes der Beziehungen dar.

Nach relativ freundlichen einleitenden Worten wurde darin nun erklärt, dass die Sowjetunion positiv zu den Vereinigungsprozessen zwischen den beiden deutschen Staaten steht, „wobei sie davon ausgeht, dass sie sich in geordneten Bahnen und unter Achtung der Interessen der anderen Völker und Länder vollziehen werden". Und nach dieser grundsätzlichen Erklärung folgen die großen „Aber". In welcher Form das deutsche Volk sein Recht auf staatliche Einheit realisiere, müssten die Deutschen selbst entscheiden, aber sofort wurde unterstrichen, dies müsse mit einer Reihe von außenpolitischen Aspekten verbunden werden. Die deutsche Einheit könne nur synchron mit der Lösung der äußeren Aspekte geschehen. Wichtig – und dies betonte Kotschemassow ausdrücklich – sei, dass an den Maßnahmen, die die Sowjetunion als Siegermacht zusammen mit den anderen Alliierten oder alleine in ihrer Besatzungszone vorgenommen habe, nicht mehr gerüttelt werde. Diese Position zog sich durch die gesamten Verhandlungen mit der Sowjetunion im Zwei-plus-Vier-Prozess und bei anderen Verhandlungen. Wörtlich heißt es in dem Papier: „Bei der Übergabe der Verwaltungsfunktionen an die provisorische Regierung der DDR im Oktober 1949 durch die Sowjetunion wurde die Absicht der DDR zur Kenntnis genommen, zu den Positionen des Beschlusses der Potsdamer Konferenz zu stehen und die Verpflichtungen zu erfüllen, die sich aus den gemeinsam angenommenen Beschlüssen der vier Mächte ergeben." Im Folgenden wird betont, dass die Verträge der DDR mit der Sowjetunion und den anderen Ostblockstaaten gleichrangig einzuschätzen seien wie die Verträge der Bundesrepublik mit den westlichen Partnern und dass das Prinzip „pacta sunt servanda" nicht verletzt oder umgangen werden dürfe. Nächster wichtiger Punkt war die Bündnisfrage. Wörtlich heißt es: „Die Eingliederung eines vereinigten Deutschlands in die NATO ist unannehmbar." Es müsse darauf hingewiesen werden, dass der Warschauer Pakt erst gegründet worden sei, nachdem die Bundesrepublik 1955 in die NATO eingetreten sei. Als Ausweg wird genannt die Schaffung eines gesamteuropäischen Sicherheitssystems, das heißt ein Übergang vom gegenwärtigen System zweier Bündnisse zu einem kollektiven Sicherheitssystem. Ausdrücklich spricht sich die Sowjetunion in diesem „Nonpaper" gegen die Anwendung des Artikels 23 des Grundgesetzes aus. Richtig grob und drohend wird es, wenn es heißt, „vom Standpunkt des Rechts aus gesehen, ist das nichts anderes als ein Versuch eines NATO-Landes, die souveränen Rechte eines Landes des Warschauer Vertrages zu usurpieren." Und letztlich besteht die Sowjetunion auf der Einhaltung aller wirtschaftlichen Beziehungen mit der DDR.

Nach dem Vortrag dieses „Nonpaper" war mir klar, welch weiter und schwieriger Weg es noch bis zu einer endgültigen Lösung der internationalen Aspekte der deutschen Einheit sein würde. Ich erklärte Kotschemassow, dass ich die Absicht habe, mit drei meiner Minister unverzüglich die Sowjetunion aufzusuchen, um erste notwendige Klärungen vorzunehmen. Ich wolle selbst ein Gespräch mit Gorbatschow führen und schlug als Termin den 29. April vor.

Das Labyrinth des Kreml

Meine erste Auslandsreise als neuer Ministerpräsident führte dann tatsächlich zu dem gewünschten Termin nach Moskau. Ich wollte ein klares Signal abgeben, dass auch die neue demokratische DDR zunächst zu den Verpflichtungen im Rahmen des RGW und zu den Bündnisverpflichtungen des Warschauer Vertrages stehen wolle. Gleichzeitig musste deutlich werden, dass wir jedoch entschlossen seien, uns aus der Umklammerung der Sowjetunion zu lösen und einen gleichberechtigten Status zu erlangen. Begleitet haben mich Außenminister Markus Meckel, Abrüstungsminister Rainer Eppelmann sowie Wirtschaftsminister Gerhard Pohl. Natürlich war das für mich ein ungewöhnliches Unterfangen. Das Reiseziel Kreml, dorthin, wo meine Vorgänger im Amt zum Rapport erschienen, war noch immer Zentrum der kommunistischen Welt. Noch bestand die Sowjetunion und natürlich sah ich dem Besuch mit großem Respekt entgegen.

Ich bereitete mich auf die Reise vor, indem ich Hauptabteilungsleiter Herbert Süß, Leiter der Völkerrechtsabteilung des Ministeriums für Auswärtige Angelegenheiten der DDR, zu mir bestellte und ihn bat, mir in einem etwa Zwei-Stunden-Vortrag den wesentlichen Vertragsbestand der DDR mit der Sowjetunion vorzutragen. Dazu wollte ich den parallelen Vertragsbestand der

Bundesrepublik mit der Sowjetunion kennenlernen. Er begann mit dem „Vertrag über die Beziehungen zwischen der DDR und der Union der Sozialistischen Sowjetrepubliken" vom 20. September 1955. In diesem Vertrag, der unterschrieben war von Grotewohl und Bulganin, waren die völlige Gleichberechtigung der beiden Staaten, die gegenseitige Achtung, die Souveränität und die Nichteinmischung in die inneren Angelegenheiten festgehalten worden. Angesichts dessen, was am 17. Juni 1953 stattgefunden hatte, verwunderte schon die Passage: „Die zeitweilig auf dem Gebiet der DDR stationierten sowjetischen Truppen werden sich nicht in die inneren Angelegenheiten der DDR und in das gesellschaftspolitische Leben des Landes einmischen." Unsere Erfahrungen, die sich später auf die Vorgänge 1956 in Ungarn bzw. 1968 in Prag stützten, ließen uns allerdings an der Glaubwürdigkeit solcher Passagen zweifeln. Aber ich merkte mir besonders diesen Vertrag, könnte er mir doch vielleicht als eine Art Joker in den Gesprächen dienen. Dieser grundlegende Vertrag der DDR mit der Sowjetunion ist durch viele weitere bilaterale Verträge später ergänzt worden. Schließlich übergab mir der Spitzenbeamte eine Plastikmappe mit Dokumenten mit der Bemerkung, dies sei so viel, wie man auf der Flugreise von Berlin nach Moskau, die etwa zwei Stunden dauert, lesen könne. Ich hatte das Gefühl, gut vorbereitet zu sein. Dennoch war mir am nächsten Morgen etwas mulmig, als ich in Schönefeld mit meinen weiteren Reisegenossen die Regierungsmaschine betrat.

Zuvor hatte mir der Flugkapitän in militärisch strammer Weise Meldung erteilt. Ich war etwas verunsichert, da ich, der keinen militärischen Dienst geleistet hatte, nicht wusste, wie ich reagieren sollte. Das Flugzeug war speziell für Erich Honecker als Regierungsmaschine umgebaut worden. Im vorderen Teil befand sich ein Salon mit hervorgehobenen Plätzen für die Regierungsmitglieder mit einer seitlichen Bank für mitreisende Berater. Im Anschluss an den Salon befand sich ein kleinerer

Raum für mithelfende Reisebegleiter, beispielsweise den Protokollchef. Daran angeschlossen war ein kleiner Raum, der zu einem Schlafzimmer für den Regierungschef umgestaltet werden konnte. Dann kam ein Raum, in dem Speisen und Getränke zubereitet wurden. Es folgte eine nur vom vorderen Teil zu öffnende Tür zum hinteren Teil, der wie eine normale Reisemaschine ausgerüstet war und in dem begleitende Presseleute Platz nehmen konnten. Es war schon erstaunlich, wie in einem Staat, der die klassenlose Gesellschaft anstrebte, die hierarchische Ordnung mit Händen zu greifen war. Die Maschine war offensichtlich längere Zeit nicht benutzt worden, was man daran merkte, dass der Salon des Regierungschefs stark nach Mottenpulver roch.

In meiner Begleitung waren neben den genannten Ministern die stellvertretende Regierungssprecherin Angela Merkel, meine Büroleiterin, mein Abteilungsleiter Außenpolitik Thilo Steinbach. Auf dieser Reise bat ich Angela Merkel wegen ihrer guten Russisch-Kenntnisse, einmal durch Moskau zu fahren. Sie sollte die Stimmung im Lande erspüren, wie die normalen Menschen zur deutschen Einheit stehen. Sie kam von ihrer Tour zurück und schilderte entsetzt, dass viele Leute sagten: „Stalin hat den Zweiten Weltkrieg gewonnen, Gorbatschow ist dabei ihn zu verlieren."

Außerdem begleitete uns der Protokollchef Franz Jasnowski. Diesen Protokollchef des Außenministeriums der DDR hatten wir übernommen. Er war ein außerordentlich gebildeter Mann. Er sprach acht Sprachen fließend, war in allen Protokollfragen absolut sicher. Ich habe die Reise genutzt, um mich mit ihm bekannt zu machen und mir ein wenig seinen Lebensweg erzählen zu lassen. Das rührte ihn zu Tränen, weil er mir erklärte, dass ich der erste Chef sei, mit dem er reise, der sich für ihn persönlich und seine familiäre Geschichte interessiere. Ich war in protokollarischen Fragen natürlich höchst unerfahren und erklärte ihm deswegen, dass er das Recht habe, mich bei jeder Gelegenheit auf mögliche Fehler oder Gefahrenquellen hinzuweisen, mir notfalls sogar in die Kniekehlen zu treten, nur damit wir international eine gute Figur machten. Dies hat er dann im Folgenden auch höchst unauffällig und angenehm getan. Selbst um so eine persönliche Sache wie meine Fischallergie kümmerte er sich und sorgte dafür, dass ich nie vor ein Fischgericht gesetzt wurde. Es war für mich beeindruckend, wie reibungslos so viele Details im diplomatischen Geschäftsverkehr geregelt werden.

Den Flug nach Moskau nutzten wir zur strategischen Vorbesprechung. Denn in Moskau bestimmten nicht wir die Spielregeln, dass sollten wir schnell merken. Wir hatten erfahren, dass vorgesehen war, dass jeder von uns vieren in getrennten Räumlichkeiten mit dem jeweiligen Pendant, also Meckel mit Eduard Schewardnadse, Eppelmann mit Dmitri Jasow und Pohl mit Stepan Sitarjan verhandeln sollten. Unmittelbar danach sollte es ein gemeinsames Essen mit Gorbatschow geben. Zwischen den beiden Terminen sollte es keine Möglichkeit geben, uns auszutauschen. Genau das aber war unser Ziel. Wir wollten unbedingt nach den jeweiligen Einzelgesprächen uns zu viert treffen, um unsere wechselseitigen Erfahrungen auszutauschen. Wir wollten prüfen, ob man mit uns mit verteilten Rollen, möglicherweise sogar mit unterschiedlichen Positionen, verhandelt hatte. Unsere Befürchtung war offensichtlich nicht unbegründet, denn in Moskau wurde uns erzählt, dass der Zeitplan keinesfalls ein solches Treffen vor dem geplanten Mittagessen zulassen würde. Wir haben jedoch darauf bestanden und dabei auch feststellen können, dass es durchaus unterschiedliche Aussagen von sowjetischen Gesprächspartnern gab.

In Moskau am Flughafen wurden wir begrüßt von dem Ministerpräsidenten der Sowjetunion, Nikolai Iwanowitsch Ryschkow, einem typischen Sowjettechnokraten aus dem Swerdlowsker Gebiet. Er war, von Juri Andropow gefördert, ins ZK gekommen und 1985 mit Beginn der Gorbatschow-Zeit zum Ministerpräsidenten berufen worden. Man konnte den Eindruck gewinnen, dass er den Gorbatschowschen Reformbestrebungen nur zögerlich zustimmte. Er war, wie wir noch am gleichen Tage erfahren sollten, ein beinharter Verhandlungsführer. Wir wurden in getrennten Wagen in die Stadt gefahren mit DDR-Stander auf unseren Limousinen. Die Straßen waren, wie ich es aus der DDR von Staatsbesuchen kannte, für den Staatsbesuch leergefegt worden. Statt Menschen begrüßten uns die gehissten DDR-Flaggen. Vielleicht war es der Moment dort am Flughafen in Moskau, in dem ich wirklich begriff, was passiert war. Ich vertrat jetzt den „Bruderstaat" DDR. Was würde passieren, Konflikt mit Gorbatschow oder Verständigung?

Das Arbeitszimmer von Michail Sergejewitsch Gorbatschow lag, wenn man vor dem riesigen Gebäudekomplex des Kreml steht, ganz links. In den Palast eingeschleust wurden meine Begleiter und ich mit meiner Dolmetscherin, Elke Walther, ganz rechts. Und wir mussten viele große, prächtige Säle durchlau-

Auf dem Roten Platz in Moskau am 29. April 1990

fen, um endlich zum Arbeitszimmer vorzudringen. Dieser Gang sollte uns offensichtlich zeigen, wie bedeutungslos wir seien und dass es eben schwierig sei, zum Olymp aufzusteigen. Es war geradezu ein zaristisches Zeremoniell. Ich muss gestehen, dass ich von Zimmer zu Zimmer wütender wurde und mir vornahm, mir das auch durchaus anmerken zu lassen. Wjatscheslaw Kotschemassow hatte mir gesagt, dass Michail Gorbatschow Gespräche selten von sich aus begänne, sondern dass er den Gast „kommen" ließe. Ich hatte mir zu diesem Zweck ein kleines Geschenk in die Jackentasche gesteckt. Nachdem ich von Gorbatschow begrüßt worden war, überreichte ich es ihm: ein Stück Berliner Mauer. Dies sei mein Dank für sein Wort vom 6. Oktober 1989, so sagte ich ihm. Sein Ausspruch sei zu einem geflügelten Wort verwandelt worden. „Wer zu spät kommt, den bestraft das Leben". Dieses Zitat habe auch zum Fall der Berliner Mauer beigetragen. Nachdenklich legte Gorbatschow den Stein beiseite und sagte: „Müssen wir nicht alle davon ausgehen, dass wir in vielem zu spät gekommen sind?"

Das hörte sich nach Selbstbescheidung an, doch es folgte etwas anderes. Er trug in ziemlich geraffter Form vor, was er von mir erwartete: Einheit ja, aber nicht auf dem Wege des Artikel 23 Grundgesetz. Eine NATO-Mitgliedschaft sei zudem unannehmbar. Und alle Verträge der DDR seien zu erfüllen. Die Ausführungen glichen dem, was in dem „Nonpaper" bereits formuliert worden war. Ich erwiderte, dass die Zeit vorbei sei, in der DDR-Ministerpräsidenten zum Befehlsempfang nach Moskau gekommen seien. Ich könne mich auf eine große Koalition von etwa 70 Prozent der frei gewählten Volkskammerabgeordneten stützen. Es ginge jetzt darum, gemeinsame Interessen zu eruieren und wie wir diese gemeinsam im Interesse beider Völker realisieren könnten. Gorbatschow war über diese selbstbewusste, aber, wie ich meine, notwendige Klarstellung ziemlich empört. Er sagte sinngemäß, dass er sich dies nicht von mir unter die Nase reiben lassen würde. Der kleine Eklat war also perfekt. Sein Dolmetscher, Rafael P. Fedorov, der eigentlich nicht Dolmetscher, sondern Deutschlandpolitiker war, übersetzte unscharf und glättete den Wutausbruch des Präsidenten. Er, Gorbatschow, lasse sich derartiges nicht gern vorhalten, so die abgeschwächte Formulierung des Übersetzers. Meine Dolmetscherin wisperte mir die wörtliche Übersetzung ins Ohr. „Es muss, bitte schön, korrekt übersetzt werden", gab ich zurück. Wenn Fedorov das nicht tue, müsse meine Dolmetscherin auch das übersetzen, was der Präsident mir sage.

Meine Dolmetscherin, die schon mit meinen Vorgängern öfter in Moskau gewesen war, erzählte mir später, dass sie einen riesigen Schreck bekommen habe. Sie habe fast Angst gehabt, dass wir da nicht wieder lebend rauskämen. Gorbatschow aber lachte nach dem Vorfall. Die kleine Konfrontation hatte das Gegenteil bewirkt. Das Eis war gebrochen. Jetzt wurde das Gespräch sehr viel ruhiger und sachlicher. Mir liegt heute die geheime Abschrift des Gesprächs vor, die der Kreml angefertigt hat. Deswegen lässt sich die ungewöhnliche Begegnung gut nachzeichnen. Gorbatschow führte lange aus, dass die Veränderungen in Europa nicht zu einer Destabilisierung führen dürften, dass der deutsche Einigungsprozess sich in einen europäischen Prozess einzugliedern habe. Und er betonte, dass er von Helmut Kohl diesbezüglich mehr Sensibilität erwarte. Wörtlich sagte Gorbatschow zu mir über Kohl: „Ich musste nicht nur einmal zu ihm sagen, dass man mit größter Verantwortung, sowohl in innerdeutschen, wie auch in internationalen Erwägungen, handeln muss." Kohls Haltung zur deutschen Einheit sei „erstens nicht realistisch und zweitens macht man so keine Politik." Offensichtlich um mir den Rücken zu stärken, sagte er: „Dabei behandeln wir mit Achtung die Interessen der DDR, mit der uns Jahrzehnte fruchtbarer Zusammenarbeit verbinden. Niemand soll vergessen, dass die DDR ein souveränes Subjekt internationalen Rechts und ein vollwertiges Mitglied der UNO ist. Mit einem Wort: die DDR ist nicht Hinterhof der BRD." Ich ließ mich auf diesen Verhandlungsstil nicht ganz ein, unterstrich, dass die Wiedervereinigung Deutschlands ein Wunsch der Bürger der DDR sei. Ein Credo, das ich bei meinen Auslandsreisen immer wiederholte und das meine zentrale Botschaft war.

Ich schlug vor, dass möglichst dreiseitige Gespräche zwischen der Bundesrepublik, der DDR und der Sowjetunion zur Klärung der Wirtschaftsfragen geführt werden sollten. Ein solches Dreieck sei auch sein Wunsch, so Gorbatschow. Wörtlich: „Bei solchen Fragen darf man sich nicht wie der Elefant im Porzellanladen aufführen." Er hörte nicht auf, sich über Kohl zu beschweren. Der Bundeskanzler könne gut zuhören, stimme auch schnell zu, zu dem, was er – Gorbatschow – ihm sage. Doch er, Gorbatschow, fange an zu zweifeln, da Kohls Worte nicht übereinstimmten mit seinen tatsächlichen Handlungen. Kohl solle sich darüber hinaus der Zustimmung der drei Westalliierten nicht so sicher sein. Er, Gorbatschow, wisse dies besser.

Ich versuchte die Diskussion mit ihm auf Sicherheitsfragen und auf die Herbeiführung eines gesamteuropäischen Sicherheitssystems zu lenken. Gorbatschow blieb hartnäckig auch bei der Frage des Einigungsweges. Die Sowjetunion habe sich immerhin zu allen Punkten des Potsdamer Abkommens bekannt, was man von dem Grundgesetz der Bundesrepublik nicht sagen könne, hielt Gorbatschow mir vor. Immerhin ginge das Grundgesetz noch von der Anerkennung der Grenzen Deutschlands von 1937 aus. Auch hier musste ich erwidern, dass der Hinweis auf 1937 aus staatsbürgerrechtlichen Gründen geschehe. Es gebe in Deutschland niemanden, der territoriale Ansprüche stelle. Immerhin seien beide deutsche Staaten Mitglied der KSZE. Gegen Ende des Gespräches hatte ich den Eindruck, dass Gorbatschow durchaus einlenken wollte. Wörtlich sagte er: „Wir tauschen jetzt vertraulich Meinungen aus, erläutern einander unsere Herangehensweisen und Befürchtungen. Dies ist sozusagen unser inneres Labor, eine Suche nach tieferem und ausgefüllterem gegenseitigen Verständnis." Am Ende sprach er mich auf meine Freundschaft mit Gregor Gysi an, trug mir Grüße für ihn auf und für alle seine Freunde in der DDR. Im Ganzen gesehen war ich mit dem Gesprächsverlauf zufrieden. Ich hatte die wesentlichsten Positionen, so wie sie von mir in der Regierungserklärung vertreten worden waren, vortragen und auch bekräftigen können. Nach der anfänglichen Rempelei war auch eine fast herzliche Gesprächsatmosphäre aufgekommen.

Trotz der Versuche, dies zu verhindern, trafen wir vier Reisende aus der DDR uns nach den Einzelgesprächen. Wir tauschten uns über die unterschiedlichen Argumentationen und Gesprächstaktiken aus. Das Mittagessen dann war vorgesehen als Arbeitsessen, ausdrücklich ohne Toasts. Ich saß neben Jasow. Ich müsse endlich begreifen, wer der Sieger im Zweiten Weltkrieg gewesen sei. So lag er mir in den Ohren. Inzwischen sei aber eine gewisse Zeit vergangen und die Welt sei eine andere geworden, entgegnete ich. Daraufhin war er empört und setzte das Gespräch mit mir nicht fort. Danach fand eine abschließende Verhandlung mit dem Ministerpräsidenten Ryschkow statt. Das war sozusagen das alt-sowjetische Kontrastprogramm zu Gorbatschow. Ryschkow begann die Verhandlungen mit der Bemerkung, ihm sei gerüchteweise zu Ohren gekommen, dass wir in der DDR eigene Wege gehen wollten. Ich sei nicht bereit, über Gerüchte zu verhandeln, entgegnete ich, sondern müsse mich auf Tatsachen stützen. Er fuhr fort, und mir wurde deutlich, dass die Gerüchte, die er meinte, ihm ganz offensichtlich von dem neben mir sitzenden Botschafter der DDR, Gerd König, zugetragen worden waren. Dies veranlasste mich auch, nach der Besprechung mit Ryschkow König abzuberufen und nach Hause zu schicken.

Ryschkow meinte, die Sowjets und die DDR müssten erst einmal ihre Verhältnisse miteinander klären. Das war die Zeit für meinen Joker, um dieses wenig konstruktive Gerede zu beenden. Die Beziehungen zwischen der DDR und der UdSSR seien durch den Vertrag von 20. September 1955 klar geregelt, erklärte ich. Dieser garantiere ausdrücklich die volle Souveränität der DDR und die Nichteinmischung in innere Angelegenheiten. Dieser Vertrag schien Ryschkow in gar keiner Weise bekannt und geläufig zu sein. Ein Blick zu seinem neben ihm sitzenden Berater zeigte ihm aber wohl, dass ich recht hatte. Er schnitt ein anderes Thema an. Er monierte, dass auf meine Weisung die SDAG Wismut (Sowjetisch-Deutsche Aktiengesellschaft) ihre Tätigkeit eingestellt habe. Ob ich nicht wisse, dass dies eine sowjetisch-deutsche Aktiengesellschaft sei. Natürlich wusste ich das, sie war 50 zu 50 sowjetisches und deutsches Eigentum. Diese Aktiengesellschaft habe aber beim Uranabbau und allen anderen Tätigkeiten im Laufe der Jahrzehnte so ungeheure Umweltaltlasten angehäuft, erklärte ich ihm, dass sie nicht weiter betrieben werden könne. Nach Schätzung von Experten erforderten die Umweltaltlasten etwa einen Sanierungsaufwand von 120 Milliarden DM. Wenn er bereit sei, mir 60 Milliarden DM für die dringenst notwendigen Altlastensanierungen zu überweisen, dann könnten wir darüber reden, wie die SDAG Wismut in Zukunft fortgeführt werden könnte. Natürlich behagte Ryschkow der Gesprächsverlauf gar nicht.

Als Nächstes sprach er die Handelsbeziehungen zwischen der DDR und der UdSSR an und mahnte Vertragstreue unsererseits an. Ich erwiderte ihm, dass bis zum Zeitpunkt unseres Gesprächs, also Ende April 1990, die DDR alle Lieferverpflichtungen erfüllt habe. Die Sowjetunion hingegen nicht. Es sei zu einem erheblichen Außenhandelsüberschuss der DDR von 5 bis 7 Milliarden Verrechnungsrubel gekommen. Insbesondere sei die Sowjetunion mit ihren Lieferverpflichtungen, was Erdöl anbelange, im Rückstand. Auch wir, die DDR, seien selbst für den Fall der Wiederherstellung der deutschen Einheit dringend daran interessiert, den Handel mit der Sowjetunion weiter fortzuführen. Dazu müssten aber wie in der Vergangenheit die jährlich indizierten Warenlisten aufgestellt werden. Dazu seien trotz Bemühungen der DDR-Seite Verhandlungen bisher nicht in Gang gekommen.

Vielmehr müssten wir feststellen, dass sowjetische Firmen offenbar an den Außenhandelsorganen der UdSSR vorbei versuchten, Geschäfte im Ausland zu tätigen. Dies sei meiner Meinung nach darauf zurückzuführen, dass in Sofia das Ende des Verrechnungsrubels für Ende 1990 vereinbart worden sei. Ich war erstaunt, dass Sitarjan diesen Ausführungen nicht widersprach, sondern sogar einräumte, dass die Autorität des sowjetischen Staates wohl offensichtlich in einigen Bereichen nicht mehr ausreiche, das Außenhandelsmonopol durchzusetzen.

Nachdem beide Seiten beteuert hatten, um eine Verständigung bemüht sein zu wollen, beendeten wir die Unterredung. Anschließend kam es noch zu einer Pressekonferenz, auf der ich versuchte, der sowjetischen, aber auch der mitgereisten nationalen und internationalen Presse einen groben Überblick über den Verhandlungsstand zu geben. Insbesondere erklärte ich, dass es bei der strittigen Frage Artikel 23 und der Frage der zukünftigen Bündniszugehörigkeit des geeinten Deutschlands noch keine Lösung gebe. Ich versicherte, dass die DDR zwar an der Schaffung eines gesamteuropäischen Sicherheitssystems interessiert sei, aber für eine Übergangzeit davon ausginge, dass das geeinte Deutschland der NATO angehöre. Wenige Tage später brachte mir der amerikanische Botschafter in der DDR, Richard Clark Barkley, ein Schreiben von Präsident George Bush, in dem der sich hoch befriedigt zeigte, dass ich in diesen beiden Fragen hart geblieben war.

Europäische Verwirrung

Im kleineren Kreis hatten wir beraten, wem ich als erster frei gewählter Ministerpräsident der DDR außer Gorbatschow noch einen Besuch abstatten müsse. Ich wollte die Regierungschefs aller am Zwei-plus-Vier-Prozess beteiligten Parteien besuchen und darüber hinaus die führenden Vertreter der Europäischen Gemeinschaft. Außerdem lag mir daran, den Generalsekretär der Vereinten Nationen, deren Mitglied die DDR am 18. September 1973 geworden war, einen Besuch abzustatten. Ich hatte den Wunsch, die DDR quasi zu verabschieden. Mir ist bewusst, dass diese Reisen zum Teil in der Bundesrepublik belächelt und darüber hinaus als überflüssig angesehen wurden. Mir schien es aber gut und richtig, den Beteiligten unsere Sicht des Prozesses darzustellen, insbesondere ihnen klarzumachen, dass die Herstellung der Einheit Deutschlands der dringende Wunsch der ostdeutschen Bürger ist.

Bereits am 16. Mai 1990 flog ich nach Straßburg, wo ich das Europäische Parlament besuchte. Ich durfte auf der Besuchertribüne Platz nehmen und wurde vom gesamten Haus mit Standing Ovations begrüßt. Bei der Vorbereitung des Besuches war der CDU-Abgeordnete im Europaparlament, Elmar Brok, sehr hilfreich. Brok hatte ich bereits in Zeiten des Wahlkampfes kennengelernt, wo er uns mit mehreren Wahlkampfauftritten, insbesondere in Brandenburg, unterstützt hat. In Straßburg hatte ich ein langes und außerordentlich angenehmes Gespräch mit Jacques Delors, dem damaligen Präsidenten der Europäischen Kommission. Mein Ziel war, ihn für die wirtschaftliche Problematik der DDR im Eingliederungsprozess zu sensibilisieren. 1957 hatte Konrad Adenauer bei den Römischen Verträgen dafür gesorgt, dass der östliche Teil Deutschlands für den Fall der Wiedervereinigung sofort EG-Vollmitglied würde. Das war die Grundlage unseres Gesprächs. Seither sei aber doch eine erhebliche Zeit verstrichen, erklärte ich ihm. Die Wirtschaftskraft der Bundesrepublik und der DDR seien in keiner Weise vergleichbar. Um die Industrie in der DDR und die Produktion aufrechtzuerhalten sei es nötig, Übergangsbestimmungen zu vereinbaren, so meine Forderung. Insbesondere beim Maschinenbau, beim Schiffbau, der Energiewirtschaft, der Landwirtschaft und beim Fischfang war ich besorgt, weil die bundesdeutschen Quoten, wie die Milch- oder die Fischfangquoten, nicht erhöht werden sollten. Es müsse ein eigener Anspruch für die ostdeutschen Länder festgelegt werden, da die westdeutschen Länden sicher nicht zum Teilen der Quoten bereit seien. Ich habe versucht ihm die ganze Dramatik vor Augen zu führen. Wenn die DDR keine Assoziierungsbedingungen bekäme, dann würde die Industrie dem Wettbewerbsdruck nicht standhalten können und verschwinden. Dann aber müssten Fördermittel der Europäischen Gemeinschaft ganz überwiegend in den Raum DDR fließen, was auch nicht im Interesse der anderen Mitgliedsländer sein könne. Jacques Delors zeigte sich außerordentlich verständnisvoll, deutete aber an, dass er auch Zweifel habe. Der stärkste Widerstand werde möglicherweise von der britischen Seite kommen. Er lud mich ein, am 1. Juni 1990 nach Brüssel zu kommen, wo wir dann zusammen mit anderen Kommissaren ein Gespräch über die einzuleitenden Maßnahmen treffen könnten. Tatsächlich bin ich dann am 31. Mai nach Brüssel geflogen, hatte abends ein Gespräch mit dem belgischen Außenminister Wilfried Martens und am Folgetag um 10.30 Uhr ein Vier-Augen-Gespräch mit Jacques Delors. Ich sprach mit mehreren Kommissionsmitgliedern, mit Martin Bangemann, dem Dänen Poul Skytte Christoffersen, aber auch mit dem uns nicht wohlgesonnenen Wettbewerbskommissar Leon Brittan. Mir wurden bei diesen Gesprächen keine klaren Zusagen gemacht. Ich hatte jedoch den Eindruck, dass es mir gelungen war, bei den beteiligten Kommissaren ein Problembewusstsein zu erzeugen.

Doch dann ist alles anders gekommen. Es hat offensichtlich Gespräche von Kommissionsmitgliedern mit Helmut Kohl gegeben, bei denen von meinen Befürchtungen und Bitten berichtet wurde. Da Kohl die Zustimmung der Europäischen Gemeinschaft zum deutschen Einigungsprozess nicht gefährden wollte, hat er wohl abgewiegelt und beteuert, dass diese Probleme von den Deutschen allein gelöst werden könnten. Die Europäische Gemeinschaft müsse nicht helfen. Leider habe ich von dieser Eigenmächtigkeit Kohls erst erfahren, als alle Absprachen getroffen waren. Auch im Nachhinein bin ich noch empört darüber, dass er sich anmaßte, für uns – für die DDR – zu sprechen, und – schlimmer noch – mich nicht einmal über diese Tatsache zu unterrichten. Das war klar ein Eingriff in unsere Souveränität. Später ist es dann tatsächlich so gelaufen, wie ich vorhergesagt hatte. Die von mir bei Jacques Delors angesprochenen Bereiche konnten dem Wettbewerbsdruck der europäischen Gemeinschaft nicht standhalten. Hinzu kam, dass die Sowjetunion als Hauptabnehmer für die DDR-Wirtschaft wegfiel. Es mussten dann die entsprechenden europäischen Fördermittel fließen.

Große Symbole: Der Besuch in den USA

Vom 9. bis zum 12. Juni 1990 besuchte ich die USA. Ich folgte einer Einladung von Präsident George Bush und einer Einladung von Edgar Bronfman, dem Präsidenten des Jüdischen Weltkongresses. Neben den aktuellen weltpolitischen Themen stand auch die deutsche Geschichte in besonderer Weise im Mittelpunkt der Reise. Der Besuch der USA und der Empfang durch den amerikanischen Präsidenten hatten für mich persönlich, aber auch für alle Ostdeutschen, für die Bürger der DDR, einen großen symbolischen Wert. Erich Honecker hatte jahrelang darauf hingearbeitet, die USA zu besuchen und vom amerikanischen Präsidenten empfangen zu werden. Alle Kanäle, um einen solchen Honecker-Besuch zu ermöglichen, wurden in Anspruch genommen. Dennoch zeigte sich die amerikanische Seite hartnäckig ablehnend. So war die Symbolwirkung nicht zu unterschätzen, dass der erste frei gewählte Ministerpräsident der DDR ohne Weiteres im Weißen Haus begrüßt werden sollte. Es war für mich auch so etwas wie die Anerkennung der demokratischen DDR in der freien Welt. Und für mich persönlich sicher eine der aufregendsten und bewegendsten Reisen meines Lebens. Es sind viele Details, die mit dem USA-Besuch zusammenhängen, die schon für sich genommen für mich Ostbürger eine kleine Ungeheuerlichkeit waren. So musste ich beispielsweise der großen New York Times und dem berühmten CNN Interviews geben. In meiner Begleitung reisten der Regierungssprecher Matthias Gehler, meine Büroleiterin Sylvia Schulz, als Berater Thilo Steinbach und Fritz Holzwarth. Darüber hinaus Vertreter aus der Wirtschaft, die im Bereich des Handels mit den USA tätig waren. Außerdem reisten mit mir zahlreiche Vertreter der Presse, mit denen ich auf der Rückreise wenige Tage später stundenlang Skat gespielt habe – zur Beruhigung. Ich weiß nicht, ob aus Höflichkeit oder ob ich wirklich gut war, jedenfalls ließ man mich gewinnen.

Zur Vorbereitung des Besuchs hatte sich Holzwarth zuvor mit dem damaligen amerikanischen Botschafter in Bonn, Vernon Walters getroffen. Walters, der einen engen Draht zu Bush hatte, ließ mir eine besondere Botschaft ausrichten. Ich solle dem Präsidenten berichten, was ihm kein anderer Besucher sagen kann, auch Helmut Kohl nicht: Wie der Sozialismus die Seelen der Menschen verletzt hat. Der Hinweis und die Formulierung waren für mich überraschend, sie zeugten von dem besonderen Einfühlungsvermögen des Botschafters.

Bei meiner USA-Reise versuchte ich auch kleine persönliche Akzente zu setzen. Am Tag meiner Anreise in New York besuchte ich deshalb am späten Nachmittag Hans Otto Bräutigam, der damals Botschafter der Bundesrepublik Deutschland bei den Vereinten Nationen war. Ich kannte ihn aus der Zeit, als er Leiter der Ständigen Vertretung der Bundesrepublik Deutschland in der DDR war, und habe ihn damals schätzen gelernt. Ich wusste, dass er nun, nachdem der deutsch-deutsche Prozess so heftig in Gang gekommen war, sehr darunter litt, nicht mehr vor Ort zu sein, sondern fernab in New York. Es war für mich irgendwie beglückend, im fernen Amerika jemanden persönlich zu kennen, obwohl ich doch in der DDR „eingesperrt" gewesen bin. Ich betrachtete diesen Besuch als rein privat, musste jedoch am Folgetag feststellen, dass offensichtlich Privatbesuche bei solchen Anlässen nicht möglich sind. Denn es wurde in der Presse ziemlich gerätselt, warum ich als DDR-Regierungschef ausgerechnet den bundesdeutschen Botschafter bei der UNO in New York besuchte. Allerdings suchte ich auch den DDR-Vertreter bei der UNO auf. Mich begrüßte Bernhard Neugebauer, aus dem Ost-Berliner Außenministerium – der eigentliche DDR-Botschafter hatte sich schon aus dem Staub gemacht.

In New York hatte ich noch ein nicht sehr angenehmes Gespräch mit den führenden Köpfen der Jewish Claims Conference. Das Gespräch führte ich mit Rabbi Israel Miller, dem Chef der Jewish Claims Conference, sowie seinem Generalsekretär Saul Kagan. Sie erklärten mir, dass in dem 1952 abgeschlossenen Luxemburger Abkommen zwischen der Bundesrepublik Deutschland und dem Staat Israel vorgesehen sei, dass ein Drittel der zu zahlenden Entschädigung für den Fall der Wiedervereinigung von Ostdeutschland zu zahlen sei (ein Drittel deswegen, weil man 1952 noch von Deutschland in den Grenzen von 1937 ausging). Diese Forderung multipliziert mit dem Kaufkraftverlust der D-Mark seit 1952 und verzinst mit Zins und Zinseszinsen ergebe eine Forderung der Jewish Claims Conference gegen die DDR von 120 Milliarden Dollar, über die ich ihnen gegenüber ein Schuldbekenntnis abzulegen hätte, möglichst noch in schriftlicher Form. Ich war dazu weder bereit noch in der Lage. Wir würden uns beide lächerlich machen, sagte ich den Gesprächspartnern, ich als Ministerpräsident eines Staates, der kurz vor dem Konkurs stünde, aber auch sie, die sie sich in Kenntnis dieser Zahlungsunfähigkeit einen Schuldschein schreiben lassen wollten, den später niemand einlösen würde. Ich erklärte meine Bereitschaft, als DDR noch Spenden an AMCHA, einer Hilfsorganisation für Holocaust-Geschädigte zu zahlen, aber dies erst nach Einführung der D-Mark.

Das Problem ehemals jüdischen Eigentums in der DDR war nie gelöst worden. Zum Teil war es nach dem Aufbaugesetz vom

Staat in Anspruch genommen worden. Das betraf beispielsweise einen Großteil der Grundstücke, auf denen die Stalinallee, heute Karl-Marx-Allee, gebaut worden war. Zum Teil wurden diese Grundstücke verwaltet vom Amt für Rechtschutz, einer speziellen Behörde, die in der DDR gelegenes Vermögen von Ausländern verwaltete. Ich erläuterte den Herren von der Jewish Claims Conference, dass es einen großen bürokratischen Aufwand erfordern würde, diese Fragen insgesamt zu klären. Ich stellte deshalb die Frage, ob eine Generalentschädigung bezüglich dieser Grundstücke für möglich gehalten würde. Dies wurde strikt abgelehnt und auf Naturalrestitution gedrängt. Das Gespräch fand aus diesen und möglicherweise anderen Gründen in einer ausgesprochen angespannten Atmosphäre statt.

Ich hatte mir in Berlin überlegt, welch versöhnendes Gastgeschenk ich mit nach Washington nehmen könnte. Im November 1988 war anlässlich des 50. Jahrestages des November-Pogroms in der Oranienburger Straße in Berlin in der Neuen Synagoge, die von den Nazis 1938 zerstört worden war, die Stiftung Centrum Judaicum gegründet worden war. Zu diesem Gebäude habe ich eine besondere Beziehung, da die zwiebelförmige Kuppel von dem berühmten Stahlbaumeister Johann August Schwedler, meinem Ururgroßvater, errichtet worden war. Mit erheblichem staatlichem Aufwand war man seither bemüht, diese Synagoge wieder zu restaurieren. Ich hatte einen schwarzen, vom Brand noch gezeichneten Stein und einen neuen roten, in der DDR zur Wiederherstellung der Synagoge gefertigten, Stein mitgenommen, quasi als Zeichen der Wiedergutmachungsbereitschaft. Ich hatte die Hoffnung, dass diese Steine in einem Holocaust-Museum in Washington ausgestellt werden könnten. Ich habe es bei der Vorstellung der Pläne für das neue Haus überreicht. Doch das Geschenk ist wohl in den Depots verschwunden, möglicherweise wegen des negativen Gesprächsverlaufes in New York.

Am Abend des 10. Juni gab Edgar Bronfman ein festliches Essen. Anwesend waren der Generalsekretär des Jüdischen Welt-

217

kongresses, der Rabbi Israel Singer und Maram Stern. Zu meiner großen Freude hatte man den weltberühmten Geiger Itzak Perlmann hinzugeladen, der mir eine Box mit CDs, die er eingespielt hatte, mit persönlicher Widmung schenkte. Perlmann bewunderte ich seit Jahren, nicht nur wegen seines geradezu phänomenalen Geigenspiels, sondern auch, wie er mit seinem persönlichen Schicksal umging. Perlmann hat als Kind spinale Kinderlähmung erlitten und ist seither an beiden Beinen stark gelähmt, so dass er nur mit zwei Armkrücken laufen kann. Er spielt im Sitzen so brillant die Geige, wie manch anderer, der auf zwei Beinen stehen kann, es nicht vermag. In der DDR gab es zu der Zeit noch keine CDs. Ich hatte erst seit Anfang des Jahres einen CD-Player und auch erst ein paar CDs. Insofern war ich besonders erfreut über die Bereicherung meiner Diskothek. Leider dauerte die Freude nicht lange, denn wenig später reisten wir nach Washington und nahmen Quartier im Hotel „Watergate", in jenem Hotel, das einem großen amerikanischen Skandal seinen Namen verliehen hatte. Just in diesem Hotel wurden mir die beiden CDs von Itzak Perlmann gestohlen. Kein Skandal zwar, aber ein großes Ärgernis für mich.

Am 11. Juni flogen wir nach Washington, wo wir wie schon erwähnt im „Watergate"-Hotel Quartier nahmen. Am selben Tag wurde ich von Präsident George Bush im Weißen Haus empfangen. Ich war stolz dort zu sein. Nachdem ich vorher den Kreml gesehen hatte, sah ich nun eine eben nicht monarchische, sondern bürgerlich eingerichtete Weltmachtzentrale. Eben der Demokratie angemessen. Es war ein Haus, in dem tatsächlich Menschen leben. Im Oval Office fühlte ich mich wohl. Und der Übersetzer verfälschte den Text nicht.

Im Salon in einer Fensternische spielten vier amerikanische Marines mir zu Ehren Haydn-Streichquartette. Die Ehefrau, Barbara Bush, kam mit ihrem Hund, der mich freundlich wedelnd begrüßte. Vielleicht an mir den Geruch meines Dackels witternd, wich er mir nicht mehr von der Seite und ließ sich ständig

Mit George Bush sen. vor dem Weißen Haus

von mir kraulen, was Frau Bush ganz offensichtlich für mich einnahm. Danach folgte ein Gespräch, an dem neben Präsident Bush Außenminister James Baker und der Sicherheitsberater Brent Scowcroft teilnahmen. Scowcroft erschien in Begleitung einer jungen hübschen farbigen Amerikanerin, nämlich der späteren Außenministerin Condoleezza Rice. Das Gespräch startete schwierig, weil mich James Baker auf den Meckel'schen Plan eines trilateralen Bündnisses DDR-Polen-Tschechoslowakei ansprach. Wir waren uns in der Sache einig und ich versprach, meinen Außenminister wieder in die Spur zu setzen. Wir besprachen im Folgenden noch Einzelheiten bezüglich der stationierten sowjetischen Truppen, ihres Abzuges und der in der DDR stationierten Waffen, insbesondere Raketen. Bush bedankte sich ausdrücklich bei mir noch einmal dafür, dass ich in den bisherigen Verhandlungen mit der Sowjetunion immer auf die zukünftige Mitgliedschaft des geeinten Deutschlands in der NATO beharrt hätte.

Dear Mr. Prime Minister:

I wanted to share with you some of my
impressions from the meeting on September 9
with President Gorbachev in Helsinki.

President Gorbachev and I obviously spent a
great deal of time talking about the situation in
the Persian Gulf. I was very pleased with his
approach to this problem. The joint statement we
issued is a historic document. It should send a
plain signal to Saddam Hussein that the United
States and Soviet Union will stand together in
insisting on Iraq's unconditional withdrawal from
Kuwait and full compliance with the resolutions of
the United Nations Security Council. The language
is strong and unequivocal.

We agreed on the importance of complete
enforcement of the economic sanctions mandated
by the UN. Any humanitarian assistance to Iraq
must be approved by the UN and monitored by the
appropriate international agencies so that the aid
will reach only its intended recipients. We also
agreed that, although we prefer and hope for a
peaceful resolution to the crisis, "we are
determined to see this aggression end, and if the
current steps fail to end it, we are prepared to
consider additional ones consistent with the U.N.
Charter." I believe President Gorbachev understands
our total determination to undo this Iraqi
aggression. This means, at the very least,
dedication to the enforcement of sanctions and to
isolating Iraq within the international community.

We had a general discussion of arms control
issues, reaffirming our shared goal of having a
CFE Treaty ready for signature at a possible CSCE
Summit in November and confirming the desirability
of signing a START Treaty by the end of the year.
During a brief conversation about regional issues,
we agreed that our goal for Cambodia should be to
obtain agreement based on the Perm Five effort.

His Excellency
    Lothar de Maiziere,
        Prime Minister of the
            German Democratic Republic.

Schreiben von George Bush sen., in dem dieser Lothar de Maizière über
die Inhalte seines letzten Gesprächs mit Michail Gorbatschow in Kenntnis
setzt.

President Gorbachev also described his economic reform plans for the Soviet Union. I noted the mission I have sent to Moscow, led by Commerce Secretary Mosbacher, to discuss investment in the Soviet economy and I explored the possibility of technical assistance, particularly in the energy sector. We continue to support the IMF's work to better understand Soviet economic needs.

Overall, my meeting with President Gorbachev demonstrated unprecedented solidarity on an issue vital to global stability. It has encouraged my hope for the emergence of a new world order, founded on the principles which originally animated the creation of the United Nations. The realization of this vision, which I know you share, now depends on our common resolve to stand by these principles in this time of trial.

Sincerely,

(signed)

George Bush

Der Besuch war durch und durch erfreulich, durch ihn ist ein Kontakt und Austausch entstanden, der hilfreich für mich war. In der Folgezeit wurde ich von Bush regelmäßig über für die DDR wichtige internationale Entwicklungen informiert, so über seine Gespräche mit Gorbatschow Ende Mai/Anfang Juni und später am 9. September in Helsinki.

Ich teilte George Bush mit, dass die DDR-Wirtschaft unter anderem auch deswegen auf so niedrigem technologischen Stand sei, weil die CoCom-Liste, eine Embargo-Maßnahme der westlichen Welt gegenüber dem sozialistischen Lager, dazu geführt habe, dass die Wirtschaft der DDR für die moderne Entwicklung der Mikroelektronik abgeschottet gewesen sei. Ich glaubte zwar nicht, dass dies noch besondere praktische Auswirkungen haben werde, aber es wäre ein deutliches Signal der USA an die Menschen in der DDR, wenn die USA sich bereit erklärten, schon vor der Wiedervereinigung die CoCom-Liste der DDR gegenüber aufzuheben und insbesondere der DDR noch die Meistbegünstigungsklausel zu gewähren. Zu einer solchen Geste war George Bush offensichtlich nicht bereit und erklärte, dass sich unsere Probleme ja mit der Wiedervereinigung lösen würden. Nach dieser Besprechung gab es dann noch die üblichen Fotos vor dem Weißen Haus auf der Terrasse stehend, damit die Fotografen über den Zaun hinweg die Szene fotografieren konnten.

Für mich war die USA weder Traumland noch Hassobjekt. Im Bewusstsein war sie mir als Großmacht im bipolaren System des Kalten Kriegs. Dieser Teil meiner USA-Reise hat mir die Ähnlichkeit dieser beiden großen Nationen, Amerika und Russland, noch einmal vor Augen geführt. Ich war gebeten worden, dem Nationalfriedhof Arlington die Referenz zu erweisen. Dazu war ich gerne bereit. Es handelt sich um einen Soldatenfriedhof und um einen Friedhof, auf dem bedeutende Menschen begraben sind, so auch Präsident John F. Kennedy und sein Bruder Robert Kennedy. Ich wurde mit 21 Böllerschüssen begrüßt. Es folgte eine Einweisung durch einen Offizier, wie man sich zu verhalten hat. Ich ging zum Grabmal für den Unbekannten Soldaten. Beim Hinaufgehen der Stufen zu der monumentalen Gedenkstätte fühlte ich mich merkwürdig erinnert an die Szene in Moskau. Auch dort hatte ich am Grabmal des Unbekannten Soldaten zu den Klängen von Chopins Trauermarsch einen Kranz niedergelegt. Meine Delegation hatte mich nach Arlington begleitet, außerdem war der amerikanische Botschafter in der DDR, Richard Clark Barkley, bei uns. Dieser fragte meinen Begleiter Holzwarth, der – wie Barkley wusste – Bundesbürger war, wie er sich denn fühle hinter einer DDR-Fahne hier in Amerika zu stehen. Holzwarth antwortete ihm, er fühle sich außerordentlich wohl, da er die Ehre habe, hinter dem ersten frei gewählten Ministerpräsidenten der DDR dieser Zeremonie beizuwohnen. Für mich war es umgekehrt auch eine Ehre, jetzt die demokratische DDR zu vertreten. Im Großen und Ganzen war ich erstaunt, wie solche ehrenden Zeremonien bei großen Völkern sich ähneln und wie sehr sie in der Lage sind, ihr nationales Bewusstsein zu leben. Dies scheint uns Deutschen offensichtlich nach 1945 völlig ausgetrieben worden zu sein.

Am Abend desselben Tages hielt ich noch einen Vortrag bei Studenten der Georgetown-Universität, am Folgetag eine Rede vor dem außenpolitischen Ausschuss des Kongresses. Ich war erstaunt, welch enormer Sicherheitsaufwand getrieben wurde. Ich musste durch einen langen Gang gehen. An jeder Tür stand ein Sicherheitsbeamter mit einer MP im Anschlag. Neben meinen eigenen Sicherheitsleuten war ich von amerikanischen Sicherheitsleuten ständig umgeben. Dabei handelte es sich meist um große farbige, breitschultrige Polizisten, so dass ich Mühe hatte, überhaupt etwas zu sehen. Ab und an habe ich dann versucht, unter einer Achselhöhle durchzublicken.

Von Washington flog ich noch einmal zurück nach New York für einen mir besonders wichtigen Termin. Ich besuchte Pérez de Cuéllar, den damaligen Generalsekretär der Vereinten Nationen, um persönlich bei ihm die DDR aus der UNO zu verabschieden.

Das Gespräch war nicht ganz einfach, weil ich ihm gestehen musste, dass die DDR noch erhebliche Schulden bei der UNO hatte. Ich eröffnete ihm, dass ich den Schuldendienst nicht mehr zahlen könnte, da die DDR kurz vor dem Konkurs stünde. Die Schulden bei der UNO seien Dollar- bzw. DM-Schulden, über die ich noch nicht verfügte. Pérez de Cuéllar beruhigte mich und erläuterte mir, dass es wesentlich größere Schuldner gäbe als die kleine DDR. Diesen Schuldnern würde es sicherlich viel leichter fallen, ihre Schulden zu begleichen, aber sie täten dies wohl nicht, um die UNO nicht zu stark werden zu lassen. Ich versicherte ihm, dass wir bei den Verhandlungen mit der Bundesrepublik Deutschland dafür sorgen würden, dass von der DDR übernommene Verpflichtungen innerhalb der Weltorganisation, beispielsweise der WHO, auf die Bundesrepublik übergeleitet würden, so dass diesbezüglich kein Vakuum entstünde.

Nach diesem Besuch bei Pérez de Cuéllar machte ich noch einen Spaziergang durch den Garten, der das UN-Gebäude umgibt. Ich wollte unbedingt die Plastik „Schwerter zu Pflugscharen" sehen. Ein sowjetischer Bildhauer hatte, wie erwähnt, einst nach dem Spruch des Propheten Micha eine Plastik geschaffen, die zum Symbol der kirchlichen Friedensbewegung in der DDR geworden war. Es war für mich ein unscheinbarer, aber bewegender Augenblick. Jetzt stand ich also da, am East River, der Anwalt, der die Jugendlichen verteidigt hatte, die wegen des Aufnähers mit der entsprechenden Abbildung vor Gericht standen. Ich war berührt, wie sich der Kreis schloss. Diese Plastik steht im Garten der Vereinten Nationen neben vielen anderen. Sie ist bei weitem nicht die schönste, aber sie hat eben einen eindeutigen Bezug zu unserer Geschichte, zur Geschichte der DDR. Bis heute.

Diese Reise war meine erste Reise in die USA. Ich war von der Dynamik des Lebens, der optimistischen Grundhaltung der Menschen tief beeindruckt. Gleichwohl blieb das Land mir doch in manchem fremd und ich hatte das Gefühl von Geschichtslosigkeit, von andersartiger Kultur. Berührt hat mich auch der Besuch von Manhattans Lower-East-Side zusammen mit einem Armen-Arzt und das schreckliche soziale Elend dort. Am Nachmittag des 12. Juni traten wir die Heimreise an. Ich war von den Erlebnissen so aufgekratzt, dass ich nicht schlafen konnte, sondern mit den Journalisten – neben den notwendigen, die Reise auswertenden Gesprächen – Skat spielte.

Paris: Der Präsident auf dem Thron und die eigenen Wurzeln

Am 18. und 19. Juni 1990 besuchte ich Paris. Ich war sehr gespannt auf das Gespräch mit Präsident François Mitterrand, der ja dem Gedanken der Deutschen Einheit anfänglich ziemlich ablehnend gegenüber gestanden hatte. Inzwischen, so hatte mir Helmut Kohl gesagt, habe Mitterrand eine andere Haltung eingenommen, sei aber dennoch zögerlich, weil er befürchte, dass der europäische Einigungsprozess unter dem deutschen Einigungsprozess leiden könnte. Ich wurde von François Mitterrand freundlich empfangen, seine Dolmetscherin war die leider zu früh verstorbene Brigitte Sauzay, die Bundeskanzler Gerhard Schröder später als Beraterin für Frankreichfragen nach Berlin holte. Ich war schon erstaunt, wie feudal, fast königlich sich der Präsident einer Demokratie, noch dazu ein Sozialdemokrat, geben konnte. François Mitterrand saß auf einem etwas höherem Stuhl mit vergoldeten Armlehnen und vergoldeter Rückenlehne, während der Besucher auf einem ebensolchen Stuhl, aber ohne Armlehnen zu sitzen hatte. Brigitte Sauzay, die Dolmetscherin, saß auf einem Hocker. Ohne Umschweife fragte mich François Mitterrand, ob es tatsächlich so sei, dass die Ostdeutschen die Einheit Deutschlands wollten. Er habe doch im Dezember noch mit verschiedenen Leuten in der DDR gesprochen, die durchaus nicht für die Herstellung der Einheit Deutschlands gewesen seien. Ich erwiderte, dass er damals lediglich Gespräche mit Mitgliedern der SED oder damals schon SED/PDS geführt habe, die tatsächlich die deutsche Einheit nicht wollten. Aber auch schon zu dem Zeitpunkt, als er mit ihnen gesprochen hätte, sei das nicht mehr die die Mehrheitsmeinung der Ostdeutschen gewesen. Im Gegenteil, die Ostdeutschen könnten die Einigung kaum erwarten und würden derart drängen, dass wir Mühe hätten, noch die notwendigen Regelungen zu schaffen. Mir war es wichtig, dass Mitterrand aus dem Mund eines Ostdeutschen nun das positive Votum hörte. Außerdem könne die Einheit Deutschlands ein wesentlicher Motor für die europäische Einigung sein. Bisher hätten wir immer gedacht, dass die europäische Einigung der Motor sein würde, und dass im Zuge der europäischen Einigung auch die deutsche Frage gelöst werden würde. Nun erweise sich aber, dass die deutsche Frage die Herstellung und Einheit Deutschlands quasi der Motor für den europäischen Prozess werden könne.

Wir Ostdeutschen würden uns in diesem Prozess als Drehscheibe nach Osteuropa betrachten und hätten die Hoffnung, dass die gewachsenen Beziehungen zu unseren osteuropäischen Nachbarn von uns eingebracht werden könnten. Das Europa der Gemeinschaft habe sich immer nur als Europa bis zur Elbe allenfalls bis zur Oder verstanden, es müsse nun wieder lernen, dass Europa wesentlich weiter östlich ende. Darüber hinaus glaubte ich, dass Europa dadurch eine erhebliche und wesentliche kulturelle Bereicherung erfahren würde. Als wir beim Thema Kultur angekommen waren, wurde Mitterrand lebhaft, fragte interessiert nach ostdeutschen Kulturorganisationen. Ich hatte ihm dazu ein kleines Geschenk mitgebracht: ein Ölgemälde von Berlin, ein Blick in die Luisenstraße. Dies könne ungefähr der Blick gewesen sein, so sagte ich ihm, den Theodor Fontane gehabt hätte, wenn er morgens von seiner Wohnung zur Vossischen Zeitung gegangen sei. Dies Geschenk war absichtsvoll gewählt worden, denn ich wusste, dass François Mitterrand ein großer Kenner und Freund von Fontane war. Wir unterhielten uns dann über den Schriftsteller und die Bereicherung, die Brandenburg/Preußen durch die Hugenotten erfahren hat. Ich erklärte ihm meine besondere Liebe zur französischen Musik. Er bemerkte feinsinnig, dass die Deutschen vielleicht die besseren Komponisten, im Sinne von Melodienerfindung und Konstruktion seien, dass aber die Franzosen mit Sicherheit die Kompositionen besser instrumentieren könnten. Für das Gespräch war ursprünglich eine Dreiviertelstunde vorgesehen, es dauerte weit über eine Stunde. Später wurde mir erzählt, dass Mitterrand aus dem Gespräch mit mir gekommen sei und gesagt hätte: „Endlich mal wieder ein deutscher Politiker mit Kultur". Diese Bemerkung musste der Buschfunk sehr schnell nach Bonn getragen haben, denn als ich das nächste Mal mit Kohl zusammentraf, raunzte er mich an und fragte: „Was haben Sie denn mit Mitterrand über Kultur gesprochen?"

Neben weiteren Gesprächen unter anderem mit Premierminister Michael Rocard hatte ich auch ein sehr angenehmes Gespräch mit Europaministerin Edith Cresson, die ich bat, mir einen Kontakt zu Verantwortlichen der Firma Air Liquide herzustellen. Wir hatten in der DDR ein Kombinat TEGA. In den Kombinatsbetrieben wurden alle Flüssiggase, die in der Medizin, aber auch in der Industrie gebraucht werden, wie Acetylen und Sauerstoff, hergestellt. Aus der Treuhandanstalt war mir berichtet worden, dass diese Betriebe alle unverkäuflich seien, dass man sie am besten schließen würde wegen der von ihnen ausgehenden Gefahren. Diese gutachterliche Stellungnahme war aber nicht von Ostdeutschen erarbeitet worden, sondern, wie sich herausstellte, von Angestellten des Marktführers in der Bundesrepublik von Linde. Es gelang mir die Vertreter von Air Liquide für das Kombinat TEGA zu interessieren. Noch heute leben alle acht Betriebe des ehemaligen Kombinats TEGA und werfen offensichtlich auch Gewinn ab.

Für einen Besuch des Louvre oder der Sorbonne reichte die Zeit nicht mehr, aber mir wurde der Wunsch erfüllt, das berühmte Pariser Konservatorium zu besuchen. Dort wurde ich freundlich empfangen. Es war zufälligerweise der letzte Tag des alten Konservatoriums. Die Institution würde in ein neues, viel besseres Gebäude umziehen, wurde mir mitgeteilt. Aber wenn mir an dem historischen Flair des Pariser Konservatoriums läge, dann käme ich gerade noch rechtzeitig. Und so war es, ich war beeindruckt von der Atmosphäre. Ich fühlte mich an meine Zeit als Musiker erinnert. Ich dachte an die Wartezeit vor einem Auftritt in der sogenannten „Folterkammer" hinter dem Saal. Wenn das Vorspiel dann gut läuft, fühlt man sich fast wie ein König. Politik war doch ganz anders, so meine damalige Erkenntnis.

In Paris traf ich auch meinen Vetter Andreas de Maizière, der für die Commerzbank in Paris tätig war. Die französischen Wurzeln meiner Familie kamen dann noch in einer weiteren Begegnung zum Ausdruck. Kurz vor dem Ende meines Besuches wurde mir mitgeteilt, dass die Bürgermeisterin von Metz in Lothringen extra nach Paris gekommen sei, um mir ein Geschenk zu übergeben. Tatsächlich kam sie mit den Fotokopien der Kirchenbücher von Maizière le Metz, dem Ort, aus dem meine Vorfahren stammen. Sie kamen von dort nach Brandenburg, nachdem der Große Kurfürst im Jahre 1685 das Edikt von Potsdam erlassen hatte. Ich empfand dies Geschenk als eine besonders freundliche Aufmerksamkeit. Es war so etwas wie eine kleine private europäische Wiedervereinigung über die Jahrhunderte der Geschichte hinweg. Überhaupt bin ich in Frankreich besonders freundlich empfangen worden. Vielleicht war es der französische Name. Aber auch das Bild, das die französischen Zeitungen zeichneten, war amüsant. Es stellte den kleinen David dar, der sich mit dem großen Goliath, Helmut Kohl, auseinandersetzen muss.

Dublin und London und das Küchengespräch

Am 25. Juni 1990 fand in Dublin ein Gipfeltreffen der Regierungschefs der EG-Mitglieder statt, zu dem ich eingeladen worden war. Zwar nicht als Teilnehmer bei den Besprechungen der Regierungschefs, wohl aber als Gast beim gemeinsamen Mittagessen. Ich sollte einiges über die DDR sagen, insbesondere über unsere Vorstellung von der Zukunft innerhalb der europäischen Gemeinschaft. Von den Staats- und Regierungschefs wurde ich herzlich begrüßt. Ich hielt eine kurze Rede, mit der Helmut Kohl offensichtlich zufrieden war. Er behandelte mich so, wie ein Lehrer, der seinen Musterschüler vorzeigt.

Irland und auch England, wo wir anschließend hinflogen, befand sich total im Fußballfieber. Im Hotel in Dublin mussten irische Polizisten vor meinem Zimmer Wache halten und dies ausgerechnet zu einer Zeit, als die irische Nationalmannschaft spielte. Ich habe daraufhin die Zimmer meines Appartements geöffnet und den Fernsehapparat, der in meinem Appartement

Im Flugzeug mit Journalisten im Gespräch

stand, in den kleinen Vorflur gerollt. Die Polizisten konnten so ihr Fußballspiel sehen, während ich in meinem Zimmer Bratsche übte. Auf allen Reisen in der Zeit hatte ich stets mein Instrument mit, weil ich, wie gesagt, Justus Franz versprochen hatte, beim Mecklenburg-Vorpommern Musikfestival als Solist zu spielen. Ich gebe zu, nicht nur die Polizisten in Dublin wunderten sich über mich.

Eine besondere Freude wurde mir noch in Dublin bereitet, indem man mich in eine herrliche alte Kirche führte, in der Georg Friedrich Händel seinerzeit den „Messias" uraufgeführt hatte. Nachdem Händels große Zeit als Opernkomponist in London ein Ende gefunden hatte und er sich zunehmend mehr den Oratorien widmete, verlor er in London an Popularität und suchte auch Auftrittsmöglichkeiten an anderen Orten. So kam es zu der Uraufführung des „Messias" in Dublin. In der Kirche probte gerade ein Kammerorchester von Studenten, die mich baten, kurz mit ihnen zu musizieren. Ich spielte mit ihnen zwei Sätze aus einem Concerto Grosso von Georg Friedrich Händel.

Am Folgetag flogen wir nach London, weil ich am 27. Juni ein Gespräch mit Margaret Thatcher haben sollte. Ich war gespannt auf Downing Street Number 10 und wurde von der Regierungschefin auch herzlich begrüßt. Wir gingen dann jedoch überraschenderweise nicht in die repräsentativen offiziellen Räume, da diese alle nach einer Straßenseite lagen. Dort machten an diesem Tag die Militärkapellen einer Parade so viel Krach, dass man das eigene Wort nicht verstehen konnte. Margaret Thatcher führte mich hingegen in die Küche von 10 Downing Street, die auch sehr gemütlich war. Ich bekam den obligatorischen Tee, und sie bedauerte mich, ob meines Schicksals, dass ich nun Bundesdeutscher werden müsste. Sie schimpfte lauthals über Helmut Kohl und Hans-Dietrich Genscher, diese großen Kerle, neben denen man sich nicht mal fotografieren lassen könne. Sie riet mir dringend, bei Fotos mit den beiden immer ein bis zwei Meter Abstand zu wahren, dann würde der Größenunterschied nicht so gravierend auffallen. Sie war offensichtlich erstaunt, als ich ihr erklärte, dass wir nicht den Eindruck hätten, unter die Räuber zu fallen. Wir hofften, so sagte ich ihr, mit der Bundesrepublik zusammen unsere allein nicht mehr lösbaren Probleme lösen zu können. Wir seien deshalb auf das Wohlwollen ihrer Person und der britischen Seite dringend angewiesen. Wir saßen in der Küche, keine Spur von staatlichem Pomp, sondern Herd und Spüle hatten wir im Blick, alles etwas altmodisch. Und sie, die britische Hausfrau, blieb stur. Sie ließ sich nichts sagen und konnte mit Widerspruch schlecht umgehen. Vorsichtig ließ ich anklingen, dass ich den Eindruck hätte, dass Douglas Hurd, der britische Außenminister, sich nicht sonderlich konstruktiv verhielte. Was sie irgendwie gar nicht hörte und überging. Ich hatte nach der Reise den Eindruck, dass die Regierungschefs der Europäischen Gemeinschaft mehrheitlich bereit waren, den deutschen Einigungsprozess freundlich zu begleiten. Und hatte auch die Hoffnung, dass selbst Frau Thatcher ihren Widerstand wenn schon nicht aufgeben, so doch mäßigen würde.

Wanzen im Hotel „Oktjabrskaja"
und das Ende des Warschauer Pakts

ES WAR EINE Zäsur. Für den 7. Juni 1990 war eine Tagung des Politischen Beratenden Ausschusses der Teilnehmerstaaten des Warschauer Vertrages in Moskau anberaumt worden. Allen Teilnehmern war klar, dass von diesem Treffen angesichts der fundamentalen Veränderungen in Europa wichtige Signale erwartet wurden und ausgehen würden. Vielleicht muss hier noch einmal an die ganze Dimension erinnert werden. Es war die Sitzung des so genannten Warschauer Pakts, wie das östliche Bündnis im Westen genannt wurde. Es war das Gegenüber zur NATO. Der Kalte Krieg baute auf der Polarität von West und Ost auf. Dieses Treffen in Moskau würde also das Ende dieses Konflikts auf institutioneller Ebene einläuten oder zumindest einläuten können. Zugleich war die so genannte Warschauer Vertragsordnung das Disziplinierungsinstrument der Sowjetunion. In ihr versammelten sich die Vasallen Moskaus. Auch damit sollte Schluss sein. Die DDR war Teil des „Ostblocks", nur die demokratische DDR konnte aus dem Bündnis ausscheiden oder es umwandeln. Es war unsere Aufgabe, in Moskau mit neuem Selbstverständnis aufzutreten.

Die Delegation der DDR, die am 6. Juni 1990 nach Moskau flog, bestand aus der Volkskammerpräsidentin und zugleich dem amtierenden Staatsoberhaupt, Sabine Bergmann-Pohl, dem Verteidigungsminister Rainer Eppelmann, dem Chef der Nationalen Volksarmee Admiral Theodor Hoffmann und meiner Person sowie den notwendigen Mitarbeitern, wie Staatssekretär Helmut Domke und weitere Mitarbeiter des Ministeriums für Auswärtige Angelegenheit. Markus Meckel, der Außenminister, stieß aus Helsinki kommend hinzu. Die Delegationen waren untergebracht im Hotel „Oktjabrskaja". Dieses Hotel war das Gästehaus der Kommunistischen Partei, der KPdSU. In diesem Haus befanden sich auch mehrere Sitzungssäle, insbesondere der große Sitzungssaal mit einem riesigen runden Tisch, an dem die Delegationen Platz nahmen. Dieses Bild kannten wir bis dahin nur aus dem „Neuen Deutschland", wo wir die ordenstrotzenden Chefs der einzelnen Armeen bewundern konnten. Die Zimmer bzw. die Appartements waren in dem etwas plüschigen sowjetischen Stil der 50er Jahre gehalten.

Am Abend des 6. Juni kamen Istvan Horvath, damals Botschafter der Republik Ungarn in Bonn, zu mir und erklärte, dass die ungarische Delegation glaube, dass das Hotel „Oktjabrskaja" total verwanzt sei, dass also kein Wort gesprochen werden könne, ohne dass der KGB mithörte. Deshalb habe Josef Antal vorgeschlagen, dass sich die Delegationsleiter von Ungarn, Polen, der CSSR und der DDR am Abend in der ungarischen Botschaft treffen sollten. Zu Horvath muss noch gesagt werden, dass er ein überaus geschickter, wendiger Diplomat war. Die Ungarn hatten darüber hinaus die Botschaft der ungarischen Republik in Berlin, also in Ost-Berlin, nicht neu besetzt, sondern den in Bonn amtierenden Botschafter zugleich zum Botschafter Ungarns in der DDR gemacht. Auf diese Weise haben die Ungarn die Vereinigung quasi vorgezogen. Wir trafen uns also in der ungarischen Botschaft zu dem Gespräch. Einig waren wir uns alle in der Frage, dass der Warschauer Vertrag, so wie er bisher funktionierte, nicht weiter bestehen könne. Wir wollten nicht mehr als Vollstreckungsorgane der sowjetischen Führung in allen militärischen Fragen fungieren, unter der bisher geübten strikten Anweisung und Leitung des Oberkommandierenden der Streitkräfte, der stets aus der Sowjetunion kam. Antal verwies darauf, dass das ungarische Parlament einen Beschluss gefasst habe, wonach Ungarn binnen Jahresfrist aus dem Warschauer Vertrag auszutreten habe und darüber hinaus die Sowjets aufzufordern seien, ihre Truppen aus Ungarn unverzüglich abzuziehen. Vaclav Havel stand zwar nicht unter dem gleichen Druck eines Parlamentsbeschlusses, drängte jedoch auch auf eine Veränderung, möglichst sogar auf eine Auflösung des Warschauer Vertrages bereits am Folgetage. Ähnlich verhielt sich Polens Premier Mazowiecki, der allerdings in keiner besonders starken Position war, da er zwar durch die teilfreien Wahlen vom 24. Juni 1989 zum Ministerpräsidenten in Polen gewählt worden war, aber als Präsident noch immer Jaruzelski agierte. Jaruzelski war es auch, der am Folgetag, am 7. Juni, die polnische Haltung vortrug und dabei von der Haltung von Mazowiecki wesentlich abwich.

Ich war in einer schwierigen Lage. Zum einen war ich mir mit meinen Gesprächspartnern einig, dass der Warschauer Pakt am Ende war, zum anderen aber wollte ich zunächst die schnelle Auflösung gerade verhindern. Denn meine Sorge war, dass ein schnelles Auseinanderbrechen des östlichen Bündnisses die deutsche Einheit gefährden würde. Ich erklärte also in unserer konspirativen Runde, dass ich die Forderung nach Auflösung des Warschauer Vertrages und nach Abzug der Truppen der Sowjetunion so nicht unterstützen könne. Die Truppen stünden in den Ländern außer der DDR ohne Rechtsgrund, wenn man einmal von den Regelungen des Warschauer Vertrages absähe. In der DDR aber stünden die sowjetischen Truppen aufgrund der Viermächtevereinbarungen und ihrer Funktion als Siegermacht. Aber ich sei bereit, sie zu unterstützen in der Frage der Demokratisierung des Warschauer Vertrages, der Umwandlung in ein politisches Bündnis, der Ablösung der sowjetischen Vorherrschaft im Bündnis, in allen Fragen, die der Herausbildung eines gesamteuropäischen Sicherheitssystems dienlich sein könnten. Ich gab aber weiterhin zu bedenken, dass die sofortige Auflösung des Warschauer Vertrages zugleich das Ende der Verhandlungen in Wien über die Begrenzung der konventionellen Rüstung darstellen würde. In Wien verhandelten die beiden Blöcke seit Jahren über die Begrenzung von konventionellen Waffen. Das Verhandlungsmandat der östlichen Seite lag beim

Warschauer Vertrag. Lösten wir diesen auf, wären mithin alle Bemühungen der letzten zehn Jahre in dieser Richtung vergeblich gewesen. Ich hielte es daher für sinnvoll, den Warschauer Vertrag zumindest bis zum September des Jahres beizubehalten. Wir wussten, dass die Tagung am nächsten Tag mit einem Beitrag von Gorbatschow beginnen würde und vereinbarten, wie besprochen darauf zu reagieren. Der Abend endete mit einer lustigen Bemerkung von Havel, indem er sagte: Was soll schon dabei rauskommen, wenn ein Historiker wie der Antal, ein Philosoph wie der Mazowiecki, ein Schriftsteller wie der Havel und ein Musikant wie der de Maizière versuchen, Weltpolitik und Geschichte zu spielen.

Die Tagung begann am Folgetag um 9.30 Uhr. Die erste Verhandlungsrunde bis zur Mittagspause sollte von Antal geleitet werden, die Nachmittagsrunde dann von mir. Zwei Themen waren als Tagesordnungspunkte vereinbart: 1. Perspektiven des gesamteuropäischen Prozesses, Herausbildung von Sicherheitsstrukturen und Festigung der Stabilität in Europa. 2. Meinungsaustausch über die Überprüfung des Charakters und der Funktion sowie der grundlegenden Reorganisation des Warschauer Vertrages. Es wurde schnell Einigkeit über die Tagesordnung herbeigeführt. Nach der Eröffnung durch Antal sprach Gorbatschow. Aus dem, was er sprach, wurde den Beteiligten der verschwörerischen Abendrunde in der ungarischen Botschaft klar, dass die ungarische Botschaft ebenso undicht war wie das Hotel „Oktjabrskaja". Jedenfalls fanden wir vier uns jeweils in Formulierungen Gorbatschows wieder, die nur aus KGB-Quellen stammen konnten.

Gorbatschow hielt eine nach meinem damaligen Eindruck viel zu lange Rede und wurde darüber hinaus zu wenig konkret. Wir erlebten eine Wendeepoche Europas, das Nachkriegseuropa ginge zu Ende, es müsse ein neues Europa entstehen, die Konturen seien allerdings noch völlig unklar, die Zukunft würde sich wie hinter einem Schleier verborgen halten und wegen dieser Ungewissheit sollten wir an den bisherigen Strukturen, wenn auch geändert, festhalten und unsere gemeinsamen Ziele definieren. In Westeuropa gebe es zum Teil vernünftige Situationen, es gebe aber auch neue Nationalismen und Kräfte, die im Trüben fischten. Die westlichen Partner seien darüber hinaus nicht bereit, fundamental an die Probleme heranzugehen. Gorbatschow äußerte sich auch zur Einigung Deutschlands und dass er das Selbstbestimmungsrecht der Deutschen akzeptiere, aber es müsse weiterhin gelten: „Von deutschem Boden darf kein Krieg ausgehen". Im Prozess lauerten sehr wohl noch Gefahren, es dürfe die Büchse der Pandora nicht geöffnet werden. Die deutsche Einigung müsse in einen europäischen Prozess eingebettet werden und alle müssten gemeinsam auf eine Wandlung der NATO drängen.

Er, Gorbatschow, könne sich vorstellen, dass das geeinte Deutschland eine assoziierte Mitgliedschaft in beiden Blöcken haben könne und dass Truppen sowohl Amerikas als auch der Sowjetunion weiterhin in Deutschland stationiert sein sollten. Den Wiener Verhandlungen über die Begrenzung der konventionellen Rüstung messe er große Bedeutung bei. Die Warschauer Vertragsordnung müsse deswegen schon aufrechterhalten bleiben, sie wäre kein Selbstzweck, sondern ein Faktor der Stabilisierung. Wichtig sei ein Gipfel der Bündnisse. Dabei sei eine Veränderung der USA-Position nötig, die USA wären nicht die Weltherrscherin. Der kalte Krieg sei hauptsächlich zwischen den Supermächten geführt worden und deswegen sei es die kardinale Aufgabe der Supermächte, diesen auch zu beenden. Im Ganzen war klar, dass Gorbatschow nicht die Führungsposition der Sowjetunion im Bündnis aufzugeben bereit war.

Als Nächster sprach Havel, der Gorbatschow in wesentlichen Punkten widersprach. Der Warschauer Vertrag müsse entweder liquidiert oder prinzipiell neu gestaltet werden. Er benötige eine neue Militärdoktrin, die nicht gegen einen konkreten Feind gerichtet sein dürfe. Die Truppen des Warschauer Vertrags dürften nicht weiterhin der Sowjetunion unterstellt sein. Es müsse zu einer absoluten Achtung der Souveränität der Teilnehmerstaaten kommen. Ein Streitkräfteeinsatz dürfe nur mit Einverständnis der Verfassungsorgane und nur zum Schutz des jeweils eigenen Territoriums erfolgen. Die Tschechoslowakei sei nicht mehr bereit, ihre Truppen unter ein gemeinsames Kommando zu stellen. Im Ergebnis von einzelnen Arbeitsgruppen sei geprüft worden, ob die Warschauer Vertragsordnung veränderbar sei oder ob sie nicht ersetzt werden sollte durch bilaterale Freundschaftsverträge. Sie, die Tschechen, jedenfalls würden ihr Verhältnis zur Sowjetunion überprüfen. Sie träten ein für eine Sicherheitszone von Russland bis San Francisco, suchten enge Kontakte zur europäischen Gemeinschaft und zum Europarat. Ebenso wichtig wie die Frage der militärischen Sicherheit in Europa sei jedoch auch die Durchsetzung der Menschenrechtsbewegung auf dem ganzen Kontinent.

Ich bemerkte, dass Antal und Mazowiecki mit den Ausführungen von Havel einverstanden waren, während Gorbatschow sich ziemlich unzufrieden zeigte. Nach Havel sprach Jaruzelski, der als ehemaliger Militär sehr stark militärisch argumentierte, schnitt – wie nicht anders zu erwarten war – die Frage der polnischen Grenzen an, die im europäischen Prozess jetzt geregelt werden müssten. Er sprach sich für einen Weiterbestand der Warschauer Vertragsordnung aus, die sich aber verändern müsse bis hin, dass die Leitung in einem Rotationsprinzip von zivilen Kräften wahrzunehmen sei. Nach Jaruzelski wurde mir das Wort erteilt. Ich trug die Haltung der DDR dahingehend vor, dass wir die Herstellung der Einheit Deutschlands anstrebten, und zwar dies so gut und so schnell wie möglich. Das geeinte Deutschland sei dann ein Nationalstaat, ein berechenbarer und zuverlässiger Partner, dem man vertrauen könne, der ein auf Europa orientiertes Land sei. Ich könne mir darüber hinaus vorstellen, dass Deutschland in der Zukunft eine gewisse Scharnierfunktion bei der Überwindung der Blockkonfrontation übernehmen könne. Bezüglich der NATO teilte ich die allgemeine

Auffassung, dass die Prinzipien der Vorneverteidigung, des „Flexible Response" und atomaren Erstschlages aufgegeben werden müssten.

Nach der danach vorgesehenen Mittagspause hatte ich die Aufgabe, die zweite Sitzungsperiode zu leiten. Ich muss gestehen, dass mich ein sehr merkwürdiges Gefühl beschlich. Ich dachte so im Stillen, nun sitze ich kleiner Berliner Anwalt hier in Moskau, leite die Tagung eines der beiden großen Militärbündnisse und versuche mitzuhelfen, dass die Nachkriegsordnung zu Ende geht. Als Erster sprach nach der Mittagspause Antal. Er sprach sich wie bekannt für den Helsinki-Prozess als überwölbende Struktur aus. Er ließ es selbstverständlich nicht aus, auf Ungarn 1956 und die Rolle der Sowjetunion bei der Niederschlagung des Volksaufstandes hinzuweisen. Dies hatte auch vorher Havel getan mit Blick auf 1968. Wenn die WVO Bestand haben sollte, müsse sie revidiert werden. Sie müsse ihres militärischen Zwecks entkleidet und auf die Basis der Souveränität der nationalen Truppen gestellt werden.

Nach Antal sprach für Bulgarien Petar Mladenow, bei dessen Ausführungen man den Eindruck gewinnen konnte, dass er noch nicht in der neuen Zeit angekommen war. Er sprach sich sogar für eine Stärkung der Südflanke der Warschauer Vertragsordnung aus, eine Verstärkung der Grenzen zur Türkei. Kurz: für die Beibehaltung der bisherigen Strukturen und Garantien, bis es mit der westlichen Seite zu klaren Vereinbarungen gekommen sei. Ähnlich äußerte sich Ion Illiescu für Rumänien. Er sprach sich mit Blick zu Antal für gutnachbarliche Beziehungen zu Ungarn aus. In meinen persönlichen Aufzeichnungen seiner Ausführungen steht: „Bla, bla". Nach dem Beitrag von Illiescu hatte ich die Aufgabe, drei Dokumente zur Abstimmung zu stellen. Sie waren auf Beamtenebene erarbeitet worden und hielten lediglich in schönen Worten fest, dass wir uns kaum angenähert hatten. Immerhin gab es einen Konsens, dass der künftige Generalsekretär der Warschauer Vertragsordnung der stellvertretende Außenminister der CSSR, Viktor Matejka, sein sollte. Ich hatte dann die Aufgabe, das Ergebnis der Tagung zusammenzufassen. Ich tat dies in thesenhafter Weise, dass wir Fragen beraten hätten, die zu einer Veränderung der politischen Landschaft nicht nur in Europa, sondern in der ganzen Welt führen würden, dass wir das Tor zu einer radikalen Umgestaltung der Warschauer Vertragsorganisation hin zu einer vorrangig politisch Organisation aufgestoßen hätten, dass sich so neue Perspektiven bis hin zu vertraglichen Regelungen zwischen den Bündnissen auftäten und dass wir übereinstimmend vergleichbare Schritte der NATO erwarteten. Wir äußerten die Hoffnung, dass noch in diesem Jahr, also 1990, ein erstes Abkommen über die konventionelle Abrüstung erreicht werden könnte. Gorbatschow dankte ich für seine Informationen über die Gespräche mit George Bush und für die erwiesene Gastfreundschaft.

Ich war mit Verlauf und Ergebnis der Tagung aus DDR-Sicht zufrieden, war es uns doch gelungen, unsere ehemaligen oder noch bestehenden Partner nicht zu verprellen und uns die notwendige Handlungsfreiheit für den Zwei-plus-Vier-Prozess zu bewahren, bei dem wir ja auf das Wohlwollen der Sowjetunion weiterhin angewiesen blieben. Das war der Grund, warum ich eine sofortige Auflösung des Warschauer Vertrags abgelehnt habe. Letztlich gelang es nicht, die besonderen Beziehungen aufrechtzuerhalten, was vor allem am Zerfall der Sowjetunion lag. Doch 1990 sah die Situation noch anders aus. Die Sowjetunion war noch immer ein mächtiger Faktor in der Weltpolitik. Ich selbst war wohl auch noch tief gefangen in dem alten DDR-Denken, dass nichts geht, wozu die Sowjetunion nicht ihr „Ja" gesagt hat.

Entsetzt war ich, als ich aus Agenturmeldungen erfuhr, dass Markus Meckel am Vortag bei der KSZE-Außenministerkonferenz in Helsinki mit dem Vorschlag hervorgetreten war, eine trilaterale Zone bestehend aus Deutschland, Polen und CSSR zu begründen, quasi ein „Bündnis zwischen den Bündnissen". Diese Überlegung ging bis dahin, dass es auch ein trilaterales

Heer geben sollte bestehend aus NVA und der polnischen und tschechoslowakischen Armee. Diese Idee war in keiner Weise mit mir abgestimmt. Sie stieß auf harsche Ablehnung in Washington, Paris und London. Ich betrachtete dieses Vorgehen Meckels als einen Akt schwerer Illoyalität und habe nur im Interesse des Erhalts der Koalition mit der Sozialdemokratie davon abgesehen, ihn von seinem Posten abzuberufen. Dies haben mir später die Sozialdemokraten selbst abgenommen, indem sie aus der Koalition ausschieden. Ich entsinne mich noch, dass James Baker mich am 12. September 1990 bei der Unterzeichnung des Zwei-plus-Vier-Vertrages darauf ansprach und unverhohlen äußerte, dass er zufrieden sei mit dem Wechsel an der Spitze der DDR-Delegation.

Das Ende der Legende:
Die zehntstärkste Wirtschaftsnation der Welt

ZWISCHEN DIESEN BEIDEN Zahlen schwankt das Bild und die Diskussion darüber, was die DDR am Ende „wert" war: 1,745 Billionen Mark/DDR Gesamtkapital der DDR auf der einen Seite und 265 Milliarden DM Schulden auf der anderen. Wo liegt da die Wahrheit? War das Land pleite oder wirtschaftlich gesund? Tief in das Bewusstsein der DDR-Bürger war eingeprägt, dass die DDR die zehntstärkste Industrienation sei, und viele im Westen glaubten dies leichtfertigerweise auch. Tatsache ist, dass die DDR-Wirtschaft fast vor dem Kollaps stand und dem Staat die Zahlungsunfähigkeit gegenüber dem westlichen Ausland – in DDR-Deutsch „dem nichtsozialistischen Währungsgebiet" (NSW) drohte. Die erste Zahl „stimmt" systembedingt. Solange die Mauer stand, der Binnenmarkt durch eine Zoll- und Währungsgrenze geschützt war, solange die DDR im RGW eingebunden war, war der Absatz der Produkte, und zwar egal wie gut oder schlecht sie waren, zu einem Festpreis garantiert. Ja, der Bedarf konnte nicht einmal befriedigt werden. Man denke nur an die 14-jährige Wartezeit für einen Trabant. In einer Planwirtschaft findet jedes Produkt seinen Absatz, was daran liegt, dass es keine Konkurrenz, keinen Wettbewerb gibt. Das führte dazu, dass jedes Produkt, das in der DDR hergestellt wurde, einfach im Verhältnis zu den Herstellungskosten als Sozialprodukt erzeugt angesehen wurde und nicht zu dem, was es wirklich wert war, gemessen am Weltmarktpreis, oder gar am Nutzen für den Konsumenten. Jeder ehemalige DDR-Bürger erinnere sich doch an den Jubel in der Presse, wenn in Leipzig bei der Messe ein „weltmarktfähiges" Produkt ausgezeichnet wurde. Der traurige Umkehrschluss jedoch lautet, dass das Gros der

Produkte eben nicht weltmarktfähig war. Das erklärt den Wunsch nach „Westwaren" und war die Existenzgrundlage von Intershop, Delikat und Exquisitläden und eines schwunghaften Schwarzhandels mit Devisen und Mangelwaren aller Art.

Die Zahl vom „Vermögen" der DDR basiert auf einer Substanzwertbetrachtung, nicht auf einer Ertragswertbetrachtung. Ein Betrieb hat bei einer Substanzwertbetrachtung einen Immobilienwert von angenommen 100.000 Mark, einen Gebäudewert laut Bilanz von 200.000 Mark, einen Maschinenpark ebenfalls von 200.000 Mark, so dass sich ein Gesamtwert von 500.000 Mark ergibt. Diesen Wert hat er aber nur so lange, wie in diesem Betrieb ein Produkt erzeugt wird, das am Markt zu einem Preis verkauft werden kann, der die Materialkosten, die Lohnkosten und sonstigen Verbrauchskosten refinanziert und nach Möglichkeit noch Gewinn erwirtschaftet. Aber genau dieser Ertragswertbetrachtung hielt die überwiegende Zahl der DDR-Betriebe bei Einführung der D-Mark nicht stand, was an der mangelnden Produktivität der Betriebe lag. Die SED hat uns jahrelang gepredigt: „Die Frage Wer – Wen wird auf dem Felde der Arbeitsproduktivität entschieden." Recht behalten hat sie! Das wahre Bild zeigte sich, als die Betriebe infolge der Währungsunion nicht nur eine Mark/DDR-Schlussbilanz, sondern eine DM-Eröffnungsbilanz erstellen mussten. Die war für die meisten Betriebe die bittere Stunde der Wahrheit.

Die Zahlen vom DDR-Gesamtkapital stammen von Gerhard Schürer, dem letzten Chef der DDR-Plankommission. Sie benennen unsaldierte Aktiva. Im Zusammenhang mit der Verhandlung über die Wirtschafts-, Währungs- und Sozialunion mit der Bundesrepublik im Jahre 1990 mussten wir die Schuldensituation offenlegen. Es ergab sich folgendes Bild: Die Industrie der DDR war mit 220 Mrd. M/DDR, die Landwirtschaft mit 100 Mrd. M/DDR, der Wohnungsbau mit 120 Mrd. M/DDR, der Staatshaushalt mit 123 Mrd. M/DDR und die Kommunen mit etwa 75–80 Mrd. M/DDR verschuldet. Diese Inlandsverschuldungssituation hatte ihre Ursache darin, dass spätestens seit der Machtübernahme von Honecker es zu einer sträflichen Vernachlässigung der produktiven Sphäre, d. h. der Investitionen zugunsten der konsumtiven Sphäre kam. Stiegen im Zeitraum von 1970 bis 1989 die Ausgaben in der konsumtiven Sphäre auf 200 Prozent, so stand dem in der produktiven Sphäre nur eine Steigerung auf 120 Prozent gegenüber. Diese Vernachlässigung der Akkumulation führte dazu, dass alle Investitionen ins Kreditwesen verlagert wurden und so zu dem oben genannten Schuldenberg im Inland und zu hoher Auslandsverschuldung führten. Zu den Inlandsschulden hinzu kommen die 175 Mrd. M/DDR Ersparnisse der DDR-Bürger, inklusive angesparte Versicherungen, die zuletzt so viel wert waren wie das Papier, auf dem sie verbrieft waren. Aus diesen Spareinlagen speiste der Staatshaushalt seine Kreditaufnahme. In der DDR wurde auf Spareinlagen ein gesetzlicher Zinssatz von 3,25 Prozent gewährt. In den letzten Jahren lagen die Zinseinnahmen der Bevölkerung deutlich über der Zunahme des Warenfonds, also der Zunahme von Waren in den Regalen der Geschäfte. Die Vernachlässigung der Akkumulation zugunsten der Konsumtion führte neben der Verschuldung zunehmend zu einer Störung des gesamtwirtschaftlichen Gleichgewichts. Stieg im Zeitraum von 1981 bis 1985 das Bruttoinlandsprodukt noch um 3,5 Prozent und die Geldmenge um 4,5 Prozent, so gab es im Zeitraum von 1986 bis zum Ende lediglich ein Wachstum von 3 Prozent, aber gleichzeitig eine Erhöhung der Geldmenge um 10,1 Prozent. Instinktiv machte sich die Bevölkerung mit einem schönen Witz Luft: Anfrage an den Sender Jerewan: „Wird es im Kommunismus noch Geld geben?" Antwort: „Ja, nur noch!"

Zu den genannten Faktoren trat erschwerend hinzu, dass manche hoch unproduktive Produktion nur im Deviseninteresse aufrechterhalten wurde. Beispielhaft sei genannt: Im Mansfelder Land wurde Kupfer zu einem Preis von 135.000 M/DDR je Tonne produziert, zeitgleich kostete die Tonne Kupfer auf dem Weltmarkt lediglich 11.000 DM. Mit Einführung der DM war die Mansfelder Kupferproduktion tot. Hohe Belastung bedeutete der Sowjetunion-Handel. 90 Prozent der DDR-Exporte gingen in die SU. So wurde von der DDR die gesamte sowjetische Hochseefischfangflotte, die Wolgaschifffahrtflotte und fast der gesamte Bestand an Personenwaggons für die sowjetische Staatseisenbahn gebaut. In der Regel erhielt die DDR jedoch nur 65–70 Prozent ihres Kostenaufwandes als Preis bezahlt. Die Differenz wurde den Betrieben aus dem Staatshaushalt als so genannte „Exportstützung" – wie diese Art von fortwährender Reparationszahlung genannt wurde – erstattet. Doch die DDR war auf die Sowjetunion angewiesen, einerseits politisch als Garant ihrer Existenz und andererseits als Rohstofflieferant.

Besonders erwähnt werden müssen noch die ökologischen Schäden, die die DDR-Wirtschaft hinterließ. In der DDR gab es, wie schon gesagt, 598 Betriebe, die jedes Jahr im Januar eine Ausnahmegenehmigung vom Gesundheitsminister erhalten mussten, da sie die ohnehin niedrigen Umweltschutznormen nicht einhielten. Bei der Verhandlung zur Wirtschafts-, Währungs- und Sozialunion mussten wir durchsetzen, dass die bundesdeutschen Umweltvorschriften erst in fünf Jahren im Osten Deutschlands geltendes Recht werden, weil wir sonst einen Großteil der DDR-Betriebe sofort hätten schließen müssen.

Ich erinnere noch mal an das bereits erwähnte Schürer-Papier, das von Krenz in Auftrag gegeben worden war. Darin hieß es unter anderem, dass die Produktivität der DDR 40 Prozent hinter der BRD zurückliege. Die katastrophale Lage wird beschrieben: – Disproportion zwischen Zulieferer- und Finalproduktion, – hoher Verschleißgrad des Anlagevermögens (teilweise bis zu 67 Prozent), – Disproportion zwischen Akkumulation und Konsumtion, – überproportional hoher Anteil manueller Arbeit, – Missverhältnis zwischen Produktionsbasis und Überbau (Verwaltung, Administration etc.), – Anstieg der Valutaverschuldung von 2 Mrd. DM in 1970 auf 49 Mrd. DM in 1989. Wie dramatisch die Situation diesbezüglich war, belegt folgendes Zitat aus dem Schürer-Papier: „Bei der Einschätzung der Kreditwürdigkeit eines Landes wird international davon ausgegangen, dass die Schuldendienstrate – das Verhältnis vom Export zu den im gleichen Jahr fälligen Kreditrückzahlungen und Zinsen – nicht mehr als 25 Prozent betragen sollte. Damit sollen 75 Prozent der Exporte für die Bezahlung von Importen und sonstigen Ausgaben zur Verfügung stehen. Die DDR hat, bezogen auf den NSW-Export, 1989 eine Schuldendienstrate von 150 Prozent". Verzweifelt stellen die Autoren fest: „Allein ein Stoppen der Verschuldung würde im Jahre 1990 eine Senkung des Lebensstandards um 25–30 Prozent erfordern und die DDR unregierbar machen. Selbst wenn das der Bevölkerung zugemutet würde, ist das erforderliche exportfähige Endprodukt in dieser Größenordnung nicht aufzubringen." Der Auftraggeber dieser Studie, Egon Krenz, schreibt in seinem Buch „Herbst 89": „Es berührt mich, dass sie (die Verfasser des Dokuments) eine Selbstverständlichkeit als Neuerung formulieren. Es heißt zum Beispiel: ‚Der Wahrheitsgehalt der Statistik und Information ist auf allen Gebieten zu gewährleisten.' Sie wissen nur zu gut, dass die Erfolgspropaganda gerade in der Ökonomie eine Scheinwelt schuf." Ausnahmsweise gebe ich Egon Krenz hier recht.

Umtausch und andere Geschäfte

NACH DEM FALL der Mauer verließen täglich zwei- bis dreitausend Menschen die DDR. Waren es zunächst diejenigen, die sich ohnehin schon vor dem Fall der Mauer zum Verlassen der Republik entschlossen hatten, folgten später diejenigen, die nach der ersten Westreise feststellten, um wie viel höher der Lebensstandard in der Bundesrepublik war, und die mit ihrem Weggang die Hoffnung verbanden, baldmöglichst einen vergleichbaren Wohlstand zu erreichen.

Spätestens um die Weihnachtszeit 1989, als der Drang nach Westwaren und Westgeschenken immer größer wurde, waren immer mehr Menschen bereit, zu abenteuerlichen Kursen ihre Mark der DDR in D-Mark umzutauschen. In Westberlin entstanden schnell wieder Wechselstuben, so wie sie bis zum 13. August 1961 bestanden hatten. Die Kurse erreichten zeitweilig das Verhältnis von 20:1. DDR-Bürger waren also bereit und in der Lage, 20 Mark gegen 1 D-Mark einzutauschen. Es pendelte sich aber nach Weihnachten dann bei 6:1 oder 5:1 ein und entsprach so in etwa dem Kurs, der schon vor dem Fall der Mauer als Schwarzkurs in Ostberlin üblich war. Neben diesen Tauschgeschäften kam es zu einer nicht beherrschbaren Devisen- und Zollkriminalität. Besonders in Berlin und in den grenznahen Gebieten nutzten viele westdeutsche Bürger die Tatsache aus, dass in der DDR viele Grundnahrungsmittel staatlich hoch subventioniert waren, aber auch bestimmte Dienstleistungen sehr viel billiger waren als im Westen. Für diese subventionierten Waren oder Dienstleistungen wurden durch den hohen Umtauschkurs nur Spottpreise bezahlt.

So kostete in Ostberlin ein Brötchen oder, wie der Berliner sagt, eine Schrippe, 5 Pfennige, wofür der Westberliner bei einem Wechselkurs von 1:5 nur 1 Pfennig zu zahlen brauchte. Am gravierendsten war dies bei Dienstleistungen. Kostete beispielsweise eine Dauerwelle im Damenfrisiersalon im Osten 15 Mark, kostete sie in Westberlin annähernd 60 DM und konnte bei dem angegebenen Kurs im Osten für 3 DM erlangt werden. Die Sparkassen in der DDR meldeten insbesondere vor Weihnachten, dass die Bürger sehr hohe Abhebungen tätigten. Es lag auf der Hand, dass sie diese in D-Mark tauschten. Hans Modrow hatte Sorge, dass die so nach dem Westen verbrachten Mark der DDR uns eines Tages in Summe präsentiert werden und so das Währungssystem der DDR zum Einsturz bringen könnten. Ich teilte diese Sorge allerdings nicht, denn ich konnte mir kaum vorstellen, dass ein Wechselstubenbesitzer in Westberlin oder sonst wo Interesse daran haben konnte, Mark der DDR zu horten, sondern vielmehr daran interessiert war, diese so schnell wie möglich wieder loszuwerden gegen D-Mark.

Dennoch fragte ich den Vizepräsidenten der Bundesbank, Helmut Schlesinger, wie viel Mark der DDR in dieser Weise im Umlauf seien. Er erklärte mir, dass die Bundesbank mit diesen Geschäften nichts zu tun habe, er aber versuchen wolle, über Geschäftsbanken sich einen Überblick zu verschaffen. Nach wenigen Tagen rief er mich an und sagte, man schätze, dass es etwa 80 bis 90 Millionen Mark der DDR seien, die sich ständig im Umlauf befänden. Gemessen an den rund 160 Milliarden Mark Ersparnisse der Bürger war dies eine zu vernachlässigende Größe. Schon im Zusammenhang mit der Bildung der „Allianz für Deutschland" hatte ich mit Helmut Kohl Gespräche darüber, wie wir den Exodus der DDR-Bürger stoppen könnten, welche Bleibehoffnung gegeben werden könnte und wie wir mit der Währungskriminalität umgehen könnten. Ich weiß noch, dass ich Helmut Kohl sagte, dass, wenn nicht Entscheidendes geschehe, er mir zu Weihnachten die Bundeswehr nach Leipzig schicken müsse, damit noch jemand die Straßenbahn fährt.

Die „Allianz für Deutschland" wurde am 5. Februar 1990 beschlossen und schon am 6. Februar 1990 erklärte Helmut Kohl, dass er entschlossen sei, eine Währungsunion herbeizuführen. Diese Äußerung tat er zunächst im kleineren Kreis. Das offizielle Angebot zu Verhandlungen über die Währungsunion wurde am 13. Februar 1990 in Bonn Hans Modrow übergeben. Noch in der Modrow-Zeit wurden erste Sondierungsgespräche geführt, die auf der DDR-Seite von Walter Romberg geleitet wurden. Am 6. Februar 1990 bildete die westdeutsche Bundesregierung einen Kabinettsausschuss „Deutsche Einheit" unter Vorsitz des Bundeskanzlers Helmut Kohl. In der konstituierenden Sitzung wurden sechs Arbeitsgruppen gebildet, wovon eine sich mit der Schaffung einer Währungsunion und mit Finanzfragen unter Federführung des Bundesministers der Finanzen befassen sollte.

Nach der Bildung meiner Regierung beauftragte ich Günther Krause, parlamentarischer Staatssekretär im Amt des Ministerpräsidenten und zugleich Leiter des Arbeitsstabes Deutsche Einheit, mit der Verhandlungsführung. Ihm zur Seite standen Staatssekretär Walter Siegert sowie Wolfried Stoll von der Staatsbank der DDR. Auf der westlichen Seite wurde Hans Tietmeyer mit der Verhandlungsführung beauftragt. Am 18. Mai 1990 wurde der erste Staatsvertrag zur Herstellung der Wirtschafts-, Währungs- und Sozialunion in Bonn im Palais Schaumburg unterzeichnet. Für die Bundesrepublik unterzeichnete Theo Waigel und für die DDR Walter Romberg.

Ich sehe noch, wie Walter Romberg vor der Unterzeichnung unter dem Tisch die Hände faltete und ein Gebet sprach. Ich deutete dies so, dass er sich freute und Dank sagte dafür, dass dieser Vertrag zustande gekommen war. Richard Schröder hat er später erzählt, dass er die Unterschrift unter diesen Vertrag als Akt der Demütigung und Unterwerfung empfunden habe. Offenbar plagte ihn damals schon eine Haltung oder Einstellung, die später beim Einigungsvertrag schwerwiegende Folgen haben sollte. Nach Unterzeichnung des Vertrages hielt Helmut Kohl eine Rede, in der er von der „Geburtsstunde des freien und einigen Deutschlands" sprach. Er wiederholte in seiner Rede das Bild von blühenden Landschaften, das er schon im Wahlkampf gebraucht hatte. Ich verhielt mich wesentlich vorsichtiger und sagte, dass uns ein schwieriger Prozess bevorstünde, an dessen Ende es aber allen besser gehen werde.

Allen Beteiligten war klar, dass es nicht nur darum ging, die D-Mark als gesetzliches Zahlungsmittel in der DDR einzuführen, sondern dass damit auch die Herstellung eines einheitlichen Wirtschaftsraumes verbunden war. Wir wussten, dass die Umstellung vom Plan zum Markt mit erheblichen Arbeitsmarktproblemen verbunden sein würde, so dass es notwendig war, soziale Auffangsysteme zu schaffen. Wollte man dies in einem Akt bewerkstelligen, hieß dies zugleich, mit dem Prozess der Herstellung der Rechtseinheit zu beginnen. In Konsequenz dessen wurden dem Vertragstext vier Anlagen beigefügt. Anlage 1 legte fest, welche Rechtsvorschriften der Bundesrepublik von der DDR gleichlautend zu übernehmen seien. Dies betraf insbesondere Vorschriften des Steuerrechts. Anlage 2 legte fest, welche Rechtsvorschriften die DDR neu zu schaffen hatte. Anlage 3 legte fest, welche Rechtsvorschriften der DDR geändert werden müssten und Anlage 4, die die kleinste war, legte fest, welche Rechtsvorschriften der Bundesrepublik Deutschland zu ändern sind. Heftig umstritten war schon im Vorfeld des Wahlkampfes gewesen, welcher Wechselkurs bei der Währungsunion zur Anwendung kommen sollte. In meiner Regierungserklärung hatte ich gefordert, dass der Kurs 1:1 betragen solle, wobei mir klar war, dass dies in toto kaum erreicht werden konnte. Im Ergebnis der Verhandlungen wurde festgelegt, dass Löhne, Renten, Stipendien und alle wiederkehrenden Leistungen im Verhältnis von 1:1 umgestellt werden. Hinsichtlich der Ersparnisse hatte die Bundesregierung zunächst vorgeschlagen, dass jeder DDR-Bürger vom Säugling bis zum Greis 4.000 Mark 1:1 umstellen dürfe und dass darüber hinausgehende Beträge im Verhältnis von 2:1 umzustellen seien. Für Ausländer sollte ein Kurs von 3:1 gelten.

Das brachte uns Ärger ein. Ich entsinne mich an ein höchst unangenehmes Telefonat mit Ryschkow, dem sowjetischen Ministerpräsidenten. Er verlange, dass auch die Guthaben der sowjetischen Bürger, insbesondere die der Offiziere, in dem für DDR-Bürger geltenden Kurs, umgestellt würden. Ich erklärte ihm, dass dies unmöglich sei, da die Umtauschkurse in dem Vertrag mit der Bundesrepublik fest vereinbart seien. Bei aller Freundschaft seien Russen und Sowjet-Bürger halt auch Ausländer. Wütend beendete er das Telefonat und einige Zeit später wurde mir mitgeteilt, dass die Sowjets angedroht hätten, die Erdöllieferungen zu stoppen. Auf die Drohung hin sprach ich wieder mit Ryschkow. Ich sagte ihm, dass wir eine Staatsreserve von 4 Monaten hätten, dass uns also der Stopp der Öllieferungen nicht allzu hart treffen würde. Seine Soldaten aber würden ab 1. Juli keinen Pfennig Geld mehr in der Tasche haben, falls er die Drohung wahr machte. Daraufhin forderte er, dass ich am kommenden Montag in Moskau zu erscheinen hätte, um die Probleme mit ihm zu lösen. Ich sagte ihm, dass ich nicht kommen würde, ich ließe mich nicht nach Moskau zitieren, ich würde aber meinen Verhandlungsführer nach Moskau schicken. Tatsächlich sind dann am kommenden Montag Günther Krause und der damalige Staatssekretär im Bundesfinanzministerium Horst Köhler, später Präsident der Bundesrepublik Deutschland, nach Moskau gereist. Dort haben sie die Fragen der Umstellung der Währung, insbesondere auch der Stationierungskosten, geklärt. Die sowjetischen Truppen in der DDR bekamen von der DDR regelmäßig Geldzuweisungen und zwar dies auf der Grundlage eines im Jahre 1957 geschlossenen Stationierungsabkommens. Für 5,50 Mark der DDR bekam die DDR in Moskau, bei der RGW Bank, einen Verrechnungsrubel gutgeschrieben, also 2,5-mal schlechter als im normalen Wirtschaftsverkehr. Die Sowjets standen nun auf dem Standpunkt, dass sie statt 5,50

Mark der DDR 5,50 D-Mark zu bekommen hätten, wozu weder wir noch die Bundesregierung bereit waren. Nach zähen Verhandlungen, wie gesagt am Montag den 25. Juni, einigte man sich in Moskau auf 2,75 D-Mark, die dann einen Verrechnungsrubel wert sein sollten.

In der Zeit der Verhandlungen erhielt ich über 7.000 Briefe von älteren DDR-Bürgern, vielfach noch als Eingabe bezeichnet. Die Briefe hatten in etwa folgenden Wortlaut: Ich bin Jahrgang 1910, habe den Ersten Weltkrieg erlebt, habe die Hyperinflation der 20er Jahre miterlebt, erlebte den Faschismus und den Zweiten Weltkrieg, dort bin ich ausgebombt worden. 1948 wurden meine Ersparnisse im Verhältnis von 10:1 abgewertet. Nun sollen meine Ersparnisse, die ich mir fürs Alter zurückgelegt hatte, wiederum gekürzt werden. Ich entsinne mich, dass ich ein langes Gespräch mit Bundeskanzler Helmut Kohl geführt habe und ihm sagte, dass wir gerade die Generation der Rentner, die am heftigsten von der deutschen Geschichte getroffen worden waren, besser stellen müssten. Im Ergebnis wurde dann vereinbart, dass Kinder und Jugendliche bis zum Erreichen des Alters von 16 Jahren lediglich 2.000 und Rentner 6.000 Mark im Verhältnis 1:1 umtauschen durften. Viele Kinder und Jugendliche hatten nicht einmal Ersparnisse in Höhe von 2.000 Mark, so dass Oma noch an die Enkel abgeben konnte und weitere 2.000 Mark im günstigen Kurs getauscht wurden.

Ich entsinne mich, dass wir mehrere Sitzungen durchführten, wo wir darüber nachdachten, welche kriminellen Machenschaften mit einem solchen Geldumtausch verbunden sein könnten und welche Riegel wir dem vorzuschieben hätten. Tatsächlich ist es uns gelungen, die Kriminalität in Grenzen zu halten. Erst nach der Wiedervereinigung wurden Fälle ruchbar, die mit dem RGW-Verrechnungsrubel im Zusammenhang standen. Es war vereinbart worden, dass Altverträge, d. h. solche Außenhandelsverträge, die die DDR zum Kurs von 2,34 Mark der DDR gegen 1 Verrechnungsrubel abgeschlossen hatten, zukünftig 2,34 D-Mark zu 1 Verrechnungsrubel sein sollten. Vielfach wurde nun versucht, Verträge zurückzudatieren, um so in Genuss des günstigeren Kurses zu gelangen.

Wir erlebten, dass in dieser Zeit viele Menschen ihre Lebensversicherung bei der Staatlichen Versicherung der DDR kündigten, weil die Guthaben der Lebensversicherung 2:1 umgestellt worden wären, wohingegen der Betrag, den sich die Leute für die Versicherung ausbezahlen ließen, 1:1 umgestellt werden konnte. Dennoch hatte die Staatliche Versicherung der DDR Versicherungsverträge mit einem Ansparvermögen von circa. 18 Milliarden Mark der DDR. Die Staatliche Versicherung war eine Haushaltsorganisation. Die Beträge, die die Bürger für ihre Versicherung einzahlten, wurden an den Staatshaushalt abgeführt. Die Staatliche Versicherung erhielt lediglich solche Beträge aus dem Staatshaushalt zurück, die sie zur Bedienung fälliger Forderungen einsetzen musste. Die Staatliche Versicherung war mithin völlig anders organisiert als bundesdeutsche Versicherungen, die ja das Geld, das ihnen die Bürger anvertrauen, anlegen müssen, und zwar zu 80 Prozent in sicheren Anlagen. Nur 20 Prozent dürfen am Kapitalmarkt bewegt werden. Parallel zur Währungsunion haben wir also verhandelt, wie wir die Staatliche Versicherung vom Staatshaushalt abkoppeln und sie an eine westdeutsche Versicherung verkaufen könnten. Schon in der Modrow-Zeit waren erste Gespräche mit der Allianz geführt worden, die nach meiner Regierungsbildung fortgesetzt wurden und dazu führten, dass vier Tage vor der Währungsunion die Staatliche Versicherung an die Allianz verkauft wurde. Die anderen bundesdeutschen Versicherungen hatten wenige Tage vor diesem Datum sich zu einem Konsortium zusammengeschlossen, waren aber auch nicht bereit, einen höheren Preis zu zahlen als die Allianz, so dass wir uns entschlossen, den Vertrag mit der Allianz abzuschließen. Von den sich benachteiligt fühlenden Versicherungen wurden später Gerüchte gestreut, dass es zu Unregelmäßigkeiten beim Verkauf an die Allianz gekommen sei.

Diesbezüglich durchgeführte Ermittlungsverfahren wurden jedoch eingestellt.

Der Tag der Währungsunion sollte der 1. Juli 1990 sein. Beginnend mit diesem Tage sollte jeder DDR-Bürger 2.000 Mark der DDR in bar in 2.000 D-Mark eintauschen dürfen. Darüber hinaus gehende Beträge sollten lediglich auf Konten umgestellt werden dürfen. Hätten also alle 16 Millionen DDR-Bürger an diesem Tag oder in den ersten 14 Tagen danach ihre 2.000 Mark umstellen wollen, wären dazu 32 Milliarden D-Mark erforderlich gewesen. Tatsächlich wurden zum 1. Juli 25 Milliarden D-Mark bereitgestellt und bis in den letzten Winkel der DDR transportiert. Genauso wichtig wie die rechtzeitige Einlagerung der D-Mark war die Sicherung des Abtransportes der eingesammelten Mark der DDR, da sonst die Gefahr bestanden hätte, dass das gleiche Geld mehrfach in Umlauf gerät. Das Einsammeln der getauschten Mark der DDR wurde weitgehend von der Nationalen Volksarmee übernommen, wohingegen die Anlieferung der D-Mark durch professionelle Geldtransportfirmen erfolgte und die Bundeswehr sich als hilfreich erwies. In der DDR wurden die Einkommen von selbstständigen Gewerbetreibenden und von Handwerkern außerordentlich hoch besteuert. Der Spitzensteuersatz bei Gewerbetreibenden betrug bei Gewinnen von 500.000 Mark der DDR 90 Prozent bei Handwerkern 75 Prozent. Diese hohe, fast konfiskatorische Besteuerung führte dazu, dass eine erhebliche Schattenwirtschaft entstanden war und dass viele Handwerker gegen bar und ohne Rechnung arbeiteten. Die so erlangten Beträge wurden, um sie nicht besteuern zu müssen, nicht auf Konten eingezahlt. Mancher Handwerker hatte nun im Zusammenhang mit der Währungsunion große Sorge, wie er seine großen Bargeldbeträge loswerden könnte.

Der Umtausch sollte an allen Geld- und Kreditinstituten der DDR einheitlich am 1. Juli 1990, 8 Uhr beginnen. Eine Zweigstelle der Deutschen Bank am Berliner Alexanderplatz öffnete jedoch bereits um 0 Uhr und es kam dort zu tumultartigen Sze-

Währungsumstellung am 1. Juli 1990: Lothar de Maizière beim medienwirksamen Geldumtausch. BArch, Bild 183–1990–0701–018 / Andreas Altwein

nen, weil manche befürchteten, die Geldmenge könne nicht ausreichen. Diese Sorge, dass nicht ausreichend Geld zur Verfügung stehen könnte, war so groß, dass sich auch am 1. Juli im Laufe des Tages endlose Schlangen vor den Sparkassen und den anderen zum Geldumtausch berechtigten Stellen bildeten. Schon vor dem 1. Juli war es zu freundschaftlichen Beziehungen zwischen dem Deutschen Sparkassenverband und dem Sparkassenverband der DDR gekommen. Für den 1. Juli wurde gegenseitige Hilfe vereinbart. So waren an diesem Tage fast alle Westberliner Sparkassen-Angestellten in Ost-Berlin mit im Einsatz, um einen reibungslosen Umtausch zu gewährleisten.

Ich sollte medienwirksam mein erstes Geld bei einer Sparkasse in Berlin-Baumschulenweg umtauschen. Als ich dort ankam, warteten bereits alle verfügbaren Fernsehstationen und Pressefotografen. An den Schalter tretend musste ich feststellen, dass ich nicht eine Mark bei mir hatte, die ich hätte umtauschen können. Ich hatte am Morgen wegen des zu erwartenden Fernsehandranges den Anzug gewechselt und dabei mein Portemonnaie im anderen Anzug gelassen. Ich war in Begleitung meines persönlichen Referenten, Sven Olaf Obst, dem ich sagte, er müsse mir sofort 100 Mark leihen, damit ich den medienwirksamen Akt vollziehen könnte. Er meinte zunächst, diese 100 Mark würden ihm von seiner umzutauschenden Summe abgehen. Ich habe ihm versichert, dass ich ihm diese mir geborgten 100 Mark der DDR in 100 D-Mark zurückerstatten würde. Im Laufe des Tages habe ich dann noch mehrere Umtauschstellen besucht und auch die Staatsbank der DDR, die ab dem 1. Juli Staatsbank Berlin hieß, denn mit dem Vertrag über die Währungsunion war vereinbart worden, dass die DDR die Währungssouveränität auf die Bundesbank überträgt.

Am Abend bei einem ersten auswertenden Gespräch erzählte mir Helmut Schlesinger, dass es Klagen gab. Von vielen Orten der DDR sei die Meldung gekommen, dass zu wenige Zwanzig-D-Mark-Scheine angeliefert worden seien. Er fragte, wie ich mir das erklären könnte, denn die Bundesbank hätte das Geld in der gleichen Stückelung an die Sparkassen geliefert, wie sie in der Bundesrepublik üblich seien. Ich konnte ihm dies so erläutern, dass die Menschen in der DDR wesentlich weniger verdienen und dass deshalb der Zwanzig-Mark-Schein etwa die Rolle im Leben der Menschen spiele wie der Fünfzig-Mark-Schein im Leben der bundesdeutschen Bürger. Ginge also der Arbeiter in Ost-Berlin abends in die Kneipe, um ein Bier und einen doppelten Korn zu trinken und eine Bulette zu essen, stecke er sich 20 Mark ein und nicht 50 Mark, weil er sich dies nicht leisten könne und wegen der subventionierten Preise möglicherweise auch gar nicht benötigte. Im Ganzen muss aber gesagt werden, dass die Währungsunion und die Währungsumstellung annähernd reibungslos verlaufen ist. Es war die größte Geldtransaktion in Europa und wurde erst übertroffen bei der Einführung des Euros.

Erhebliche Probleme bereitete die Entsorgung der aus dem Verkehr gezogenen Mark der DDR. Aus mir nicht erklärlichen Gründen konnte das Geld auch nicht in Müllverbrennungsanlagen vernichtet werden, so dass wir uns entschlossen, es in Salzstöcken in Thüringen einzulagern und diese dann zu verschließen. Aus Thüringen erreichten uns Meldungen, dass die Stasi offensichtlich in der Nacht illegale Geldtransporte durchführte und dieses Geld möglicherweise in D-Mark umtauschen wollte. Die so beobachteten und uns gemeldeten Leute waren allerdings die, die wir eben mit der Entsorgung des Geldes beauftragt hatten.

Heiß diskutiert worden ist immer wieder die Frage, ob der Umtauschkurs ein richtiger gewesen wäre und ob die DDR-Wirtschaft nicht eben an diesem Umtauschkurs zugrunde gegangen sei. Dem kann nicht entschieden genug widersprochen werden. Richtig ist zwar, dass der Kurs ein politischer war, denn wir wollten mit diesem Umtauschkurs den Exodus der DDR stoppen. Darüber hinaus wäre der Umtausch der wiederkehrenden Leistungen zu einem anderen Verhältnis völlig unmöglich gewesen. Die durchschnittlichen Einkommen in Ostdeutschland betrugen etwa 40 Prozent der vergleichbaren Einkommen in der Bundesrepublik. Hätten wir diese Einkommen nun 2:1 oder gar wie manche meinten 4:1 umgestellt, wäre ein Arbeiter in Ostdeutschland mit einem Zehntel des Lohnes nach Hause gegangen, den sein westdeutscher Kollege verdiente.

Die Renten in der DDR betrugen durchschnittlich 270 bis 300,00 Mark. Wir haben seinerzeit Warenkorbberechnungen durchgeführt, indem wir ermittelten, wie viel Geld ein Rentner benötigt. Wir kamen zu dem Ergebnis, dass er mindestens 495 DM zur Verfügung haben müsse, wenn die Preise in der DDR freigegeben werden. Gleiches traf für Studenten zu. Das Grundstipendium in der DDR betrug 140 Mark der DDR. Mit einem Stipendium von 140 DM hätte kein Student überleben können. Selbst niedrige Einkommen mussten gestützt werden, um soziale Schieflagen zu vermeiden. Um allzu große Härten auszuschließen, hatten wir darüber hinaus vereinbart, dass die Mieten in Ostdeutschland nur in dem Verhältnis ansteigen dürfen, wie die Einkommen der Bevölkerung steigen.

Im Zusammenhang mit der Währungsunion teilte uns die Bundesbank und teilten uns die Sparkassen mit, dass die Kontenumstellungen etwa vier Wochen dauern würde und dass in dieser Zeit auch keine Überweisungen getätigt werden könnten. Hätten wir nicht einen Ausweg gefunden, hätte dies bedeutet, dass am 15. Juli, am ersten Gehaltszahltag mit der neuen Währung, die Löhne und Gehälter im öffentlichen Dienst nicht hätten gezahlt werden können. Wir bestellten daraufhin alle Landräte, Bürgermeister und Oberbürgermeister der kreisfreien Städte nach Berlin und händigten ihnen in einer groß angelegten Aktion Barschecks aus, die sie dann nach Hause zurückgekehrt einlösen konnten, um Löhne und Gehälter zu zahlen. Ich entsinne mich, dass Walter Romberg und ich einen ganzen Vormittag im Finanzministerium, dem heutigen Detlef-Rohwedder-Haus, saßen und Schecks unterzeichneten. Der neu gewählte Oberbürgermeister von Leipzig, Hinrich Lehmann-Grube, vormals Stadtdirektor in Hannover, bekam von mir einen Scheck mit mehreren Millionen D-Mark in die Hand. Scherzhaft sagte ich zu ihm, dass ich hoffte, dass er auch damit zu Hause ankäme. Dies erkannte er offenbar nicht als Scherz, sondern erblickte darin ein Misstrauensvotum von mir und war ziemlich beleidigt. Es kostete mich einige Mühe, diese Stimmung zu beheben, dies umso mehr, als ich davon überzeugt war, dass die Leipziger eine gute Wahl mit ihm getroffen hatten. Denn er war zuvor Oberstadtdirektor in der Messestadt Hannover gewesen. Ich musste einmal mehr in meinem Leben einsehen, dass meine Scherze nicht immer die besten sind.

Wenige Tage nach der Währungsumstellung erschien in meinem Büro Wolfram Krause, der Finanzvorstand der Treuhand, und offenbarte mir kreidebleich, dass die der Treuhand seit dem 1. Juli 1990 unterstellten Betriebe angezeigt hätten, dass sie zahlungsunfähig wären. Ihre Umlaufmittel seien im Zusammenhang mit der Währungsunion 2:1 umgestellt worden und sie befürchteten, am 15. Juli Löhne und Gehälter nicht zahlen zu können. Insgesamt seien bei ihm Anträge auf Liquiditätskredite in Höhe von 20 Milliarden D-Mark eingegangen. Krampfhaft überlegten wir, wie wir damit umgehen sollten. Ich sagte zu Wolfram Krause, dass die Betriebsdirektoren wahrscheinlich das Doppelte von dem beantragt hätten, was sie tatsächlich brauchten. Dies aus alter DDR-Gewohnheit, weil sie ja ohnehin wüssten, dass sie immer nur die Hälfte von dem bekämen, was sie beantragt hätten. Ich schlug nun vor, dass wir die geforderten Liquiditätskredite halbierten und vielleicht noch etwas nach unten abrundeten, um es nach Rechnen aussehen zu lassen, also etwa 49 Prozent zu zahlen, was wir dann auch taten. Mit einigen Umschichtungen konnte die Summe aufgebracht werden. Später teilte mir Wolfram Krause mit, dass nur ganz wenige Betriebsdirektoren sich beschwert hätten und meinten, sie hätten nun in der neuen Zeit ehrliche Anträge gestellt und nur die Hälfte bekommen. Nun säßen sie vor großen Schwierigkeiten. Die überwiegende Zahl gab sich klaglos mit den von uns „errechneten" 49 Prozent zufrieden.

Im Vertrag über die Wirtschafts-, Währungs- und Sozialunion war vereinbart, dass alle Betriebe der DDR eine Mark-der-DDR-Schlussbilanz vornehmen sollten und dann eine DM-Eröffnungsbilanz. Erst mit der DM-Eröffnungsbilanz wurde in vollem Umfang deutlich, in welch desolatem Zustand sich die DDR-Wirtschaft befand. Die enorme innere Verschuldung der Industrie mit 220 Milliarden Mark der DDR, des Wohnungsbaus mit 110 Milliarden Mark der DDR und der Landwirtschaft mit 100 Milliarden Mark der DDR mussten, wenn auch im Verhältnis 2:1 umgestellt, im Wesentlichen von der Treuhandanstalt geschultert werden. Denn niemand, der einen Betrieb bei der Treuhand übernahm, wollte diesen mit den Schulden übernehmen, sondern wollte ihn schuldenfrei erwerben, nach Möglichkeit sogar noch Investitionsmittel dazu bekommen und war nur unter solchen Bedingungen bereit, Arbeitsplatzgarantien abzugeben. Es mag in der Treuhandanstalt manchen Fehler gegeben haben, mancher Betrieb wurde möglicherweise von Konkurrenten übernommen, um sich die Konkurrenz vom Halse zu schaffen. Es mag auch manche Bonuszahlung fehlerhaft gewesen sein. Im Ganzen war die Treuhandanstalt aber besser als ihr Ruf. Denn sonst hätten wohl kaum die Ungarn, die Tschechen und die Polen Treuhandanstalten nach unserem Vorbild geschaffen. Tragisch für die Treuhandanstalt und für die ostdeutsche Wirtschaft war, dass am Ostersonntag 1991 Detlev Karsten Rohwedder erschossen wurde. Es war eine menschliche Tragödie. Aber auch eine politische. Er verfolgte einen wesentlich stärkeren strukturpolitischen Ansatz als seine Nachfolgerin, die einen fiskalischeren Ansatz wählte.

Der Vertrag zur Herstellung der Wirtschafts-, Währungs- und Sozialunion und die Durchführung des Vertrages war der erste große Schritt in Richtung deutsche Einheit. Er machte den Prozess unumkehrbar, verminderte den Exodus von DDR-Bürgern und bescherte ihnen Kaufkraft in der Höhe von 120 Milliarden DM. Auf diese Weise blieb den DDR-Bürgern die Inflation erspart, die alle anderen Bürger der ehemals sozialistischen Länder durchleiden mussten. Unser Wahlversprechen war eingelöst. Die DDR-Bürger konnten mit der D-Mark in den Sommerurlaub fahren.

Schweine vor der Volkskammer –
Der letzte Sommer der DDR

ES WAR FÜR mich ein beklemmendes Gefühl, als ich Demonstranten vor der Volkskammer sah. So wie im Herbst 1989 gingen wieder Menschen auf die Straße. Nur jetzt war ich der Regierungschef und die Proteste richteten sich im Sommer 1990 gegen meine Regierung. Mit Demonstrationen war die friedliche Revolution erstritten worden, von Demonstrationen war nun auch das Ende der DDR begleitet. Bauern kamen mit ihren Schweinen bis vor die Eingangstüren der Volkskammer. Eine Bannmeile hatten wir nicht, wir waren doch vom Volk direkt gewählt. Es gehörte für mich zu einer wichtigen Erfahrung, dass sich gerade auch in der Demokratie Volkes Wille auf der Straße zeigt. Und dass das dazu gehört. Und anders als im Herbst 1989, wo es der kollektive Unmut über das Regime war, bildeten sich jetzt in der jungen demokratischen DDR schon die ersten Partikularinteressen heraus – verständlicher Weise. Die Bauern waren wütend über die Absatzkrise, die ihnen die Währungsunion beschert hatte. Sie wurden ihre Schweine nicht los und fanden keine Abnehmer für ihre Milch, da die Menschen jetzt West-Milch und West-Fleisch kauften. Es ist schon eine Ironie der Geschichte, dass zu DDR-Zeiten die Ost-Schweine in den Westen verkauft wurden, um harte Währung einzunehmen. Dadurch gab es einen Mangel in der DDR. Nach der Wende wollten die Bürger dann ihre eigenen Produkte nicht mehr haben, die jetzt im Überfluss vorhanden waren, sondern schauten nur auf die Westverpackung.

Doch die Demonstranten vor der Volkskammer waren für uns ein ernstes Alarmsignal. Nach der Währungsunion begann das Land und die Regierung an Stabilität zu verlieren. Genau der friedliche Übergang zur Einheit, der mein oberstes Ziel war, drohte in Gefahr zu geraten. Viele Betriebe kamen angesichts der neuen wirtschaftlichen Bedingungen in Existenznot. Erstmals gab es Arbeitslosigkeit in der DDR. Wer investieren wollte, bekam schlecht Kredite. Plötzlich gab es Überproduktion statt Mangel. Wenn Bauern demonstrativ ihre Milch in den Gully laufen lassen, dann zeigt das große Wut und Verzweiflung und ein großes Konfliktpotenzial. Es musste zu einer Klärung kommen, es brauchte einen Befreiungsschlag. Aber welchen?

Der Frieden innerhalb der Regierung war ebenfalls dahin. Die Währungsunion war eine große Kraftanstrengung gewesen, danach war der Weg zur Einheit eigentlich unumkehrbar, schon das allein ließ die Disziplin unter den agierenden Personen sinken. Auch die Nervosität mit Blick auf die erste Gesamtdeutsche Wahl wurde größer. Alle in der Volkskammer vertretenen Parteien versuchten, für sich die günstigsten Ausgangspositionen zu schaffen. In dem meist am Montag tagenden Koalitionsausschuss wurde die Sache zugespitzt, auf die Fragen, ob die ersten gesamtdeutschen Wahlen in einem einheitlichen Wahlgebiet stattfinden sollen oder ob es für die ersten gesamtdeutschen Wahlen noch zwei Wahlgebiete, ein Wahlgebiet West (BRD) und ein Wahlgebiet Ost (DDR), geben sollte. Die zweite strittige Frage war, ob es eine einheitliche 5-Prozent-Sperrklausel geben solle oder nicht. Mir war beides relativ egal. Die CDU hatte sowohl in der Bundesrepublik als auch in der DDR etwa gleich hohe Prognosen, die deutlich über 40 Prozent lagen. Der Sieg schien in jedem Fall gewiss. Die SPD und die FDP vertraten vehement den Standpunkt, dass es nur ein einheitliches deutsches Wahlgebiet geben dürfe, und dass dieses Wahlgebiet einheitlich für das gesamte Territorium eine 5-Prozent-Sperrklausel haben müsse. Die parteipolitischen Absichten waren klar erkennbar. Beide Parteien hofften, bei einem einheitlichen Wahlgebiet mit einer 5-Prozent-Sperrklausel, die PDS heraushalten zu können. Die SPD hoffte darüber hinaus, dass ihr auf diese Weise nicht

Stimmen verloren gingen, die bei keiner Sperrklausel sich möglicherweise bei den Bündnis-Grünen wiederfinden würden. Ohne es belegen zu können, ging ich damals schon davon aus, dass beide Parteien von ihren westdeutschen Geschwistern zu einer Klärung in dieser Frage gedrängt wurden. Erstaunt war ich bei der SPD, dass sie für den Fall, dass sie sich durchsetzte, billigend in Kauf nahm, dass ihre Geschwister des Herbstes 89, die sich im Bündnis 90/Die Grünen zusammengetan hatten, keine Chance haben würden.

Neben diesem Konflikt lag eine noch gefährlichere Stimmung im Raum: Einheit sofort. Wie am 17. Juni schon einmal von der DSU versucht, unternahmen die Liberalen im Juli einen entsprechenden Vorstoß. Das spitzte die Lage nochmal zu. Sie forderten in ihrem Antrag vom 10. Juli die Regierung der DDR auf, bis zum Beginn der parlamentarischen Sommerpause, den Beitritt der DDR zum Geltungsbereich des Grundgesetzes der Bundesrepublik nach Artikel 23 mit Wirkung des 1. September 1990 zu erklären.

Dieser Antrag, offensichtlich ein wenig überlegter Schnellschuss, lief letztendlich auf die Entmündigung der Volkskammer hinaus. Nach diesem Antrag hätte die Regierung den Beitritt nach Artikel 23 erklären können. Dies war aber, so war auch der Konsens, nur mit einer Zwei-Drittel-Mehrheit der Volkskammer möglich und war so auch im Paragrafen 2 des Ländereinführungsgesetzes, das sich in den Ausschüssen befand, vorgesehen, wonach Verfügungen über das Staatsgebiet der DDR als Ganzes, nur die Volkskammer treffen konnte. Ich war gegen einen Beschluss dieser Art, aus den gleichen Gründen wie schon am 17. Juni. Die Einigungsvertragsverhandlungen steckten noch in den Anfängen. Ich war der Auffassung, dass, würde so beschlossen werden, die Bedingungen, unter denen die Einheit Deutschlands zustande käme, dann von der Volkskammer kaum mehr beeinflussbar sein würden, sondern allein von Bundesregierung und Bundestag abhängig seien.

Über diesen Antrag wurde dann in der Volkskammersitzung vom 20. Juli 1990 ausführlich beraten.

In dieser Sitzung habe ich mich umfassend zu dem Antrag geäußert, ihn sowohl in seiner rechtlichen als auch in seiner politischen Qualität bemängelt und klipp und klar gesagt, dass ich diesen Antrag für wahltaktisches Manöver hielte. Ungünstig für meine Position war, dass sowohl die Bündnis 90/Grünen als auch die PDS, hier Gregor Gysi, mit klugen juristischen Argumenten meine Position unterstützten, was zur Verärgerung bei Liberalen und SPD-Abgeordneten führte. Nachdem am 20. Juli der Antrag der Liberalen nicht an die Ausschüsse überwiesen worden war, wurde am Sonntag, dem 22. Juli, in einer Sondersitzung der Antrag erneut in geänderter Form auf die Tagesordnung gesetzt. Dem Antrag waren die Sozialdemokraten beigetreten, so dass sich die jetzige Debatte eigentlich um einen internen Streit innerhalb der Koalition handelte. Ergänzt war der Antrag lediglich um den Gedanken, dass die Regierung aufgefordert werden sollte, mit der Bundesregierung über einen Wahlvertrag zu verhandeln. Offensichtlich war die Erkenntnis gewachsen, dass die Volkskammer nur über Wahlen auf dem Staatsgebiet der DDR befinden konnte und dass über Wahlen auf dem Staatsgebiet der Bundesrepublik nur der Bundestag beschließen konnte. Sollte es also zu einem einheitlichen Wahlgebiet kommen mit einer einheitlichen Sperrklausel, müsste dies in einem speziellen Staatsvertrag zwischen den beiden Regierungen festgelegt und in beiden Parlamenten mit verfassungsändernder Mehrheit beschlossen werden.

Diesem nun gemeinsamen Antrag der Liberalen und der SPD stellte die CDU einen, ich würde aus heutiger Sicht sagen, lendenlahmen Antrag entgegen, der lediglich die Regierung aufforderte, Verhandlungen über die Frage der zukünftigen Wahl aufzunehmen, jedoch nicht einen Antrag gemäß Artikel 23 mit konkretem Datum zu beschließen. Der gemeinsame Antrag der Liberalen und der SPD wurde abgeschmettert. Der Antrag der

CDU wurde mit großer Mehrheit, in namentlicher Abstimmung, angenommen. Die Liberalen beteiligten sich nicht an der Abstimmung. Die Liberalen standen zu diesem Zeitpunkt bereits unter großem Druck ihrer westdeutschen Partner und versuchten sich offensichtlich von ihrer Vergangenheit freizuschwimmen.

Bei den Koalitionsverhandlungen hatten sie zu meinem Erstaunen darauf bestanden, dass Kurt Wünsche unbedingt der Justizminister in unserer gemeinsamen Regierung sein sollte. Ich wusste, dass Kurt Wünsche ein wirklich guter Jurist war, andererseits aber auch zu bedenken war, dass er bereits einmal Justizminister in der Zeit Ulbrichts gewesen war. Danach war er allerdings in Ungnade gefallen und hatte sich erst mühselig wieder hochgearbeitet. Im Angesicht der bevorstehenden Einigung zwischen dem Bund der Liberalen und der FDP forderten die gleichen Leute, die darauf bestanden hatten, dass Kurt Wünsche Justizminister wurde, mich auf, ihn aus meinem Kabinett zu entlassen. Ja, sie glaubten sogar, sie könnten den Minister zurückziehen, obgleich er von ihnen lediglich vorgeschlagen, jedoch von der Volkskammer gewählt worden war. Kurt Wünsche trat, um sich dem innerparteilichen Druck zu entziehen, aus dem Bund der Liberalen aus und war zunächst entschlossen, seine Aufgaben weiter wahrzunehmen. Später, als der öffentliche Druck größer wurde, bat er mich jedoch ihn abzuberufen, was ich dann im Zusammenhang mit der Abberufung der Minister Romberg, Pollack und Pohl tat.

Für Montagabend, den 23. Juli 1990, war eine Koalitionsausschusssitzung anberaumt worden. Am gleichen Tage erhielt ich sowohl von den Liberalen als auch von der SPD die Mitteilung, dass sie keinen Vertreter zu dieser Koalitionsausschusssitzung entsenden würden. Dies verwunderte mich zunächst nicht sonderlich. Was mich allerdings besonders erstaunte, war, dass die beiden Briefe absolut wortgleich waren und in enthüllender Ehrlichkeit deutlich machten, dass die gesamte Diskussion der beiden vorangegangenen Sitzungen allein wahltaktische Manöver waren. Wörtlich hieß es in beiden Briefen: „Die Sicherung der Gleichheit der Wahlbedingungen und der wirklichen Gemeinsamkeit der Wahlen zum ersten gesamtdeutschen Parlament, ist für uns unverzichtbar." Der Brief der Fraktion der SPD trug die Unterschrift von Richard Schröder, der der Liberalen trug die Unterschrift von Conrad-Michael Lehment, der zunehmend mehr das Heft des Handelns in der Fraktion der Liberalen übernommen hatte.

In dem Brief hatten die Liberalen angedroht, die Koalition zu verlassen, wenn nicht seitens der CDU ein Entgegenkommen in der Frage Beitritt und Wahlmodus erreicht werden könne. Ich begab mich am 24. Juli in die Fraktion der Liberalen, um mit ihnen einen Kompromiss zu suchen, musste jedoch feststellen, dass ihre Forderung lediglich darauf hinauslief, dass ich ihre Position bedingungslos zu übernehmen hätte, wozu ich nicht bereit war. Mit Schreiben vom 24. Juli 1990 erklärten sie dann, dass sie die Koalitionsvereinbarung vom 12. April 1990 aufkündigten. Mit gleichem Datum erhielt ich ein Schreiben der SPD-Fraktion, in dem sie den Austritt aus der Koalition für den kommenden Freitag ankündigten, für den Fall, dass die CDU nicht den Weg frei machte, für Wahlen in einem einheitlichen Wahlgebiet unter gleichen Wahlmodalitäten und einer auf das ganze Wahlgebiet bezogenen Sperrklausel.

Sie erkannten aber offensichtlich, dass dies nicht allein in meiner Hand lag und auch nicht nur allein in der Hand der Fraktion der CDU der Volkskammer, sondern dass es dazu einer Regelung zwischen den beiden Parlamenten bedürfte, denn wörtlich hieß es: „Wir erwarten von der CDU-Fraktion (DDR) eine entsprechende Entscheidung im gemeinsamen Ausschuss für deutsche Einheit zu ermöglichen." Das Ausscheiden der Liberalen aus der Koalition und das drohende Ausscheiden der SPD aus der Koalition hätte, so wurde mir klar, dazu geführt, dass ich mit einer Minderheitenregierung das nach der Wäh-

rungsunion in erheblichen wirtschaftlichen Turbolenzen befindliche Land hätte regieren müssen.

Mir war klar, dass ich bei Ausscheiden der Minister der Liberalen und der SPD in der Volkskammer keine Zustimmung zu
Wahlen von neuen Ministern finden würde, so dass wir (wie
später geschehen) die Ressorts geschäftsführend entweder auf
Staatssekretäre oder auf das benachbarte Ressort übertragen
müssten. Die Regierung war auseinandergeflogen, es gab Unruhe in der Bevölkerung. Ich entschied mich, die sich zuspitzen-
de Lage mit Helmut Kohl, der sich am Wolfgangsee im Urlaub
befand, zu besprechen. Es zeichnete sich ab, dass wir einen Fort-
bestand der DDR über den Oktober hinaus, nicht mehr sichern
konnten. Gleichzeitig hatte ich die Sorge, dass ein Machtvakuum
entstehen würde, wenn wir den Beitritt vornahmen, ohne auch
zeitgleich gesamtdeutsche Wahlen abzuhalten. Die meisten
Volkskammerabgeordneten wollten den 41. Jahrestag der DDR
nicht mehr erleben, das war der 7. Oktober.

Der Besuch am Wolfgangsee

ENDE JULI WAR ich zu Besuch in Wien. Auf dem Rückweg wollten wir einen Abstecher am Wolfgangsee bei Kohl machen. Doch die Medien hatten Wind davon bekommen, so dass wir die Visite kurzfristig absagten. Eine Woche später, am 1. August, sind wir dann, sozusagen unerkannt, noch einmal nach Österreich geflogen. In meiner Begleitung waren Krause, Holzwarth und Sylvia Schulz. Nachdem wir in dem Urlaubsidyll freundlich begrüßt worden waren, erläuterte ich Helmut Kohl die entstandene Situation und wies darauf hin, dass jederzeit die Gefahr bestünde, dass durch eine Zufallsmehrheit in der Volkskammer der Beitritt sofort beschlossen werden könnte. Auch in der CDU-Fraktion gebe es mehrere Stimmen, die sich nicht mehr bändigen ließen. Die Abgeordneten hätten die Angst, als Gegner der deutschen Einheit dazustehen und nicht als besonnene Vertreter eines geordneten Weges. Spätestens nach dem 12. September, nach der Unterschrift unter dem Zwei-plus-Vier-Vertrag, sei ein Beitrittsbeschluss nicht mehr aufzuhalten. Auf keinen Fall würden wir die Zeitspanne bis zum 2. Dezember, dem Tag der ersten gesamtdeutschen Wahl, handlungsfähig überstehen. Käme es zu einem früheren Beitritt, wäre die DDR regierungslos, da die bestehende Bundesregierung noch nicht legitimiert sei, die Regierungsgeschäfte in der DDR oder in den ostdeutschen Ländern zu übernehmen.

Mein Vorschlag ginge dahin, am 7. Oktober, dem 41. Jahrestag der DDR, oder am 9. Oktober eine Sondersitzung der Volkskammer durchzuführen, einziger und ausschließlicher Tagesordnungspunkt, Beitrittsbeschluss zum Geltungsbereich des Grundgesetzes gemäß Artikel 23 mit Wirksamkeit zum 14. Oktober 1990. An dem Tag sollten die ersten freien Landtagswahlen in der DDR sein und ich hielt es für sinnvoll, die ersten gesamtdeutschen Bundestagswahlen auf den 14. Oktober vorzuverlegen. Dazu müsste eine Änderung des Grundgesetzes angestrebt werden, die Legislaturperiode müsste um wenige Tage verkürzt würde. So wäre gewährleistet, dass die Volkskammer die Macht dem Souverän zurückgibt, der sich dann in uno acto die ersten freien Landtage und das erste gesamtdeutsche Parlament wählen würde.

Er als Bundeskanzler müsse im deutschen Bundestag für dieses Vorgehen eine Mehrheit finden, wenngleich zu erwarten sei, dass die SPD sich zögerlich verhalten würde. Oskar Lafontaine als sein Gegenkandidat hoffe noch immer auf den totalen wirtschaftlichen Kollaps in der DDR, so dass die Wahlen zu einem späteren Zeitpunkt für ihn, der vor dem Chaos gewarnt habe, günstiger seien. Sollte also die notwendige Zwei-Drittel-Mehrheit für eine Grundgesetzänderung auf Verkürzung der Wahlperiode nicht erzielt werden, wäre dies der Moment für die Vertrauensfrage. Wenn ein Bundeskanzler behauptet, dass er für den Hauptauftrag der Präambel des Grundgesetzes, die Herstellung der deutschen Einheit, im Hohen Hause des Deutschen Bundestages nicht mehr die notwendige Zwei-Drittel-Mehrheit finde, sei es möglich, über die Vertrauensfrage den Deutschen Bundestag aufzulösen und Neuwahlen herbeizuführen, wobei es dann der Änderung von Fristen im bundesdeutschen Wahlgesetz bedürfte.

Ich wüsste, so führte ich weiter aus, dass es Bedenken geben könne, da das Vorgehen 1982 nach dem konstruktiven Misstrauensvotum gegen Helmut Schmidt, Neuwahlen über die Vertrauensfrage herbeizuführen, nicht unumstritten sei und insbesondere Karl Carstens, dem damaligen Bundespräsidenten, leichtfertiger Umgang mit dem Grundgesetz vorgeworfen worden sei. Dies sei aber jetzt eine völlig andere Situation, nun ging es darum, die Einheit Deutschlands herzustellen und zu verhindern, dass in dem Teil Deutschlands, in dem das Grundgesetz bisher nicht gegolten hätte, unklare oder möglicherweise chaotische Zustände entstünden. Helmut Kohl stimmte dem Vorgehen in der beschriebenen Weise ausdrücklich zu und erklärte, dass er so die Möglichkeit sehe, sogar noch die Sozialdemokraten, für den Fall, dass sie nicht zustimmten zu der Grundgesetzänderung, als Gegner des deutschen Einigungsprozesses darzustellen.

Da wir wegen des Nachtflugverbotes mit unserer sehr lauten Maschine, einer Tupolev, nicht mehr am gleichen Tage oder abends zurückkehren konnten, wurde beschlossen, den Abend noch gemeinsam zu verbringen. Helmut Kohl, Günther Krause und die anderen Personen in meiner Begleitung blieben im Wohnzimmer. Krause setzte sich ans Klavier und improvisierte. Mehrfach wurde das Deutschlandlied angestimmt. Die Stimmung war so, dass man der Befriedigung Ausdruck geben wollte, eine gute Entscheidung getroffen zu haben. Mir war weder nach Singen zumute noch nach ausgelassener Fröhlichkeit. Ich begab mich zu Hannelore Kohl in die Küche. Wir unterhielten uns lange über familiäre Dinge, aber auch über ihre Stiftung, die sich mit Problemen der Verletzung des zentralen Nervensystems befasst. Letzteres war für mich besonders interessant, da ich in DDR-Zeiten einem medizinisch-juristischen Arbeitskreis angehört hatte, und um die Probleme des Apallischen Syndroms, d. h. der Wachkomapatienten, durch meine Tätigkeit in der Diakonie der Evangelischen Kirche wusste.

Mit Helmut Kohl vereinbarten wir noch, dass wir die getroffene Vereinbarung bei einer Pressekonferenz am Freitag, 3. August öffentlich machen. So hätten wir die Möglichkeit, dass dieses Thema das ganze Wochenende in den Medien bewegt werden würde und am Montag dann im Bundestag vom Bundeskanzler initiiert die entsprechende Grundgesetzänderung in Angriff genommen werden könne. Wir kehrten am 2. August zurück. Für den 3. August, 11 Uhr wurde die Pressekonferenz einberufen. Am Morgen des gleichen Tages telefonierte ich mit Helmut Kohl und sagte ihm, das weiß ich noch heute, wörtlich:

Herr Bundeskanzler, der Countdown läuft. Die Pressekonferenz ist einberufen. Ich werde das gemeinsam Beschlossene der Presse mitteilen. Er ermutigte mich ausdrücklich und wünschte mir alles Gute. Der Inhalt der Pressekonferenz schlug tatsächlich wie eine Bombe ein. Alle Medien berichteten. Noch am gleichen Tage wurde Helmut Kohl von einem Fernsehteam in Österreich befragt, indem er den Vorschlag von mir ausdrücklich gut hieß, so dass ich davon ausging, dass alles auf dem vereinbarten Wege sei. Nichts an diesem Tage, aber auch an den Tagen des Wochenendes deutete darauf hin, dass Helmut Kohl seine Meinung geändert haben könnte.

In der Vorstellung, dass das Vereinbarte gelten würde, flogen am Montag Günther Krause, Klaus Reichenbach, Fritz Holzwarth und ich nach Bonn und wurden dort im Kanzleramt nicht etwa vom Kanzler, sondern von Rudolf Seiters, dem Kanzleramtschef, empfangen. Er teilte uns mit, dass man den Weg so nicht gehen könne, dass es aber im Bundestag eine heftige Debatte gegeben habe zu dem Vorschlag, dass man die Gelegenheit genutzt habe, tüchtig auszuteilen, den entsprechenden Antrag in der Sache aber nicht gestellt habe. Wir alle vier waren wie vom Schlag gerührt. Uns war klar, dass wir insbesondere in der DDR in eine große Glaubwürdigkeitskrise gestürzt worden waren.

Später habe ich erfahren, dass Helmut Kohl noch in der Nacht unseres Besuches mit Wolfgang Schäuble, dem für Verfassungsfragen zuständigen Minister, telefoniert und diesem den Vorschlag unterbreitet hatte. Schäuble habe Bedenken geäußert, jedoch seine Bereitschaft erklärt, mit Richard von Weizsäcker zu sprechen und diesen zu fragen, ob er notfalls den Weg über die Vertrauensfrage mitgehen würde. Richard von Weizsäcker soll, wohl auch in Kenntnis der Anrüchigkeit des 82er Weges, erklärt haben, dies nicht mittragen zu wollen, so dass der Weg auf diese Weise nicht mehr gangbar war. Diese Klärungen sind alle erfolgt, bevor ich mit Zustimmung und Ermunterung des Bundeskanzlers in die Pressekonferenz gegangen bin. Ich habe dies als großen Vertrauensbruch durch den Bundeskanzler begriffen. Darüber hinaus hatte ich den Eindruck, dass der Ansehensverlust, der mir dadurch zugefügt wurde, von ihm sehr wohl einkalkuliert war.

Später ist immer wieder behauptet worden, ich sei nach dieser Reise an den Wolfgangsee vollkommen verändert gewesen. Manche argwöhnten, Helmut Kohl habe mir meine Stasi-Akte vorgehalten. Kurz: ich sei depressiv geworden und habe nunmehr völlig unter dem Einfluss der Bundesregierung gestanden. All dies ist unzutreffend, vielmehr wusste ich nun, dass ich weitgehend auf mich selbst gestellt war und meinen Weg, so wie wir ihn in der Koalitionsvereinbarung festgelegt hatten, mutig zu Ende gehen musste. Erstaunt war ich über spätere Darstellungen durch Helmut Kohl, vermutlich von seinen Ghostwritern beeinflusst, die da behaupteten, ich hätte versucht, Helmut Kohl über den Tisch zu ziehen, gar ihn in eine verfassungsrechtliche Falle zu locken und was deren Unsinnigkeiten mehr sind. Dieses Erlebnis, dieser Vertrauensbruch durch Helmut Kohl, hat maßgeblich zur Verschlechterung des Verhältnisses zwischen uns beigetragen.

Schon bei unserem ersten Treffen in der Pücklerstraße war uns beiden klar, dass wir aus sehr unterschiedlichen Richtungen kommen, dass eine Zusammenarbeit zwar nicht auf tiefer Sympathie, so doch aber auf Achtung und Respekt voreinander möglich war. In der Zeit danach habe ich sogar für manches, was er tat, Bewunderung empfunden. Insbesondere imponierte mir, wie er die außenpolitischen Weichenstellungen im Einigungsprozess vornahm. Mir fiel bald auf, dass er für innenpolitische Details keinerlei Interesse und Verständnis hatte. In solchen Fragen verwies er mich grundsätzlich an Wolfgang Schäuble, bei dem ich allerdings auch diese Dinge in guten Händen wusste. Mein Verhältnis zu Wolfgang Schäuble war zum damaligen Zeitpunkt noch nicht so gut, als dass ich hätte erwarten können, dass er mich vor dem Weg warnt. Ich weiß nicht einmal genau, ob Helmut Kohl ihm gesagt hat, dass ich mit diesem Vorschlag, obwohl die Bedenken von seiner und Weizsäckers Seite bestanden, am 3. August in die Öffentlichkeit treten wollte. Diese Erfahrung bekräftigte mich allerdings in der Meinung, dass es notwendig sei, alle von mir als wichtig erachteten Details akribisch im Einigungsvertrag zu verhandeln.

Showdown in der Volkskammer:
Einheit in der Nacht

DIE VORGEZOGENE WAHL würde es nicht geben. So viel war nach der Auseinandersetzung mit Kohl klar. Eine Festlegung auf einen Beitrittstermin brauchte es dennoch, um Ruhe in die aufgewühlte Lage zu bringen. Nach dem Ausscheiden der FDP aus der Koalition blieb das Problem des Wahlsystems für die erste Gesamtdeutsche Wahl weiterhin relevant. Die Sozialdemokraten drängten auf eine Entscheidung. Günther Krause und Wolfgang Schäuble verhandelten einen Wahlvertrag, der am 3. August unterschrieben wurde. Dieser Wahlvertrag sah ein einheitliches Wahlgebiet bestehend aus den Wahlkreisen der Bundesrepublik und den Wahlkreisen der DDR vor. Weiterhin beinhaltete er eine 5-Prozent-Sperrklausel. Mir war bei dieser Lösung nicht wohl. Ich persönlich hätte zwei getrennte Wahlgebiete bevorzugt. Ich war wie schon bei der Volkskammerwahl dafür, keine Sperrklausel einzuführen, allenfalls eine niedrige von maximal 3 Prozent.

Dieser Wahlvertrag wurde als Verfassungsgesetz am 8. August von Innenminister Peter-Michael Diestel in die Volkskammer eingebracht. In der Volkskammer entspann sich eine heftige Diskussion, in der sich besonders die PDS-Abgeordneten und die Abgeordneten von Bündnis 90/Die Grünen hervortaten, weil sie – und ich meine zu recht – in diesem Wahlvertrag eine Benachteiligung für sich sahen. Am deutlichsten brachte es Gregor Gysi auf den Punkt, der ausführte, dass der Wahlvertrag zwei Ziele habe: die PDS aus dem zukünftigen Bundestag fernzuhalten und für die DSU eine Huckepack-Regelung in den Deutschen Bundestag anzubieten. Er erinnerte daran, dass die CDU, und ohne es auszusprechen meinte er damit mich, noch vor Wochen für zwei Wahlgebiete und eine niedrigere Sperrklausel plädiert hätte.

Nachdem das Gesetz eingebracht worden war, verständigte ich mich mit Günther Krause, dem Fraktionsvorsitzenden meiner Fraktion, und fragte ihn, ob meine Anwesenheit bei der weiteren Sitzung notwendig sei, da ich mich auf den folgenden Tag vorzubereiten hätte. Er sicherte mir zu, dass die Mehrheiten für die Abstimmung gesichert seien, da sowohl die aus der Koalition ausgeschiedenen Liberalen als auch die Sozialdemokraten ihre Zustimmung signalisiert hätten. Kaum war ich zu Hause angekommen, erreichte mich ein Telefonat, dass ich sofort zurückkommen solle, die Mehrheit sei nicht gesichert. Nur 327 Abgeordnete der Volkskammer seien überhaupt anwesend, die notwendige Zwei-Drittel-Mehrheit bezöge sich aber auf die vollen 400 Abgeordneten der Volkskammer, d. h. 267 Abgeordnete wären notwendig, um ein verfassungsänderndes Gesetz durchzubringen. Außer mir waren noch weitere nicht anwesende Abgeordnete herbeitelefoniert worden, dennoch reichte es bei der Abstimmung nicht. Von den 327 anwesenden Abgeordneten stimmten lediglich 258 mit „Ja", so dass die absolute Mehrheit um 8 Stimmen verfehlt war.

Nach der Abstimmung gab Ibrahim Böhme noch eine persönliche Erklärung ab, dass er und weitere vier sozialdemokratische Abgeordnete sich der Fraktionsentscheidung entzogen und der Stimme enthalten hätten, da sie sich nach wie vor mit dem Bündnis 90/Die Grünen aus der Herbstzeit 1989 verbunden sähen und im Wahlvertrag eine krasse Benachteiligung ihrer Freunde, als die sie sie noch immer ansähen, erblickten. Doch auch mit diesen fünf Abweichlern hätte es nicht gereicht. Diese Abstimmungsniederlage in der Volkskammer zeigte einmal mehr, wie instabil inzwischen die Situation geworden war.

Wenige Tage später am 14. August kam es dann zu der entscheidenden Aussprache mit Walter Romberg, der sich im Zuge der Einigungsvertragsverhandlungen weigerte, die von mir vorgegebene Regelung für die Finanzverfassung der fünf neuen Länder zu verhandeln, sondern eigensinnig auf einer die ostdeutschen Länder stark benachteiligenden Variante bestand. Selbst die ihm eingeräumte Bedenkzeit führte nicht zu besserer Einsicht, so dass mir nichts anderes übrig blieb, als ihn am 15. August von seinem Amt abzuberufen. Dies nahmen die Sozialdemokraten zum Anlass, um am 19. August 1990 aus der Koalition auszuscheiden.

Ich bin noch heute der Auffassung, dass die Entlassung von Walter Romberg nicht der Grund für den Koalitionsbruch, sondern lediglich der Anlass war. Schon lange hatte ich den Eindruck, dass die Fraktion, so wie es sich auch schon aus dem Brief vom 24. Juli 1990 ergab, nach einer Möglichkeit suchte, die Koalition zu verlassen. Oskar Lafontaine hatte die Fraktion der Sozialdemokraten besucht und dort erklärt, dass der Wahlkampf für den zukünftigen deutschen Bundestag nur schwer aus der Koalition heraus zu führen sei und dass sie daher nach einer Möglichkeit suchen sollten, diese Koalition zu verlassen. Ich weiß, dass Richard Schröder sich diesem Ansinnen widersetzte und meinte die Pflicht, für das Land zu wirken, vor parteitaktischen Überlegungen stehen müsse. Persönlich erklärte er mir, dass er für den Fall, dass die Fraktion die Koalition verließe, auch den Fraktionsvorsitz niederlegen würde. Sein Nachfolger wurde Wolfgang Thierse, mit dem eine Verständigung, wie ich sie zuvor mit Richard Schröder stets suchen konnte, nicht möglich war.

Am 22. August fand die erste Sitzung der Volkskammer nach Ausscheiden der SPD aus der Koalition statt. Allseits war erwartet worden, dass es nun zu einer heftigen Auseinandersetzung über die veränderte Situation kommen würde. Doch im Hintergrund war abgesprochen worden, eben eine solche Auseinandersetzung zu vermeiden, um endlich den Wahlvertrag in erster und zweiter Lesung durchzubringen. Er erhielt die notwendige Zustimmung. 295 Abgeordnete stimmten für, 74 stimmten gegen ihn und 2 Abgeordnete enthielten sich der Stimme. Wie recht ich mit meinem unguten Gefühl behalten sollte, wurde am 29. September 1990 deutlich. Der Wahlvertrag war sowohl von der PDS als auch von Bündnis-Grünen beim Bundesverfassungsgericht angegriffen worden. Das Bundesverfassungsgericht stellte sich auf den Standpunkt, dass die Chancengleichheit nicht gewährleistet sei und dass die Regelung eines einheitlichen Wahlgebietes mit einer einheitlichen 5-Prozent-Klausel verfassungswidrig sei.

Im Ergebnis wurde dann am 2. Dezember 1990 doch in zwei Wahlgebieten gewählt, was dazu führte, dass die PDS, wenn auch nicht in Fraktions-, so doch in Gruppenstärke in den ersten gesamtdeutschen Bundestag einzog und Bündnis 90/Die Grünen, d. h. der ostdeutsche Teil der inzwischen vereinigten Partei Bündnis 90/Die Grünen, im Bundestag vertreten war, wohingegen die westdeutschen Grünen an der 5-Prozent-Hürde scheiterten. Am Ende der Volkskammersitzung gab die Präsidentin, Sabine Bergmann-Pohl, außerhalb der Tagesordnung eine Erklärung ab, die folgenden Wortlaut hatte: „Mir liegen die Rücktrittserklärungen folgender Minister vor: Frau Dr. Regine Hildebrandt, Herr Markus Meckel, Herr Dr. Gerhard Pohl, Herr Dr. Peter Pollack, Frau Sybille Reider, Herr Dr. Walter Romberg, Herr Dr. Emil Schnell, Herr Dr. Frank Therpe und Herr Dr. Kurt Wünsche. Damit sind diese Minister von der Leitung ihrer Ressorts zurückgetreten und aus dem Ministerrat ausgeschieden. Ich gebe dies dem Hohen Haus zur Kenntnis."

Danach beantragte ich zur totalen Überraschung aller, gestützt auf Paragraf 15 Abs. 2 der Geschäftsordnung, die Einberufung einer Sondersitzung der Volkskammer für den gleichen Abend. Ich begründete dies mit fünf kurzen Punkten: 1. Der Ausschuss Deutsche Einheit habe uns bei seiner gemeinsamen Sitzung in Bonn beauftragt, einen Termin für den Beitritt festzulegen. 2. Meine Bemühungen, mit allen Fraktionsvorsitzenden am Vortage eine einvernehmliche Lösung herbeizuführen, seien gescheitert. 3. In den letzten Wochen hätten wir zu oft und zu heftig über die Terminfrage diskutiert, so dass sie nunmehr entschieden werden müsse. 4. Die Parlamentskultur habe darunter gelitten und das Ansehen des Parlaments in der Bevölkerung sei deutlich geschmälert. 5. Wir brauchen unsere Kraft für die Sacharbeit, um günstige Konditionen für die Einigung zu gestalten.

Im Hause herrschte helle Aufregung. Ich entsinne mich, dass Wolfgang Ullmann, Vizepräsident der Volkskammer für Bündnis 90/Die Grünen, von seinem Präsidiumssitz zu mir herangestürmt kam und mir mitteilte, dass er die Absicht habe, nun zum Generalstaatsanwalt der DDR zu gehen und mich wegen Hochverrats anzuzeigen. In der Präsidiumssitzung, die nach meinem Antrag stattfand, ging es ebenfalls hoch her. Ich wurde zu der Präsidiumssitzung hinein gebeten, und Reinhard Höppner fragte mich, ob ich meinen Antrag tatsächlich aufrechterhalten oder nicht besser zurücknehmen wolle.

Ich erklärte ihm, dass ich genau dies nicht tun würde, dass ich einen solchen Antrag, vor Fernsehen und damit vor der Weltöffentlichkeit gestellt, nicht leichtfertig stellen würde, sondern dass der Antrag auch meine Konsequenz auf das Ausscheiden der SPD aus der Koalition sei und dass ich mich nicht weiterhin in die Defensive drängen ließe. Denn wenn nicht heute über diese Frage entschieden würde, würde die weitere Arbeit der Volkskammer sich wohl ausschließlich in Geschäftsordnungsanträgen ergehen und dem Wählerauftrag, so wie er dem Parlament am 18. März 1990 erteilt wurde, nicht gerecht werden. Tatsächlich wurde dann die Sondersitzung für 21 Uhr des gleichen Tages anberaumt. Auf der Tagesordnung standen zwei Anträge. Zum einen der Uraltantrag der DSU vom 17. Juni, nun dahingehend modifiziert, den Beitritt sofort am 22. August 1990 zu erklären, und zum anderen ein Antrag von mehr als 20 Abgeordneten der CDU/DA-Fraktion, auf einer Volkskammersitzung am 9. Oktober den Beitritt der DDR zum Geltungsbereich des Grundgesetzes gemäß Artikel 23 mit Wirkung vom 14. Oktober 1990, 24 Uhr zu beschließen.

Mit diesem Antrag hatte die Abgeordnetengruppe im Wesentlichen meine Anregungen vom Vortag aufgegriffen. Von den Abgeordneten, die sich für den Beitritt zu einem späteren Zeitpunkt als den 22. August 1990 einsetzten, wurde die Hoffnung artikuliert, dass bis zu diesem Zeitpunkt der Einigungsvertrag beschlossen und die Zwei-plus-Vier-Verhandlungen zu einem guten Ende geführt worden seien. Über den konkreten Beitrittstermin wurde sowohl im Plenum als auch in den vielen Pausen heftig debattiert. Deutlich wurde, dass die Mehrheit der Abgeordneten nicht mehr den 41. Jahrestag der DDR, den 7. Oktober 1990, erleben wollten, sondern einen Beitrittstermin davor befürworteten. Günther Krause, der den Gruppenantrag eingebracht hatte, erklärte sich bereit, über einen anderen früheren Termin zu diskutieren vorausgesetzt, die sachlichen Bedingungen, Einigungsvertrag und Zwei-plus-Vier-Vertrag, seien erfüllt. Die SPD stellte, vorgestellt von Thierse, einen Änderungsantrag der besagte, den Beitritt zum 15. September zu beschließen. Dies stützte sich allein darauf, dass am 12. September in Moskau mit der Unterschrift unter dem Zwei-plus-Vier-Vertrag zu rechnen sei und dass damit alle Hindernisse beseitigt seien. Es war aber klar, dass die Unterschrift am 12. September unter den Vertrag nicht die volle Erlangung der Souveränität Deutschlands sein würde, sondern dass dieser Vertrag der Ratifizierung in den sechs Signatarstaaten bedürfte und dass in Aussicht genommen war, dass die vier Siegermächte bei der KSZE-Außenministerkonferenz in New York am 1. Oktober erklären sollten, dass sie die Ausübung ihrer Rechte aussetzten bzw. suspendierten.

Die Liberalen waren nun der Meinung, dass dann der 2. Oktober der rechte Tag sei, so dass ihnen erst klargemacht werden musste, dass Hans-Dietrich Genscher, der am 1. Oktober in New York diese Erklärung entgegennehmen sollte, dann am 2. Oktober, dem Tag der Deutschen Einheit, nicht zur Verfügung stünde, sie mithin den Tag der Deutschen Einheit ohne ihren Vorsitzenden erleben müssten. Noch in der Nacht wurde mit

Hans-Dietrich Genscher in Bonn telefoniert, der den Liberalen diesen Einwand, den ich gebracht hatte, bestätigte, so dass wir uns dann mehrheitlich auf den 3. Oktober als den Termin einigten, der zur Abstimmung gestellt werden sollte.

Die Gegner stützten ihre ablehnende Haltung vor allem auf zwei Argumente. Zum einen meinten sie, dass die Verhandlungsposition der DDR im Zuge des Einigungsvertrages deutlich geschwächt würde und zum anderen vertraten sie die Auffassung, dass durch einen solchen Beschluss ein unzulässiger außenpolitischer Druck auf die vier Siegermächte ausgeübt würde, sich bis zum 3. Oktober 1990 abschließend zu entscheiden. Dem ersten Argument trat Wolfgang Thierse entgegen mit der Begründung, dass der Einigungsvertrag ohnehin nicht alle Probleme der Zukunft regeln könne. Und er beendete seinen Beitrag mit dem bemerkenswerten Satz: „Im Übrigen sage ich noch einmal: wir sollten auch nicht die schwarze Illusion erwecken, dass wir unter die Räuber fallen." Das zweite Argument, dass wir unzulässigen Druck auf die vier Alliierten ausübten, war indes gewichtiger und von mir nicht ganz unbeabsichtigt.

Der Verhandlungsstand war allerdings so, dass keiner der sechs Vertragsparteien hinter den Fahrplan mehr zurück konnte, ohne vollends das Gesicht zu verlieren. Die letzte Beamtenrunde war für den 1. September 1990 bei uns in Berlin vorgesehen und die endgültige Unterzeichnung war fest für den 12. September 1990 in Moskau terminiert. Weit nach Mitternacht erfolgten dann die Abstimmungen. Zunächst musste über den weitergehenden Antrag der DSU, dem Beitritt für den 22. August bzw. dann wohl schon für den 23. August 1990 zu beschließen, abgestimmt werden. Dieser Antrag wurde mit deutlicher Mehrheit abgeschmettert, so dass dann nur noch der Änderungsantrag zur Abstimmung stand, der folgenden Wortlaut hatte: „Die Volkskammer erklärt den Beitritt zum Geltungsbereich des Grundgesetzes der Bundesrepublik Deutschland gemäß Artikel 23 des Grundgesetzes mit Wirkung vom 3. Oktober 1990." Sie geht davon aus, dass die Beratungen zum Einigungsvertrag zu diesem Termin abgeschlossen sind, die Zwei-plus-Vier-Verhandlungen einen Stand erreicht haben, der die außen- und sicherheitspolitischen Bedingungen der deutschen Einheit regelt, die Länderbildung soweit vorbereitet ist, dass die Wahl in den Länderparlamenten am 14. Oktober 1990 durchgeführt werden kann." Um 2:57 Uhr dann, am 23. August 1990, erklärte die Präsidentin das Abstimmungsergebnis. Abgegeben wurden 363 Stimmen, 294 Abgeordnete hatten mit „Ja" gestimmt, 62 hatten mit „Nein" gestimmt und 7 Abgeordnete hatten sich der Stimme enthalten. Noch während die Abgeordneten applaudierten, ging Gregor Gysi zu Reinhard Höppner und machte ihn darauf aufmerksam, dass nach dem Wortlaut der Abstimmung nur die Volkskammer beigetreten sei, nicht die DDR. Höppner fügte daraufhin im Protokoll nach „Beitritt" „der Deutschen Demokratischen Republik" ein. Gysi behauptet noch heute, dass das eine Fälschung des Protokolls gewesen sei, wohingegen Höppner und ich von einer notwendigen Protokollberichtigung ausgehen.

Gregor Gysi bat, noch eine persönliche Erklärung abgeben zu dürfen, die dann im Beifall der Abgeordneten unterging. Wörtlich sagte er: „Frau Präsidentin! Das Parlament hat soeben nicht mehr und nicht weniger als den Untergang der Deutschen Demokratischen Republik zum 3. Oktober 1990 beschlossen." Immer wieder wird, wenn über diese Nacht berichtet wird, insbesondere auch in Fernsehausschnitten lediglich diese kurze Sequenz der persönlichen Erklärung von Gregor Gysi erwähnt. Nicht aber deren Fortsetzung, in der er uns mahnte, unsere Biografie, die maßgeblich durch die DDR geprägt worden war, nicht gering zu achten.

Als alle den Saal verlassen hatten, sah ich Gregor Gysi auf seinem Platz als Fraktionsvorsitzenden sitzen und heiße Tränen weinen. Ich ging zu ihm als meinem Freund und sagte: „Gregor, wir müssen es jetzt auch wollen, wir müssen unser Herz über die Hürde werfen, denn nur der Reiter kommt über die Hürde, der zuvor sein Herz hinüber geworfen hat." Er erwiderte mir, dass diese Entscheidung für mich wohl leichter sei, da ich die Teilung Deutschlands noch als Prozess erlebt hätte und die Teilung Deutschlands durch meine Familie hindurch gegangen sei. Er habe bisher kein anderes Land gehabt als diese DDR. Etwas Ähnliches hatte ich Stunden zuvor in der Debatte gesagt, indem ich Nietzsche sinngemäß zitierte: „Erst wenn man eine Stadt verlassen hat, sieht man, wie hoch die Türme über sie hinausragen", was in diesem Fall heißen soll, dass man immer erst später – beim Blick zurück – erkennt, wie herausragend und damit zukunftsweisend das eine oder andere aus der Vergangenheit gewesen ist. Ich glaube, mir war schon damals klar, wie sehr uns dieser Blick zurück noch Jahre, wenn nicht gar Jahrzehnte beschäftigen würde.

Details und große Linie:
Der Einigungsvertrag

IM KOLLEKTIVEN GEDÄCHTNIS sind die Details der deutschen Einheit quasi eingedampft und auf wenige Stichworte zusammengeschrumpft. Dass der Artikel 23 in Vergessenheit geraten ist, mag schon bedauerlich genug sein. Aber dass die Einheit eben nicht plötzlich, sondern geregelt verlief, dass sie nicht allein Ergebnis internationaler Vereinbarungen, sondern auch zwischen den beiden deutschen Staaten verhandelt (!) worden ist, das muss zentral ins Bewusstsein zurückgeholt werden. Die Einheit ist in einem Vertrag geregelt worden, zu einem Vertrag gehören zwei Seiten. Wenn man daran erinnert, könnte das vielleicht auch heute noch wichtig sein beim so genannten Zusammenwachsen von Ost und West.

Der erste Schritt war mit dem Vertrag über die Herstellung der Wirtschafts-, Währungs- und Sozialunion, der am 1. Juli 1990 in Kraft getreten war, getan. Dieser erste Staatsvertrag ging noch davon aus, dass für eine, allerdings nicht näher bestimmte, Zeit zwei deutsche Rechtsordnungen nebeneinander bestehen würden. Dies spiegelte sich auch in den Anlagen des Vertrages deutlich wieder. Mit einem zweiten Staatsvertrag sollte nun die Rechtsangleichung auf den übrigen Rechtsgebieten erfolgen. Beim ersten Staatsvertrag war uns klar geworden, dass, wenn die eine Seite – in dem Fall die Bundesrepublik – einen Vertragsentwurf vorlegt, der andere Vertragspartner es relativ schwer hat, von dem Vertragsentwurf abweichende Regelungen durchzusetzen. Deshalb hatten wir beschlossen, dass zu diesem zweiten Staatsvertrag, der dann später auf meinen Vorschlag hin Einigungsvertrag genannt wurde, die Rohskizze von der DDR-Seite kommen sollte. Auch das war ein nicht unbedeutendes Detail.

Der Arbeitsstab im Haus des Ministerpräsidenten unter der Leitung von Günther Krause entwickelte eine solche Rohskizze, wobei er zum Teil auch auf Zuarbeiten zurückgreifen konnte, die von Wolfgang Schäuble stammten. Am 6. Juli 1990 fanden im großen Saal im Amt des Ministerpräsidenten, dem heute wieder in alter Schönheit hergerichteten Bärensaal, die ersten Verhandlungen statt. Ich hatte angenommen, dass Kohl, wenn schon nicht selbst verhandeln, so doch bei der Eröffnung der Verhandlungen dieses so wichtigen Staatsvertrages zugegen sein würde. Dem war nicht so. Er hatte Wolfgang Schäuble mit der alleinigen Verhandlungsführung beauftragt. Schäuble erschien mit einer ziemlich großen Verhandlungsdelegation, der neben ihm Vertreter aller Ministerien angehörten und auch Vertreter der Bundesländer. Dies war notwendig geworden, weil zwischen dem Abschluss des Vertrages über die Währungsunion und den Verhandlungen zum Einigungsvertrag in Niedersachsen Wahlen stattgefunden hatten. Die Regierung Albrecht war abgewählt worden und Gerhard Schröder war nun Ministerpräsident. Mit dieser Wahl war die Mehrheit der regierenden Koalition aus CDU und FDP im Bundesrat verloren gegangen. Da der Vertrag eine Zwei-Drittel-Mehrheit in beiden Kammern benötigte, wurden die Länder von Anfang an beteiligt.

Auf unserer Seite waren noch keine Länder gebildet worden. Es nahmen die Regierungsbeauftragten teil und zu meiner großen Verwunderung erschien erstmalig Manfred Stolpe, der offensichtlich von SPD-Ministern in meinem Kabinett gebeten worden war, an den Verhandlungen teilzunehmen. Als Hausherr durfte ich die Verhandlungen beginnen, und ich skizzierte die zu lösenden Aufgaben. Besonders wichtig sei mir neben den anderen großen Fragen, so führte ich unter anderem aus, die Bestimmung der künftigen Hauptstadt und des Regierungssitzes. Ich ließ keinen Zweifel daran, dass für mich nur Berlin in Frage kommen könnte. Auch schlug ich vor, über symbolische Themen, wie der Name des gemeinsamen Staates und die gemeinsame Hymne, zu verhandeln.

Wolfgang Schäuble sprach nach mir. Die Bundesrepublik müsse den Beitritt nach Artikel 23 des Grundgesetzes – rechtlich gesehen – weder bestätigen noch gutheißen, sondern schlicht akzeptieren, erklärte er. Daher liege der Handlungsbedarf im Wesentlichen bei der DDR. Er äußerte die Hoffnung, dass die beiden Delegationen Partner und nicht Gegner seien. Abschließend erklärte er, dass er die Entscheidung über die Hauptstadtfrage dem künftigen gesamtdeutschen Parlament überlassen wolle. Zu den symbolischen Fragen äußerte er sich außerordentlich ablehnend. Mir ist in Erinnerung, dass er sagte, Artikel 23 heiße Beitritt und nicht Neugründung eines Staates. In seinem 1991 erschienenen Buch „Der Vertrag" hat Wolfgang Schäuble dieses Ziel ziemlich präzise beschrieben. Er vermutet darin, dass ich als Rechtsanwalt nach dem alten Motto „Viel fordern, um sich dann bei der Hälfte zu einigen" verfahren sei. Deswegen hätte ich mehr gefordert als ich für notwendig gehalten hätte. Dem ist nicht ganz so. Ich glaube vielmehr, dass wir es sehr wohl versäumt haben, bei der Herstellung der Einheit Deutschlands auch symbolische Fragen zu regeln und zu benennen. Auf diese Weise hätten wir für alle Deutschen klargemacht, dass mit der Einigung eine neue Phase in der Geschichte beginnt. Dass dies so ist, lässt sich erst recht 20 Jahre danach wohl nicht leugnen. Nach dem Motto zu verfahren, bei uns bleibt alles beim Alten, sozusagen „Im Westen nichts Neues", hat eben auch dem Westen nicht gut getan. Ein solches Signal wäre beispielsweise gewesen, den am 2. Dezember 1990 gewählten deutschen Bundestag nicht 12. Deutschen Bundestag, sondern 1. Gesamtdeutschen Bundestag zu nennen. Ich glaube, dass die Vernachlässigung dieser emotionalen, dieser psychologischen Momente eine der Ursachen für die Schwierigkeiten des späteren Einigungsprozesses gewesen ist. Mir ist als Jurist bewusst, dass solche Dinge nur schwer vertraglich zu fassen sind. Aber der Mühe wäre es schon wert gewesen.

Bei dieser Verhandlung, die bis zur Mittagspause dauerte, erlebte ich mehrfach, dass Schäuble nicht völlig frei agierte. Immer wieder gab es Zustimmung von ihm zu von uns vorgeschlagenen Regelungen. Doch im gleichen Atemzug stellte er sein Votum unter den Vorbehalt der Zustimmung des Bundeskanzlers oder des Kabinetts. Dies schien mir ein strategischer Vorzug, da er sich nicht eindeutig festlegen musste. In der Mittagspause vereinbarte ich dann mit Günther Krause, dass er weiterverhandeln solle. Damit hatten auch die DDR-Delegation und er persönlich die Möglichkeit, sich eine Rückfallposition zu schaffen. Nun konnte er, wenn es geboten erschien, auch auf den Zustimmungsvorbehalt des Ministerpräsidenten und seines Kabinetts verweisen. Diese Regelung sollte sich als zweckmäßig erweisen, da so bei strittigen Punkten Zeit und Luft zum Nachdenken geschaffen werden konnte. Die beiden Verhandlungsführer Wolfgang Schäuble und Günther Krause konnten sehr gut miteinander. Ich hatte sogar den Eindruck, dass Wolfgang Schäuble den Verhandlungsstil von Günther Krause bevorzugte oder ihn sympathischer fand als meinen. Günther Krause ging solche Aufgaben wie ein Ingenieur an. In einer Art Baukastenprinzip handelte er Punkt für Punkt ab. Gegenstände, die nicht gleich geregelt werden konnten, wurden beiseite gestellt, um zunächst alle Gemeinsamkeiten zu finden.

Ich kann hier nicht alle Regelungen des Einigungsvertrages beleuchten. Aber ich will einige Knackpunkte benennen, die sich bei den Verhandlungen als schwierig erwiesen oder die ich als besonders bedeutungsvoll ansehe. Für mich unerwartet spitzte sich während der Verhandlungen die Diskussion über den Paragrafen 218 Strafgesetzbuch zu. In der DDR galt seit Anfang der 70er Jahre eine Fristenregelung, die eine straffreie Abtreibung bis zum Ende des dritten Schwangerschaftsmonats ermöglichte. In der Bundesrepublik hingegen herrschte eine Indikationslösung. Eine Aufweichung der bundesdeutschen Regelung wollten insbesondere CDU-Abgeordnete mit katholischem Hintergrund, so auch Helmut Kohl, verhindern. Bei einem Gespräch mit Kohl erläuterte ich ihm, dass die Frauen in der DDR bisher mit dieser Fristenregelung sehr verantwortungsvoll umgegangen seien und dass nach einer zuverlässigen Statistik die Zahl der Abtreibungen in beiden deutschen Staaten etwa gleich sei. Dabei hätte ich noch nicht einmal die Dunkelziffern der Fälle einbezogen, in denen Frauen Abbrüche in den Niederlanden oder in anderen westeuropäischen Ländern, die diese Frage liberaler regelten, vornehmen ließen. Außerdem sähe ich in der bundesdeutschen Regelung dieser Frage eine ziemliche Inkonsequenz. Einerseits ginge man von der Rechtspersönlichkeit des ungeborenen Fötus aus, dessen Rechte man umfassend schützen müsse. Anderseits seien unehelich gezeugte Kinder immer noch nicht anderen Kindern gleichgestellt. Sie haben nach bundesdeutschem Recht ein minderes Erbrecht, nämlich lediglich einen Erbersatzanspruch. In der DDR waren außerhalb der Ehe geborene Kinder selbstverständlich voll erbberechtigt. Man mutete auch Frauen, die ein Kind außerehelich zur Welt brachten, nicht zu, dass ein Amtsvormund die Fragen der Vaterschaft, des Unterhalts und des Erbrechts für das außerhalb der Ehe geborene Kind klärte. Die Bundesjustizministerin, Sabine Leutheusser-Schnarrenberger, hat dankenswerterweise in den 90er Jahren diese DDR-Regelung ins bundesdeutsche Recht gehoben. Dieser Hinweis sei denjenigen gegeben, die der Meinung sind, im Zuge der Einigung sei lediglich der „grüne Pfeil" vom Rechtsbestand der DDR übrig geblieben.

Mich freute, dass der 3. Oktober als Tag der Deutschen Einheit gesetzlicher Feiertag wird. Bisher hatten die Bundesdeutschen den 17. Juni in Erinnerung an den 17. Juni 1953 als Tag der Deutschen Einheit gefeiert. Mich hatte stets geärgert, dass sie im Sommer einen schönen arbeitsfreien Badetag hatten, zu dem die Ostdeutschen den Anlass geliefert hatten. Später oder fast alle Jahre wieder konnte man Diskussionen derart hören, dass dieser 3. Oktober kein rechter Feiertag sei, dass es ein willkürliches Datum sei, dass man möglicherweise den 9. November oder wenigstens den 9. Oktober, den Tag der großen Demonstration in Leipzig, hätte auswählen sollen. Es finden sich nur wenige Daten in der deutschen Geschichte, die nicht auch schwierig besetzt sind, insbesondere wenn ich an den 9. November denke. Ich finde den 3. Oktober genau richtig; es ist der Tag, von dem an das Grundgesetz, die beste Verfassung, die das deutsche Volk je hatte, auch für uns Ostdeutsche gilt.

In Artikel 4 vereinbarten wir beitrittsbedingte Änderungen des Grundgesetzes, so die Veränderung der Präambel, die Stimmkraft der Länder, wobei es den Nordrhein-Westfalen nicht gelang, wie in einem frühen Entwurf festgehalten, acht Stimmen im Bundesrat zu erlangen. In diesem Artikel vereinbarten wir, dass mit dem Beitritt der DDR der Artikel 23 des Grundgesetzes aufgehoben wird. Dies war eine Forderung der Sowjets im Rahmen des Zwei-plus-Vier-Prozesses, der wir ohne Not entsprechen konnten, da von Anfang an Übereinstimmung darüber herrschte, dass das deutsche Staatsgebiet zukünftig aus der Bundesrepublik Deutschland und der DDR bestehen sollte und keinerlei Gebietsansprüche geltend gemacht werden. Kernstück dieses Artikels ist die Neufassung eines Artikels 143 Grundgesetz, in dem festgeklopft wurde, dass die Ergebnisse der Bodenreform nicht rückgängig gemacht werden können. Weitere Bestimmungen in diesem Artikel regeln, ob und wie lange DDR-Recht oder Recht der ostdeutschen Länder dauerhaft oder zeitlich befristet vom bundesdeutschen Recht abweichen darf.

Bei Verhandlungsbeginn des Einigungsvertrages waren beide Seiten noch davon ausgegangen, dass, ähnlich wie bei dem Vertrag über die Währungsunion, zwei Rechtsordnungen in Deutschland eine längere Zeit nebeneinander bestehen würden und erst im Zuge der Zeit die völlige Rechtsangleichung erfolgen würde. Diese Systematik, die Günther Krause und Wolfgang Schäuble vereinbart hatten und bevorzugten, wurde während ihrer Sommerpause gekippt, weil sowohl Klaus Kinkel als der verhandlungsführende Justizstaatssekretär, der Minister war dauerhaft erkrankt, als auch Theo Waigel die Auffassung vertraten, zwei Rechtsordnungen nebeneinander könnten nicht bestehen. Theo Waigel war der Meinung, dass er die Verantwortung für eine gemeinsame deutsche Währung und Wirtschaft auf Dauer nur im absolut gleichen Rechtsrahmen tragen könne. Diese Änderung in der Systematik hat die beiden Verhandlungsführer nach ihrer Rückkehr aus dem Urlaub sehr verärgert. Ich bin mir aus heutiger Sicht nicht sicher, ob es nicht doch richtig war, so wie geschehen zu verfahren, denn wenn ich mir das Gesetzgebungstempo des Deutschen Bundestages der folgenden Jahre ansehe, hätte es wahrscheinlich zwei Jahrzehnte gebraucht, bis wir eine volle Rechtseinheit hergestellt hätten. Andererseits wäre vielleicht manche Aufbaumaßnahme im Osten leichter gewesen, wenn manche allzu bürokratische Regelung dem nicht entgegengestanden hätte.

Artikel 5 regelte künftige Verfassungsänderungen, die dem zukünftigen deutschen Gesetzgeber aufgetragen wurden. Darunter sollte auch geregelt werden, dass die Länder Berlin und Brandenburg abweichend von den Regelungen des Artikel 29 des Grundgesetzes durch Staatsvertrag zusammengehen können. Leider Gottes setzte sich später in der Verfassungskommission des Bundestages durch, dass dies zwar durch Vertrag geschehen könne, der aber hernach durch einen Volksentscheid bestätigt werden müsse. An diesem Volksentscheid ist 1996 die historisch richtige und auch sachlich zu befürwortende Fusion der beiden Länder gescheitert.

Strittig war – wie konnte es anders sein – die zukünftige Finanzverfassung, also die Ausstattung der ostdeutschen Länder mit Steuereinnahmen und Zuweisungen des Bundes. Der Bundeskanzler hatte schon im Mai 1990 mit den bundesdeutschen Ländern einen Fonds Deutsche Einheit gebildet, in den der Bund und die Länder Einzahlungen vornahmen. In Artikel 7 vereinbarten wir deshalb, dass der horizontale Länderfinanzausgleich und ein gesamtdeutscher Finanzausgleich nach Artikel 107 Absatz 2 in Bezug auf die Ostländer nicht stattfindet. Wären die ostdeutschen Länder voll einbezogen worden, wären alle westdeutschen Länder wahrscheinlich sofort Geberländer geworden und hätten ihre Aufgaben nicht mehr erfüllen können. Im Ganzen ging man wohl damals davon aus, dass die Mittel aus dem Fonds Deutsche Einheit – insgesamt 120 Milliarden D-Mark für vier Jahre – ausreichen würden, um dann eine Finanzkraft der ostdeutschen Länder zu haben, die weitergehende Zuschüsse überflüssig machten. Welch gewaltiger Irrtum. In späteren Jahren wurde der Betrag, der für vier Jahre vorgesehen war, fast jährlich als Zuschuss an die ostdeutschen Länder notwendig, und der Solidarpakt II läuft bis zum Jahr 2019.

Wichtig war, dass wir in Artikel 12 Fragen der Staatensukzession, also der Rechtsnachfolge der DDR hinsichtlich der völkerrechtlichen Verträge regelten. Dies war auch eine Forderung der Sowjets und die im Übrigen durchaus im Interesse der DDR lag. Schwierig waren auch die Fragen, ob und inwieweit gerichtliche Entscheidungen der DDR und Verwaltungsentscheidungen der DDR fortgelten. Grundsätzlich gingen wir von der Bestandskraft getroffener gerichtlicher und verwaltungsrechtlicher Entscheidungen der DDR aus und vereinbarten Öffnungsklauseln, nach denen ihre Rechtstaatswidrigkeit überprüft werden konnte. Ich entsinne mich an ein Gespräch mit Staatssekretär Franz Kroppenstedt vom Bundesinnenministerium, der sich auf den Standpunkt stellte, die Verwaltungsentscheidungen der DDR taugten alle nichts. Worauf ich ihm im Spaß antwortete, dann solle man sie doch aufheben, dann hätten wir ungefähr 5 Millionen nichtige Ehen.

In Artikel 25 regelten wir, wie zukünftig mit dem Treuhandvermögen der Treuhandanstalt umgegangen werden sollte. In dieser Bestimmung gingen wir noch davon aus, dass die Treuhand, wenn sie ihre Arbeit erledigt hätte, am Ende mit einem Überschuss dastehen würde und dass dieser ausschließlich in den fünf neuen Ländern Verwendung finden sollte. Wie trügerisch diese Annahme war, wird noch nachfolgend zu beschreiben sein.

Zwei Regelungen lagen mir in besonderer Weise am Herzen. Das war die Regelung des Artikels 35 bezüglich der Kultur. Wir hatten das Glück, dass im Bundesinnenministerium für Kultur Sieghardt von Köckeritz zuständig war, der sich mit hoher Sensibilität dieser Sache annahm. Ich war der Meinung, dass es zwar traurig, ja, hoch bedauerlich sei, wenn eine Schlosserbrigade auseinandergeht, wenn aber das Gewandhausorchester Leipzig mit seiner 400 Jahre alten Tradition den Bach herunterginge, würde dies ein dauernder Schaden der deutschen Kultur sein. Im Artikel 35 wurde vereinbart, dass die kulturelle Substanz in dem in Artikel 3 genannten Gebiet – so wurden die ostdeutschen Länder genannt – keinen Schaden nehmen dürfe. Dies hatte zur Konsequenz, dass der Bund für eine Übergangszeit nicht unerhebliche Mittel in Kunst und Kultur im Osten Deutschlands investierte. Diese Regelung hatte zum Widerstand bei den westdeutschen Bundesländern geführt, die befürchteten, dass die Kulturhoheit der Länder damit in Frage gestellt werde. Wir waren froh, dass der Bund sich bereiterklärte, in dieser wichtigen Frage hilfreich zu sein.

Eine die Bevölkerung sehr bewegende Frage war, ob die ostdeutschen Ausbildungsabschlüsse, Befähigungsnachweise, akademischen Grade im geeinten Deutschland noch Bestand haben würden. Der Bund stellte sich zunächst auf den Standpunkt, dass diese Frage im Einigungsvertrag nicht zu verhandeln sei, da die Anerkennung von Berufs- und Ausbildungsabschlüssen Sache der Kultusministerkonferenz der Länder sei. Unsere Länder hatten sich aber noch nicht konstituiert und ich bestand darauf, dass eine Regelung gefunden wird. Mein Bildungsminister, Hans Joachim Meyer, einer der fähigsten Köpfe in meinem Kabinett, reiste zu einer Tagung der Kultusministerkonferenz der westdeutschen Bundesländer. Ich gab ihm mit auf den Weg, er möge nicht nach Hause kommen, ohne eine Lösung dieses Problems in der Tasche zu haben. Tatsächlich wurde dann vereinbart, dass alle Berufs- und Ausbildungsabschlüsse im Osten, in den Beitrittsländern, anerkannt bleiben. In den westdeutschen Bundesländern können sie anerkannt werden, wenn sie gleichwertig sind. Ich war schon sehr erstaunt, dass nunmehr die Gleichwertigkeit festgestellt werden musste, waren doch bisher, wenn DDR-Bürger zu Zeiten der Mauer in den Westen gingen oder flohen, nie solche Forderungen erhoben worden. Die Feststellung der Gleichwertigkeit stellte sich später als besonders schwierig heraus in den Fällen, in denen es im Westen keine vergleichbare Ausbildung gab. Relativ problemlos gestalteten sich die Verhandlungen bezüglich der Eingliederung der Nationalen Volksarmee in die Bundeswehr, was auch der geschickten Verhandlungsführung meines Staatssekretärs Werner Ablaß zu verdanken ist.

In Artikel 41 regelten wir die Vermögensfragen in der Weise, wie sie schon am 15. Juni 1990 in der gemeinsamen politischen Erklärung der beiden deutschen Regierungen festgeschrieben war. Ursprünglich hatten wir auf der DDR-Seite dafür gekämpft, dass ein Entschädigungsprinzip gelten sollte und dieses nur in den Fällen durchbrochen werden sollte, in denen der Unrechtsgehalt der Enteignungsmaßnahme unerträglich sei. Beispielsweise wurden 1952 bei dem berüchtigten Waldheim-Verfahren im Minutentakt so genannte NS-Verbrecher zu hohen Freiheitsstrafen, zum Teil sogar mit Todesurteilen belegt und Vermögenseinziehungen ausgesprochen. Nun war es nicht möglich, jemanden, der seinerzeit so verurteilt worden war, zu rehabilitieren und ihm gleichzeitig zu sagen, die Enteignungsmaßnahme sei nicht revidierbar. Mit dieser grundsätzlichen Haltung, ein Entschädigungsprinzip anzuwenden, konnten wir uns nicht durchsetzen. Es scheiterte schon daran, dass wir nicht wussten, wie viele Fälle davon betroffen sein würden und was im Ergebnis dann für materielle Forderungen auf den Bundesfinanzminister zukommen würden. Theo Waigel, der mich seinerzeit fragte, erwiderte ich, dass es möglicherweise 500.000 Fälle wären. Tatsächlich sind es aber 1,2 Millionen Fälle geworden, die bei den Ämtern zur Regelung offener Vermögensfragen zur Anmeldung gelangten. Doch nach wie vor bin ich der Meinung, dass die Anwendung des Rückgabeprinzips dem deutschen Einigungsprozess einen stark restaurativen Charakter verliehen und viele Aufbaumaßnahmen im Osten Deutschlands behindert hat. Fakt ist jedenfalls, dass der Deutsche Bundestag noch Jahre nach der Wiedervereinigung Reparaturgesetze erlassen musste.

Helmut Schmidt warf mir später in einem persönlichen Gespräch vor, ich hätte die größte ABM-Maßnahme für die deutsche Anwaltschaft geschaffen. An der Regelung der Eigentumsfrage wie auch an manchem anderen wurde mir die fast rechtsphilosophische Frage klar, wie schwer es ist, nach langen Zeiten von Unrecht mit dem Recht nach Gerechtigkeit zu suchen, ohne neues Unrecht zu begehen oder dem Recht Gewalt anzutun. Auf diese Problematik hatte uns schon Martin Ziegler in dem ökumenischen Gottesdienst vor der Konstituierung der Volkskammer hingewiesen. Die Erwartungshaltung mancher Menschen fasste nach der Wiedervereinigung Bärbel Bohley mit den Worten zusammen: „Wir wollten Gerechtigkeit und bekamen den Rechtsstaat." In einer Podiumsdiskussion habe ich mich mit ihr auseinandergesetzt und ihr erwidert, dass dieser Satz zwar ihre Stimmungslage zum Ausdruck bringe, aber Ausdruck von begrifflicher Unklarheit sei, sie verwechsle die Begriffe Recht und Moral. Das, was sie sich wünsche, könne der Rechtsstaat nicht leisten, sondern sei nur im gesellschaftlichen Konsens miteinander anzustreben.

Am Beginn der Verhandlungen zum Einigungsvertrag fragte mich ein Bonner Beamter, ob dieser Vertrag nun ein staatsrechtlicher Vertrag oder ein völkerrechtlicher Vertrag sei. Offensichtlich war er in Sorge, durch diesen Vertrag könnte die DDR völkerrechtlich doch noch anerkannt werden. Ich erwiderte ihm, dies sei ein Vertrag sui generis, ein Vertrag ganz eigener Art. Wolfgang Schäuble und ich waren uns in einem Gespräch einig, dass der Einigungsvertrag eigentlich eine Art Contract social, ein Gesellschaftsvertrag, sei. Jedenfalls, und das war gut und wichtig, so blieb er dem Grundsatz treu, den er in der ersten Verhandlungsrunde gesagt hatte, dass nicht Gegner, sondern Partner am Verhandlungstisch säßen. So hat er es dankenswerterweise auch übernommen, manche Ostposition gegen die Westländer durchzusetzen, wenn diese sich zu sehr in ihren föderalen Egoismen ergehen wollten. Dieser Einigungsvertrag, dieses gewaltige Werk, wird immer besonders mit dem Namen Wolfgang Schäubles verbunden bleiben.

Vielleicht wegen der gemeinsamen Verantwortung für dieses Werk aber vielleicht auch wegen ähnlicher Denkstrukturen und von Protestantismus abgeleiteten Wertvorstellungen sind wir uns nach der Wiedervereinigung näher gekommen, sodass sich im Laufe der Jahre eine feste und private Freundschaft entwickelt hat. Bei einer Veranstaltung der Jungen Union in Berlin sagte Wolfgang Schäuble vor wenigen Jahren, dass er als besonderes Geschenk der Einheit unsere Freundschaft betrachtet. Ich kann nur dankbar erwidern, dass dies auch für mich in umgekehrter Weise zutrifft.

Das Ende des Krieges:
Der Zwei-plus-Vier-Vertrag

SCHON IM FEBRUAR 1990 fand im kanadischen Ottawa die Konferenz „Offener Himmel" statt. Am Rande des Treffens vereinbarten die vier Außenminister der Siegermächte sowie die beiden deutschen Außenminister, damals für die DDR noch Oskar Fischer, einen Prozess in Gang zu setzen, mit dem die Ablösung der Alliierten Vorbehaltsrechte über Deutschland geregelt werden sollte. Diesem Prozess gaben sie zunächst den Namen Vier-plus-Zwei-Prozess. Die Alliierten gingen davon aus, dass sie, die vier Siegermächte, darüber zu befinden hätten, ob und wie sich Deutschland einigt. Das noch geteilte Deutschland hat erreicht, den Namen umzudrehen in Zwei-plus-Vier-Prozess. Dies sollte heißen, die beiden deutschen Teilstaaten beschließen in Ausübung des Selbstbestimmungsrechtes der Völker ihre Wiedervereinigung und beteiligen die vier Siegermächte in dem notwendigen Maße, wie sich dies aus den Verträgen von Jalta, Potsdam und insbesondere aus dem Viermächteabkommen ergibt.

Die Frage, ob sich die Deutschen wiedervereinigen, so war unser Duktus, ist entschieden, und zwar durch die friedliche Revolution der Ostdeutschen im Herbst 1989 und dem sich daran anschließenden Demokratisierungsprozess. Beide deutsche Staaten waren sich allerdings einig, dass über das Wie der Vereinigung mit den Alliierten zu verhandeln sei. Die sowjetische Seite ging zunächst davon aus, dass am Ende dieses Prozesses ein Friedensvertrag mit Deutschland stehen müsse. Später reduzierten sie ihre Forderung dahingehend, dass es ein friedensvertragsähnliches, völkerrechtliches Dokument geben müsse. Zeitweilig war von einem Abkommen die Rede, was jedoch für die Sowjets eine zu schwache Formulierung war. Deshalb drängten sie auf den Begriff des Vertrags. Beide deutsche Staaten hatten kein Interesse, dezidiert einen Friedensvertrag abzuschließen, denn das Deutsche Reich befand sich am Ende des Zweiten Weltkrieges mit annähernd 100 Staaten im Kriegszustand. Wir hatten die Befürchtung, wenn die vier Großmächte mit Deutschland einen Friedensvertrag abschlössen, dass dann auch noch andere Völker einen ähnlichen Anspruch erheben würden. Dann wäre nicht auszuschließen gewesen, dass dann jedes Mal die Frage von Reparationen im Raum gestanden hätte.

Schon in einem sehr frühen Stadium – im Februar – machte Polen deutlich, dass es an diesem Prozess beteiligt sein wolle. Es müsse seine alliierten Rechte einfordern. Richtig ist, dass die polnische Exilregierung ein Mitglied der Anti-Hitler-Koalition war und dass am Ende des Krieges nicht unerhebliche Verbände der polnischen Armee am Kampf gegen Nazideutschland teilnahmen. Wer eines Beweises bedarf, dem empfehle ich eine Fahrt zu der Gedenkstätte Seelower Höhen. Dort liegen neben 35.000 gefallenen Sowjetsoldaten auch 8.000 gefallene polnische Soldaten beerdigt. Bei dieser entscheidenden Schlacht im April 1945 kamen 12.000 deutsche Soldaten ums Leben. Der polnischen Forderung wurde insoweit Rechnung getragen, als der polnische Außenminister Skubiszewski an der Verhandlung am 17. Juli 1990 in Paris teilnahm, wo insbesondere die Frage der polnischen Westgrenze verhandelt wurde. Auf Drängen der Polen wurde im Vertragstext später dieser Begriff „polnische Westgrenze" aufgegeben. In Artikel 1 Absatz 2 heißt es jetzt, dass das vereinigte Deutschland und die Republik Polen die zwischen ihnen bestehende Grenze in einem völkerrechtlich verbindlichen Vertrag bestätigen.

Seitens der DDR wurden die Verhandlungen am 5. Mai, am 22. Juni in Berlin und am 17. Juli in Paris von Außenminister Markus Meckel geführt, während die letzte Verhandlung und Unterzeichnung am 12. September 1990 in Moskau durch mich als Ministerpräsident und amtierenden Außenminister erfolgte.

Relativ schnell wurde bei den Verhandlungen Einigkeit über die Grenzfrage erzielt. Man war sich einig, dass das geeinte Deutschland aus dem Staatsgebiet der Bundesrepublik, dem Staatsgebiet der DDR und Berlin besteht. Wert gelegt wurde auf eine Formulierung, dass Deutschland keinerlei Gebietsansprüche mehr habe und auch zukünftig nicht stellen werde und dass das geeinte Deutschland in seiner Verfassung alle die Passagen streiche, die Gebietsansprüche nahelegen könnten. Auch der Friedenspflicht in Artikel 2 des Vertrages unterwarfen sich die beiden deutschen Staaten gerne und erklärten darüber hinaus in Artikel 3 den Verzicht auf Herstellung, Besitz und Verfügungsgewalt über A-, B- und C-Waffen.

Weiterhin ist in diesem Vertrag geregelt, dass das geeinte Deutschland nicht mehr als 370.000 Soldaten haben wird und wovon maximal 345.000 Soldaten den Landstreitkräften angehören dürfen. Diese Zahl korrespondierte mit dem, was die beiden deutschen Staaten bei den Verhandlungen über die Begrenzung der konventionellen Rüstung in Wien (KSE-Prozess) vereinbarten. Am 30. August 1990 traten Hans-Dietrich Genscher für die Bundesrepublik Deutschland und ich für die DDR auf der Plenarsitzung der Verhandlungen über konventionelle Streitkräfte in Europa auf. Wir wollten vor der abschließenden Beamtenrunde des Zwei-plus-Vier-Prozesses in Berlin vor diesem Gremium die Abrüstungsbemühungen beider Seiten deutlich machen, dass die im Rahmen von Zwei-plus-Vier zu treffenden Beschlüsse in Einklang mit den Wiener Verhandlungen ständen.

Vor dem Plenum in Wien beschrieb ich den speziellen Status des Territoriums der DDR. Das Territorium wird kernwaffenfrei sein, die dort stationierten Truppen werden zunächst nicht der NATO unterstellt sein, sie werden nach Umfang, Struktur und Bewaffnung nicht angriffsfähig sein, so dass sich das Geplante in das generelle Ziel der Wiener Verhandlungen einreiht, die Beseitigung der Fähigkeit zu Überraschungsangriffen und zu raumgreifender Offensive.

In meiner Begleitung bei dieser Stippvisite in Wien waren die bisherigen Verhandlungsführer aus dem Außenministerium der DDR, aber auch meine stellvertretende Regierungssprecherin Angela Merkel, weil ich wollte, dass diese für Europa wichtige Konferenz in der Presse gehörig dargestellt wurde. Dies war zum damaligen Zeitpunkt gar nicht so einfach, zumal gleichen Tags in Bonn die abschließenden Verhandlungen zum Einigungsvertrag liefen.

Unmittelbar nach meinem Redebeitrag in Wien kehrte ich nach Berlin zurück, um am Nachmittag an der Volkskammersitzung teilzunehmen. An diesem Nachmittag sollte das Gesetz über die Aufgaben der Polizei in erster Lesung durch den Innenminister Peter-Michael Diestel eingebracht werden. Diestel war in letzter Zeit in der Öffentlichkeit, aber auch in der Volkskammer mehrfach in die Kritik geraten, und ich wollte für den Fall, dass es notwendig werden sollte, da sein, um ihm beistehen zu können. Die Angriffe gegen ihn hielt ich samt und sonders für

20. März 1990: Lothar de Maizière und Hans Dietrich Genscher vor einem gemeinsamen Auftritt bei einer Fernsehdiskussion von RTL und ZDF.
BArch, Bild 183–1990–0320–014 / Andreas Altwein

unbegründet. Er hatte als Innenminister eine besonders schwierige Aufgabe. Die Polizei, deren Image in der DDR-Bevölkerung nie besonders gut gewesen war, hatte im Herbst 1989 total an Ansehen verloren, weil sie sich gegen das eigene Volk hatte stellen lassen. Die Aufgabe von Peter-Michael Diestel war aber, die Polizei wieder zu einem Ordnungsfaktor im Lande zu machen, auf den sich die Regierung verlassen können musste. Dies ist ihm gelungen, unter anderem auch dadurch, dass er in seiner sportlichen Art zum Vorbild für seine Polizisten wurde. Dass er sich in den letzten Tagen der DDR mutig zu den Aufständischen in der Haftanstalt Brandenburg begab, die sich auf dem Dach eines Gebäudes verschanzt hatten und sie zum Aufgeben ihres Protestes bewegte, soll nur am Rande erwähnt werden.

Doch zurück zum Zwei-plus-Vier-Geschehen. Die schwierigste Frage war von Anfang an die Frage der Bündniszugehörigkeit des geeinten Deutschlands. Für die Amerikaner und die Westalliierten, aber auch für die Bundesrepublik war es selbstverständlich, dass das geeinte Deutschland der NATO angehören sollte, wohingegen die Sowjets im Zuge der Verhandlungen höchst widersprüchliche Positionen bezogen. Zeitweilig war nicht erkennbar, wer verbindlich für die Sowjetunion spricht. So äußerten sich unterschiedlich sowohl Falin als auch Portugalow als auch Schewardnadse – angeboten wurde, dass das geeinte Deutschland neutral sein solle. Andere meinten, dass das geeinte Deutschland beiden Bündnissen angehören sollte, und zwar dies bis zur Schaffung eines einheitlichen europäischen Sicherheitssystems, auch eine differenzierte NATO-Mitgliedschaft wurde nicht ausgeschlossen. Klar jedoch war, dass eine NATO-Mitgliedschaft des geeinten Deutschlands im Ganzen zunächst für die Sowjets unannehmbar schien.

Den entscheidenden Durchbruch in dieser Frage erzielten wohl George Bush und Michail Gorbatschow. Am Ende dieses Treffens gab es eine Pressekonferenz, auf der George Bush in Anwesenheit von Michail Gorbatschow verkündete, dass das geeinte Deutschland der NATO angehören werde. Michail Gorbatschow widersprach dieser Aussage nicht mehr, was ich und alle, die mit mir die Pressekonferenz im Fernsehen sahen, als den entscheidenden Durchbruch ansahen. Später ist dies dann beim Strickjacken-Treffen im Kaukasus zwischen Helmut Kohl und Michail Gorbatschow noch „festgeklopft" worden. Helmut Kohl hat mir berichtet, dass sie zuvor in Moskau diese Fragen besprochen haben und Gorbatschow ihm bereits dort die Zusage gegeben habe, denn ohne diese Zusage wäre er, Helmut Kohl, nicht in den Kaukasus gereist.

In Artikel 7 des Zwei-plus-Vier-Vertrags wird geregelt, dass die vier Siegermächte ihre Rechte und Verantwortlichkeiten in Bezug auf Deutschland und Berlin beenden. Wörtlich heißt es dann im Artikel 7 Absatz 2: „Das vereinte Deutschland hat demgemäß volle Souveränität über seine inneren und äußeren Angelegenheiten." Dieses ist der eigentliche Kernsatz des Vertrags. Der Vertragstext war am 17. Juli 1990 in Paris bereits voll ausverhandelt. Die Außenminister gingen auseinander mit der Verabredung, dass, wenn jemand noch Änderungen am Vertragstext wünsche, er diese bis zur letzten Beamtenrunde, die am 1. September 1990 in Berlin stattfinden sollte, einreichen solle. Ernstlich hatte aber niemand mehr mit wesentlichen Veränderungen gerechnet. Umso erstaunter waren alle, auch wir, als am 1. September 1990 die Sowjets einen neuen Vertragstext vorlegten, der sich vor allem dadurch auszeichnete, dass die Sowjets einen neuen Artikel 9 eingefügt hatten. Danach sollten beide deutsche Regierungen erklären, dass das geeinte Deutschland die Legitimität aller Maßnahmen anerkennt, die die vier Mächte gemeinsam oder jede Siegermacht in ihrer ehemaligen Besatzungszone durchgeführt hat. Wörtlich heißt es: „Die Rechtmäßigkeit dieser Beschlüsse, darunter auch in Vermögens- und Bodenfragen wird nicht revidiert." Weiterhin sollte sich das geeinte Deutschland verpflichten, ein Wiederaufleben der Naziideologie zu verhindern und entsprechend sich bildende Parteien zu verbieten. Erwartet wurde, dass Deutschland erklärt, dass es alle Gedenkstätten und Denkmäler sowie alle militärischen Grabstätten von Staatsangehörigen der Länder der Anti-Hitler-Koalition erhalten und gebührend pflegen werde. Und letztendlich solle vereinbart werden, dass der völkerrechtliche Bestand der Verträge der DDR, aber auch der Bundesrepublik nach den Grundsätzen des Vertrauensschutzes fortgeführt oder einvernehmlich geändert oder beendet werden.

Mit der Einfügung eines solchen Artikels konnten sich weder die Bundesrepublik noch wir einverstanden erklären. Wir stimmten darin überein, dass der Vertrag die äußeren Aspekte der deutschen Einheit zu regeln habe, dass die in diesem neuen Artikel 9 angesprochenen Probleme jedoch Aspekte des inneren Einigungsprozesses seien. Wir wiesen darauf hin, dass in dem am Vortage, am 31. August, unterzeichneten Einigungsvertrag die Eigentumsfragen in den Artikeln 4 und 41 abschließend geregelt seien. Darüber hinaus verwiesen wir auf Artikel 12 des Einigungsvertrages, der die Fragen der Staatensukzession, d. h. des Vertragsfortbestandes der DDR, regelt. Wir erklärten, dass die Grabpflege eine selbstverständliche Anstandspflicht sei, und wir verkniffen uns den Hinweis auf den Zustand der Begräbnisstätten deutscher Soldaten auf sowjetischem Boden. Fairerweise soll aber darauf hingewiesen werden, dass in den letzten 20 Jahren seit der Wiedervereinigung sich diesbezüglich sehr viel getan und zum Besseren gewendet hat.

Der Forderung, ein Wiederaufleben der Naziideologie zu verhindern, entgegneten wir mit dem Hinweis, dass wir Deutschen die Lehren aus unserer Geschichte gelernt hätten. Doch wer Alexander Bondarenko, den Verhandlungsführer auf der sowjetischen Seite, kennt, weiß, wie schwer es war, ihn von dieser Forderung abzubringen. Bondarenko war lange Jahre Leiter der Abteilung III im Außenministerium der Sowjetunion. Diese Abteilung III betraf die deutschsprachigen Länder, also Bundesrepublik, DDR, Österreich und die Schweiz. In seiner Abteilung arbeiteten nur bestens ausgebildete Fachkräfte, die am Moskauer staatlichen Institut für Internationale Beziehungen MGIMO, der Diplomatenschmiede des Ostblocks, ausgebildet worden waren. Er selbst war das, was man einen beinharten Sowjetdiplomaten nennen könnte.

Schließlich wurde die Lösung gefunden, dass der Artikel 9 nicht in den Vertrag aufgenommen wurde, aber die deutschen Außenminister in Moskau bei der abschließenden Unterzeichnung einen Brief unterschreiben sollten, in dem diese vier angesprochenen Punkte enthalten sein sollten. Es wurde die elegante Lösung gefunden, dass zu den einzelnen Punkten jeweils auf die zwischen der DDR und der Bundesrepublik getroffenen Regelungen hingewiesen wurde. Diese Lösung ist nicht neu. Jeder, der sich mit der deutschen Nachkriegsgeschichte auskennt, wird sich daran erinnern, dass seinerzeit in den Ostverträgen der Brandt/Scheel-Regierung auf Drängen der CDU ein Brief zur deutschen Einheit beigefügt wurde, in dem darauf hingewiesen wurde, dass die Gewaltverzichtsabkommen keinesfalls als ein Verzicht auf den Anspruch der Deutschen auf die Wiedererlangung der Einheit zu sehen seien. Nachdem diese Brieflösung in unserem Fall gefunden worden war, glaubten wir, gelassen zu der Unterzeichnung am 12. September 1990 nach Moskau fahren zu können.

Am Vorabend der Unterzeichnung teilte Eduard Schewardnadse sowohl Hans-Dietrich Genscher als auch mir mit, dass die Unterzeichnung einer Erklärung, dass die vier Siegermächte ihre alliierten Vorbehaltsrechte über Deutschland bis zur Ratifizierung des letzten Signatarstaates aussetzten, keinesfalls in Moskau geschehen könne. Dies würde in der Sowjetunion als verheerendes innenpolitisches Signal gewertet werden. Ich entsinne mich, dass in diesem Zusammenhang das Wort Versailles fiel. Man kam überein, dass diese Erklärung, so wie es schon zuvor angedacht war, bei der KSZE-Außenministerkonferenz am 1. Oktober 1990 in New York abgegeben werden sollte. Dies

Unterzeichnung des Abschlussdokumentes der Zwei-plus-Vier-Verhandlungen am 12. September 1990. Vordere Reihe v.l.n.r.: Eduard Schewardnadse, Roland Dumas, Hans-Dietrich Genscher, Michail Gorbatschow,
Lothar de Maizière, Douglas Hurd, James Baker

musste noch abgestimmt werden. James Baker, der amerikanische Außenminister, war zwar auch schon angereist, hatte sich
aber wegen des Jetlags eine Schlaftablette genehmigt und war
kaum wachzukriegen.

Bis zum nächsten Morgen wurde eine Regelung gefunden,
die von der sowjetischen Seite akzeptiert werden konnte. Um
9 Uhr sollte eine letzte Tagung der Außenminister stattfinden.
Der britische Außenminister, Douglas Hurd, hatte – so wollte
mir scheinen – offensichtlich von seiner Premierministerin noch
den Auftrag bekommen, in letzter Minute Sand ins Getriebe zu
streuen und wollte erreichen, dass auf dem Territorium der DDR

auch schon vor Abzug der sowjetischen Truppen NATO-Manöver stattfinden dürften. Dies konnte abgewendet werden und wurde ausdrücklich in einer Protokollnotiz so festgehalten. Nunmehr konnte es an die Unterzeichnung gehen. Hans-Dietrich Genscher und ich unterschrieben den bezeichneten Brief, der von der bundesdeutschen Seite auch gesiegelt wurde. Ich hatte kein Siegel, da die Volkskammer das Staatswappen der DDR – Hammer, Zirkel, Ährenkranz – bereits abgeschafft hatte. Die Sowjets standen jedoch auf dem Standpunkt, dass ein Brief ohne dieses Siegel nicht seine volle Gültigkeit erlangen könnte. Es wurde daraufhin ein Bote von mir in die DDR-Botschaft geschickt, dort wurde auch noch ein Stempel mit dem Staatswappen der DDR aufgetrieben, und das Siegel wurde dann dem Brief beigefügt. Nun waren die Sowjets zufrieden. Von sowjetischer Seite war man auch nicht bereit, vor Siegelung des Briefes den Vertrag zu unterzeichnen, so dass es zu einer erheblichen zeitlichen Verschiebung kam. In der Pause behaupteten die Sowjets, der Computer gäbe die deutsche Fassung des Vertrages nicht her und man müsse daran arbeiten. Als aber das Siegel am Brief angebracht war, hatte der Computer ein Einsehen und spuckte den Vertrag in der notwendigen Anzahl aus. Die Unterzeichnung fand in dem großen Konferenzraum des Hotels „Oktjabrskaja" statt, wo auch schon die letzte Tagung des Warschauer Vertrages stattgefunden hatte. Es war ein langer Tisch aufgebaut mit sechs Sitzplätzen und an jedem Sitzplatz lag ein bereits geöffneter Füllfederhalter. Der langen Wartedauer wegen waren die inzwischen eingetrocknet und mussten erst mühselig wieder in Gang gesetzt werden. Als ich den Raum betrat und die Füllfederhalter sah, nahm ich mir im Stillen vor, wenn ich den Raum verlasse, nehme ich den Füllfederhalter mit. Diese Unterschrift, die du gleich leisten wirst, ist möglicherweise die wichtigste Unterschrift in deinem Leben, beendet sie doch das Kapitel der deutschen Geschichte, das mit dem Reichstagsbrand begann und über so schmachvolle Daten, wie 9. November 1938 und 1. September 1939, in die größte Katastrophe der Deutschen und in die deutsche Teilung führte.

An meinem Platz sitzend kam mir eine Erinnerung an meine Kindheit. In irgendeinem Zusammenhang hatte ich das Wort Gnade gehört und konnte mit diesem nichts anfangen. Ich ging zu meiner Großmutter und fragte diese, was ist eigentlich Gnade. Meine Großmutter antwortete mir, das sei eine sehr schwierige Frage und ich müsse wohl erwachsen werden, um zu erfahren, was Gnade ist. Unter dem Tisch, auf dem gleich der Zwei-plus-Vier-Vertrag unterzeichnet werden sollte, faltete ich meine Hände und sagte im Stillen zu mir: „Großmutter, jetzt weiß ich, was Gnade ist." Nach der Unterzeichnung des Vertrages trat Michail Gorbatschow hinzu, und es folgte dann das große Defilee für die Fotografen. Beim Verlassen des Raumes sprach ich Hans-Dietrich Genscher an und fragte ihn, ob er wisse, was er soeben getan habe. Natürlich, sagte er, er habe den Vertrag unterschrieben. Ich erwiderte ihm: Nein, Sie haben soeben auch die Deutsche Demokratische Republik völkerrechtlich anerkannt.

Der Zwei-plus-Vier-Vertrag ist zweifelsohne ein völkerrechtlicher Vertrag, der nur von Völkerrechtssubjekten unterschrieben werden konnte. Da Hans-Dietrich Genscher für die Bundesrepublik und ich für die DDR diesen Vertrag unterschrieben, hat er mit seiner Unterschrift auch sozusagen nebenbei die DDR völkerrechtlich anerkannt, eine letzte schöne Abendröte des Landes, dessen Ende ich eben mit meiner Unterschrift besiegelt hatte. Beim Verlassen des Raumes hatte ich mit etwas schlechtem Gewissen den von mir benutzten Füllfederhalter eingesteckt. Beim Umdrehen stellte ich fest, dass alle anderen ihre Füller ebenfalls mitgenommen hatten. Nach der Unterzeichnung gab Michail Gorbatschow mit erheblicher Verspätung ein Frühstück. An jedem Sitzplatz lag eine in der Landessprache des Gastes ausgefüllte Menükarte. In die Runde der Anwesenden hinein sagte ich, ich sei wohl der Jüngste an Lebensjahren, jedenfalls aber der

Jüngste im diplomatischen Dienst und an diplomatischer Erfahrung. Dieser Tag sei für mich so bedeutsam, dass ich ein Souvenir davon haben wollte und ich bäte sie daher, auf der Rückseite meiner Menükarte, die ich gleich unterzeichnen würde, ihre Unterschriften anzubringen. Plötzlich wollten alle auch so eine Menükarte haben, und es begann ein munteres Austauschen der Menükarten, wo untereinander die sechs Unterzeichner des Vertrages unterschrieben. Gorbatschow unterschrieb quer dazu mit der Bemerkung, er gehöre ja eigentlich nicht dazu. Dem widersprachen wir alle nicht nur aus Höflichkeit, sondern weil wir wussten, dass ohne ihn dieses Ergebnis nicht zustande gekommen wäre.

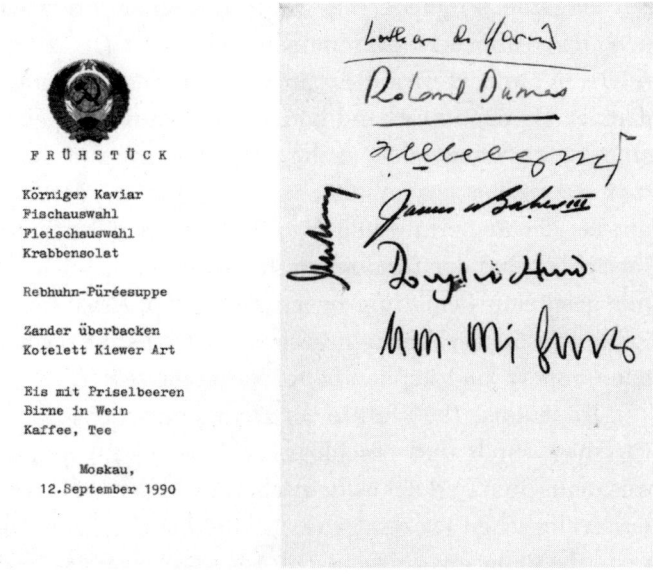

FRÜHSTÜCK

Körniger Kaviar
Fischauswahl
Fleischauswahl
Krabbensalat

Rebhuhn-Püréesuppe

Zander überbacken
Kotelett Kiewer Art

Eis mit Priselbeeren
Birne in Wein
Kaffee, Tee

Moskau,
12.September 1990

Vorder- und Rückseite der Menükarte zum Frühstück nach Unterzeichnung des Zwei-plus-Vier-Vertrags mit den Unterschriften der Außenminister, die den Zwei-plus-Vier-Vertrag besiegelten, sowie Michail Gorbatschows

Einigungsfeierlichkeiten

DAS DATUM DES Tages der deutschen Einheit war gesetzt. Zuvor war jedoch noch eine ganze Reihe von Dingen zu erledigen. Beispielsweise war zu klären, wie sich die Ost-CDU und die West-CDU vereinigten und welche der ostdeutschen Parteien mit uns diesen Weg gehen wollten. Im Demokratischen Aufbruch gab es klare Bestrebungen, der CDU beizutreten. Schon unmittelbar nach der Volkskammerwahl am 18. März 1990 hatten einzelne Mitglieder des Demokratischen Aufbruchs erwogen, den Aufbruch zu verlassen und zur CDU zu kommen. Auch im Landesverband Berlin gab es die Bestrebungen schon damals, als Landesverband beizutreten. Rainer Eppelmann, der amtierende Vorsitzende, stellte sich dagegen, und zwar, wie ich meine, weniger aus inhaltlichen Gründen, sondern vor allem, um bei der Regierungsbildung ein größeres Gewicht zu haben. Tatsächlich hat der Demokratische Aufbruch ja auch in der von mir geleiteten Regierung neben Rainer Eppelmann eine ganze Reihe von Staatssekretären gestellt, mehr als ihr nach dem Parteienproporz zugestanden hätte.

Im August 1990 führte der Demokratische Aufbruch einen Parteitag durch und beschloss, noch vor der Vereinigung der westdeutschen und der ostdeutschen CDU der CDU beizutreten. Einen ähnlichen Prozess gab es bei der Bauernpartei. Die Demokratische Bauernpartei Deutschlands (DBD) war von der SED gegründet worden, um so der CDU den wertkonservativen Teil der Landbevölkerung auszuspannen. Im Jahre 1990 kam es zu einer Annäherung von weiten Teilen der in der DBD versammelten Mitglieder zur CDU. Die Bauernpartei war zwar nicht an der Koalition beteiligt, übte sich aber in der Volkskammer in gemäßigter Opposition. Die Verhandlungen der Zusammenführung zwischen Bauernpartei und CDU haben Ulrich Junghanns und ich in großer Fairness und Kameradschaft miteinander geführt.

Horst Korbella, einer meiner Stellvertreter, führte im Jakob-Kaiser-Haus am Gendarmenmarkt die notwendigen Maßnahmen zur Vereinigung der Parteien. Er war es auch, der zusammen mit Herrn Lechtenfeld Verhandlungen über das Zusammengehen von CDU West und Ost führte. Dabei wurde deutlich, dass die West-CDU, wohl wegen der nach wie vor bestehenden Blockflötenvorbehalte, keinesfalls eine Vereinigung der bundesdeutschen CDU mit der ostdeutschen CDU wollte, sondern dass die ostdeutschen Landesverbände lediglich der CDU Deutschlands beitreten sollten. Dies hatte zur Folge, dass die Zentrale der ostdeutschen CDU am Gendarmenmarkt überflüssig wurde und aufgelöst werden musste. Ich hatte dann nach der Wiedervereinigung die undankbare Aufgabe, 120 Menschen, die dort über Jahre hinweg gearbeitet hatten, in die Arbeitslosigkeit zu entlassen. Nur für wenige wurden Auffangpositionen gefunden.

Schon vorher hatte ich veranlasst, dass durch eine renommierte Wirtschaftsprüfungsgesellschaft eine Bilanz über das Vermögen der ostdeutschen CDU aufgestellt wurde. Die Notwendigkeit ergab sich zum einen daraus, dass wir aufgrund der Änderung des Parteiengesetzes der DDR im Juni eine unabhängige Kommission für die Erfassung des Parteien- und Organisationsvermögens geschaffen hatten, gegenüber der wir rechenschaftspflichtig waren. Ich hatte dafür gesorgt, dass das so genannte Altvermögen der Kommission unterstellt wurde, das Neuvermögen jedoch – was nicht ganz unbeträchtlich war, da die CDU sowohl die Volkskammerwahl als auch die Kommunalwahlen gewonnen hatte und daher hohe Wahlkampfkostenerstattungen bekommen hatte – uns zur Verfügung stand. Wir konnten mithin auf die stolze Summe von 26 Millionen DM blicken.

Die ostdeutsche CDU hatte in allen Landesverbänden überdurchschnittlich viele festangestellte Mitarbeiter. Im Vergleich zur Bundes-CDU war der Personalbesatz fast zehnmal so hoch und mir war klar, dass nach der Wiedervereinigung, spätestens jedoch nach der ersten gesamtdeutschen Wahl am 2. Dezember 1990, ein solcher Personalbestand nicht zu halten sein würde. Daraufhin habe ich mich erkundigt, wie hoch üblicherweise in der Bundesrepublik Abfindungssummen innerhalb eines Sozialplanes sind und in welcher Weise diese z. B. nach langjähriger Betriebszugehörigkeit oder Ähnlichem berechnet werden. Dies ließ ich für die fünf ostdeutschen Landesverbände und den Landesverband Berlin-Ost durchführen und bildete von diesen 26 Millionen DM-Guthaben Rückstellungen in Höhe von 14 Millionen für zukünftig ungewisse Verbindlichkeiten, also für die Sozialplanausgaben. Die restlichen 12 Millionen ließ ich durch den Schatzmeister Werner Skowron auf die ostdeutschen Landesverbände verteilen, wobei die Zahl der Mitglieder in den Landesverbänden die Bemessungsgrundlage für die Überweisung bildete.

Am 4. Oktober, am Tag nach der Wiedervereinigung, erschien im Jakob-Kaiser-Haus am Gendarmenmarkt Hans Terlinden, der im Bonner Adenauer-Haus für die Finanzen zuständig war, um diese 26 Millionen DM auf ein Konto der Bundes-CDU zu überweisen. Die Bundes-CDU hatte zum damaligen Zeitpunkt nicht unerhebliche Schulden. Mir wurde berichtet, dass er getobt habe, als er bei uns leere Konten vorfand. Er soll immer wieder empört geäußert haben, dass er gar nicht wisse, wie er dies dem Bundesvorsitzenden Kohl beibringen solle. Er versuchte sogar, bei der die Überweisungen ausführenden Bank Rücküberweisungen vorzunehmen, was jedoch nicht mehr möglich war. Ich hatte vorsorglich bereits am 26. September 1990 das Geld verteilt.

In Vorbereitung des gesamtdeutschen Parteitages, der am 1. und 2. Oktober 1990 in Hamburg stattfinden sollte, hatten wir uns überlegt, was wir wohl mitnehmen sollten zu diesem Parteitag. Zum einen brachten wir den Entwurf eines Programmes mit, das wir in den letzten Monaten erarbeitet hatten, und von dem wir hofften, dass es in seinem Inhalt Eingang in ein gesamtdeutsches Programm finden könnte. Aus der heutigen Sicht war dieses Programm wesentlich moderner als das, was im bundesdeutschen Programm zu lesen war. Ich weiß, dass man geradezu entsetzt war, dass wir uns in diesem Programm für die Tolerierung gleichgeschlechtlicher Partnerschaften aussprachen. Zum anderen hatten wir die Gründungsprotokolle der CDU aus den Jahren 1946/47 mitgenommen, also die Protokolle, die noch auf die Gründungssituation unter Andreas Hermes und Jakob Kaiser und andere zurückgingen. Wir wollten mit der Übergabe dieser Protokolle darauf hinweisen, dass die CDU Deutschlands eben nicht in Bonn, sondern in Berlin, in Ost-Berlin, im Theater am Schiffbauer Damm, dem heutigen Berliner Ensemble, gegründet worden war.

In Hamburg führten beide Teile der CDU zunächst noch getrennte Parteitage durch, um die notwendigen satzungsrechtlichen Voraussetzungen für das Zusammengehen zu schaffen. Ich entsinne mich, dass ich in einer kurzen Rede an die ostdeutschen Delegierten sinngemäß sagte, dass wir wohl im Osten allzu lange dem roten Sowjetstern nachgegangen wären, uns an ihm orientiert hätten. Ich empfähle allerdings uns jetzt, uns nicht vorschnell und allein am Mercedes-Stern zu orientieren, sondern ich hoffte, dass wir uns am Stern von Bethlehem orientierten. Und wenn wir dies täten, würden wir nicht wieder auf falschen Kurs geraten. Ich entsinne mich deshalb so deutlich daran, weil mich wenige Tage später, Hans-Peter Keilbach, der bei Mercedes-Benz für die Pkw-Sparte zuständig war, anrief und fragte, ob ich etwas Grundsätzliches gegen Mercedes habe, warum ich glaubte, auf einem Parteitag negative Reklame für sein Produkt machen zu müssen. Ich habe ihn beruhigt und habe ihm das ganze Zitat geschildert, ich glaube, überzeugt hat es ihn nicht.

Am 1. Oktober 1990 begann der Parteitag nach einem ökumenischen Gottesdienst um 10.30 Uhr. Wir Ostdeutschen nahmen zunächst nur als Gäste an diesem Parteitag teil, ab 14 Uhr jedoch schon als Delegierte. Helmut Kohl hielt eine, wie ich noch heute in Erinnerung habe, große Rede, in der er nicht nur die CDU als Partei der Einheit feierte, sondern vor allem auch auf die noch vor uns liegenden nicht unerheblichen Aufgaben hinwies. Ich hielt eine Rede, in der ich nicht ohne Stolz auf das hinwies, was wir als ostdeutsche CDU in den letzten Monaten geleistet hatten, und in der ich versicherte, dass ich davon ausginge, dass die Mehrheit der Ostdeutschen am 2. Dezember 1990 den Bundeskanzler Helmut Kohl zum Kanzler aller Deutschen wählen würden. Ich begründete dies damit, dass die Ostdeutschen von einem Saarländer erst einmal für lange Zeit genug hätten und dass sie trotz allem dann doch lieber Blockflöte spielten als Schalmei. Die doppelsinnige Anspielung auf Erich Honecker und Oscar Lafontaine löste große Heiterkeit aus und fast 20 Jahre später berichtete mir Oskar Lafontaine, dass er sich damals durch diesen Teil der Rede tief beleidigt gefühlt hätte. Ich konnte ihm nur erwidern, wer so gut austeilt wie er, müsse auch einstecken können.

Vor dem Parteitag hatte mir Helmut Kohl schon gesagt, dass er sieben Stellvertreter hätte, dass er auf dem Parteitag der bundesdeutschen CDU erreichen wolle, dass diese zurückträten und dass zukünftig nur noch ein Stellvertreter gewählt werden solle und er vorsähe, dass ich dies werden sollte. Ich habe damals zu ihm gesagt: „Herr Bundeskanzler, bitte machen Sie mich lieber zu Ihrem achten Stellvertreter und drängen Sie nicht die anderen sieben zum Rücktritt. Sonst habe ich auf diese Weise gleich sieben zusätzliche Feinde in der bundesdeutschen CDU." Vielleicht fand er gerade diese Aussicht so gut, dass er erst recht an seinem Plan festhielt. Im Ergebnis der dann stattfindenden Wahlen wurde ich mit weit mehr als 90 Prozent der Stimmen zum stellvertretenden Vorsitzenden der CDU Deutschlands gewählt. Das war ein gutes Ergebnis, es lag mit würdigem Abstand unter dem von Kohl und genau über dem von Rühe, der als Generalsekretär bestätigt wurde.

Am 1. Oktober abends fand ein geselliges Beisammensein statt, bei dem ich Volker Rühe ansprach und sagte, dass wir nun nolens volens miteinander auskommen müssten und ich es allemal besser fände, miteinander statt übereinander zu reden. Und ich böte ihm an, dass wir zukünftig zunächst einmal versuchen sollten, miteinander zu reden, bevor wir mit der Presse den Dialog führten. Er sicherte mir dies zu, ohne sich jedoch später daran zu halten. Von ihm ging dann auch sehr bald die Initiative aus, die ostdeutschen Landesverbände von den „Blockflöten" zu säubern, was dazu führte, dass beispielsweise Willibald Böck aus Thüringen zu jeder Bundesvorstandssitzung mit einer Blockflöte erschien und diese ostentativ vor sich auf den Tisch legte.

Der Parteitag ging am 2. Oktober zu Ende, am frühen Nachmittag flogen wir zurück nach Berlin, um 17 Uhr trafen sich abschließend die Volkskammer-Abgeordneten im Staatsratsgebäude. Die Präsidentin gab um 19 Uhr einen Empfang, und für 21 Uhr war ein Festakt im Schauspielhaus am Gendarmenmarkt anberaumt. Vorgesehen war, dass ich eine letzte Rede halten sollte, um die DDR quasi aus der Geschichte zu verabschieden. Danach sollte Kurt Masur mit dem Gewandhausorchester Leipzig und den Rundfunkchören von Berlin und Leipzig Beethovens „Neunte" zu Gehör bringen.

Als ich die Entscheidung getroffen hatte, dass Beethovens „Neunte" gespielt werden sollte, entsann ich mich an das erste Mal, als ich diese Sinfonie hörte. Es war Silvester 1945. Wir wohnten damals in Nordhausen am Harz und ich höre noch die Ansage: „Hier ist der Landessender Weimar. Wir übertragen nun aus dem Nationaltheater in Weimar Beethovens ‚Neunte Sinfonie' mit Schillers Ode an die Freude. Es spielt die Staatskapelle Weimar unter Leitung von Hermann Abendroth. Sehr verehrte Hörerinnen und Hörer, wir bitten Sie, alle elektrischen Verbraucher außer Ihrem Radio abzuschalten. Wir haben die Zusage von den Elektrizitätswerken, dass diese Aufführung ohne Stromsperre wird durchgeführt werden können."

311

Ich weiß, dass ich damals meine Mutter fragte, warum die „Neunte" gerade Silvester gespielt würde. Sie erzählte mir, dass dies ein alter Brauch sei und dass vor allem die „Neunte" immer dann gespielt würde, wenn ein Volk etwas ganz Großes, etwas ganz Einmaliges zu feiern habe. Nun, was sollte es wohl Einmaligeres geben, als die Herstellung der Einheit Deutschlands.

Der Saal im Schauspielhaus war voll besetzt. Jeder schätzte sich glücklich, der eine Karte dafür erlangt hatte. Um dem Andrang Rechnung zu tragen, wurde die Sinfonie auf den Platz vor dem Reichstag übertragen. Und vor Beginn stand ich mit Kurt Masur draußen vor dem Bühneneingang und sagte zu ihm, Herr Professor, ich habe ja solches Fracksausen. So nennt man unter Musikern das Lampenfieber. Kurt Masur und ich kannten uns aus meiner Studienzeit an der Musikhochschule Hanns Eisler in Berlin. Er erwiderte, dass er ebenfalls Fracksausen hätte. Und ich sagte, Herr Professor, Sie doch nicht, Sie haben die „Neunte" Beethovens schon x-mal in Ihrem Leben dirigiert. Er antwortete, ja, mein Junge, aber noch nie zur deutschen Einheit.

Im Saal hielt ich dann eine Rede, von der manche sagten, ich hätte der DDR damit zum Schluss eine Würde verliehen, die sie 40 Jahre zuvor so nicht gehabt hätte. Ich gestehe schon, dass ich ein merkwürdiges, wenn nicht sogar flaues Gefühl hatte, diesen Staat, der bisher unsere gesamte Biografie umschlossen hatte, zu verabschieden. Tapfer sagte ich zwar: „Es ist ein Abschied ohne Tränen." Ich sagte aber auch, dass es viele geben würde, die diesen Weg nicht leichten Herzens gingen und dass ich hoffte, dass das Ende der Ideologie, die hinter uns liege, nicht dazu führte, dass der Glaube an alle Ideale zerstört würde. Ich äußerte die Hoffnung, dass die Vergangenheit uns nicht erneut spalten möge. Ich fasste dies zusammen in dem Satz: „Nicht, was wir gestern waren, sondern was wir morgen gemeinsam sein wollen, vereint uns zum Staat."

Nach dem Konzert fuhren wir unter riesigem Sicherheitsaufwand zum Reichstagsgebäude. Wir konnten nicht den gera-

2. Oktober 1990 im Schauspielhaus Berlin: Verabschiedung der DDR

den Weg die Linden entlang und durch das Brandenburger Tor nehmen, weil dort schon Tausende von Menschen versammelt waren, die um Mitternacht die Einigungszeremonie vor dem Reichstag miterleben wollten. Wir fuhren also über die Friedrichstraße, die Invalidenstraße, quasi von hinten an das Reichstagsgebäude heran. Aber auch dies war schon mit erheblichen Schwierigkeiten verbunden. Dennoch sind wir pünktlich am Reichstagsgebäude angekommen.

Es war vorgesehen, dass wir, die Politiker, oben auf dem letzten Treppenabsatz vor dem Westportal stehen sollten. Auf dem Platz der Republik davor sollte an einem Fahnenmast um 0 Uhr eine große schwarz-rot-goldene Fahne gehisst werden. Nur mit Mühe gelang es, an den vorgesehenen Platz zu gelangen. Es herrschte ein furchtbares Gedränge und Geschiebe und in einem Moment drohte sogar, die Situation aus den Fugen zu geraten, denn die Menschen auf dem Platz der Republik drängten Richtung Reichstag und konnten nur mit Mühe von den Sicherheitskräften aufgehalten werden. Helmut Kohl strahlte und genoss ganz offensichtlich – und ich meine auch zu Recht – seinen Erfolg. Ich kam mir ein bisschen vor wie der Mohr, der seine Schuldigkeit getan hatte. Ich drehte mich um und sah Willy Brandt, dem heiße Tränen über die Wangen liefen. Ich ging zu ihm hin und fragte, ob ich ihm in irgendeiner Weise behilflich sein könnte oder ob es ihm nicht gut ginge. Er antwortete nur, nein, Junge, mir geht es gut. Ich bin nur so gerührt, weil ich nicht gedacht habe, dass ich das noch erleben werde. Von dem Anblick dieses großen alten Mannes deutscher Politik war ich tief gerührt. Pünktlich um Mitternacht dann wurde die riesige schwarz-rot-goldene Fahne gehisst und Bundespräsident Richard von Weizsäcker sprach die Worte, die wohl heute in fast jedem Geschichtsbuch stehen: „In freier Selbstbestimmung wollen wir die Einheit Deutschlands vollenden. Für unsere Aufgabe sind wir uns der Verantwortung vor Gott und den Menschen bewusst. Wir wollen in einem vereinten Europa dem Frieden der Welt dienen."

Ich hätte mir gewünscht, dass in dieser Stunde von allen Kirchen Deutschlands die Glocken läuteten. War doch in früheren Jahrhunderten das Glockenläuten immer Ausdruck dafür gewesen, dass Krieg vorbei und dass Frieden gewonnen war. Für mich war diese Stunde erst die Stunde des endgültigen Friedens nach 6 Jahren heißem und 45 Jahren kaltem Krieg. Ich hatte zuvor mit dem Bund Evangelischer Kirchen in der DDR wegen dieses meines Wunsches, die Glocken zu läuten, gesprochen. Mir wurde jedoch gesagt, dass man an dem Prinzip der Trennung von Staat und Kirche strikt festhalten wolle und dass die Glocken zu kirchlichen Anlässen läuteten, nicht jedoch zu weltlichen, staatlichen Anlässen. Auch mein Hinweis darauf, dass man in dieser Stunde mit Sicherheit sagen könnte „Nun danket alle Gott" half nicht weiter, man blieb bei dieser einmal bezogenen Haltung. Überhaupt hatte ich den Eindruck, dass die evangelische Kirche dem Prozess der deutschen Einheit distanzierter gegenüber stand als etwa die katholische Kirche.

Am Anfang meiner Regierungszeit hatte ich die ostdeutschen Landeskirchen gebeten, mir geeignete Verwaltungsfachleute für den Aufbau der neuen Verwaltungen zur Verfügung zu stellen, damit ich wenigstens bei wichtigen Abteilungen die SED-Abteilungsleiter durch erfahrene kirchliche Verwaltungsbeamte ersetzen könnte. Auch diesbezüglich wurde ich nicht gehört. Bei der katholischen Kirche gab man die seinerzeit von Kardinal Bengsch, dem Berliner Bischof, verordnete Wagenburg-Mentalität auf. Und offensichtlich kamen alte Zentrumstraditionen wieder zum Tragen. Jedenfalls waren prozentual wesentlich mehr Katholiken bereit, politische Verantwortung zu übernehmen als Protestanten. Bezeichnend ist zum Beispiel, dass drei der Ministerpräsidenten in den neuen Ländern nach dem 14. Oktober 1990 Katholiken waren, so Alfred Gomolka in Mecklenburg-Vorpommern, Kurt Biedenkopf in Sachsen und Josef Duchac in Thüringen.

Doch zurück zur Nacht der Deutschen. Nach Richard von Weizsäckers Ausführungen wurde die Nationalhymne „Einigkeit und Recht und Freiheit" gespielt, die von Hunderttausenden von Menschen mitgesungen wurde. Der Jubel auf dem Platz zog sich noch Stunden hin. Wir saßen nach der Zeremonie noch im Arbeitszimmer von Kohl. Und er ging immer wieder, weil er gerufen wurde, ans Fenster. Er forderte mich zwar auf mitzugehen, doch ich war nur noch erschöpft. Ich fühlte mich wie ausgelaugt und war froh und dankbar die Aufgabe, die ich nach dem 18. März 1990 übernommen hatte, mit Anstand und Würde zu Ende gebracht zu haben.

Helmut Kohl war umgeben von seinen engsten Mitarbeitern, während ich nur meine damalige Ehefrau und meine jüngste Tochter Henriette in meiner Begleitung hatte. Auch Holzwarth war dabei. Dazu kam noch das Ehepaar Harald und Lore Mau. Harald Mau, ein Schulfreund aus Kindheitstagen, war damals Dekan der Charité geworden und hatte die Mammutaufgabe übernommen, die Charité wieder zu Weltruhm zu führen. Wolfgang Bergsdorf, ein enger Mitarbeiter von Helmut Kohl, fragte meine damals gerade 16-jährige Tochter Henriette, ob sie denn froh wäre, nunmehr im geeinten Deutschland zu leben und nicht mehr in der DDR. Kess erwiderte sie, dass sie das nicht wisse, da sie bisher noch keinen anderen Staat gehabt hätte.

Ich weiß nicht mehr, wann und wie ich nach Hause gekommen bin. Ich weiß jedoch, dass ich am nächsten Morgen bereits wieder früh aufstehen musste, denn es war ein großer Festakt in der Philharmonie in Berlin geplant. Von Bonn aus hatte es Bemühungen gegeben, mit mir diesen Festakt abzustimmen. Ich hatte zunächst erwidert, dass ich für die Gestaltung des Abends am 2. Oktober im Schauspielhaus verantwortlich sei, so dass der Festakt am 3. Oktober von Bonn aus gestaltet werden solle. Ich wäre dankbar, wenn ich jedoch auf die Auswahl der Musikstücke Einfluss nehmen könnte. Ich wurde gebeten, diese zu benennen, und war dann erstaunt, doch ganz andere Stücke zu hören. Aber meinem Wunsch, Kurt Sanderling als Dirigenten einzusetzen, wurde entsprochen.

Kurt Sanderling steht mit seiner Biografie exemplarisch für das schwierige 20. Jahrhundert der Deutschen. Er wurde 1912 in Ostpreußen in einer jüdischen Familie geboren, erhielt seine Ausbildung in Berlin, musste 1935 in die Sowjetunion emigrieren, war dort ab 1941 neben Jewgeni Mrawinski Chefdirigent der Leningrader Philharmoniker, eng befreundet mit Dimitri Schostakowitsch, dessen Werke er hervorragend dirigierte. 1960 kehrte er nach Ost-Berlin zurück, um das Berliner Sinfonieorchester zu übernehmen. 1961, nach dem Bau der Berliner Mauer, als viele der Musiker dieses Orchesters, die in West-Berlin wohnten, nicht mehr zu ihrem Arbeitsplatz zurückkehren konnten, übernahm er das halbe Hochschulorchester und machte in wenigen Jahren aus diesem quasi Studentenorchester ein Spitzenorchester. Nachdem er 1977 die Leitung dieses Orchester abgegeben hatte, machte er noch eine späte Weltkarriere.

Als ich am Morgen des 3. Oktober 1990 zur Berliner Philharmonie kam, kam Richard Schröder auf mich zu und sagte, er hätte mir ein Geschenk mitgebracht. Er überreichte mir eine Taschenflasche Cognac, bei der er das Etikett so geändert hatte, dass es meinen Namen trug. An dieser Flasche war mit schwarz-rot-goldenem Band eine Plakette befestigt, wie sie wohl Pioniere in der Schule erhalten konnten, worauf stand „Für vorbildliche Leistungen zu Ehren der DDR". Eine nettere Auszeichnung konnte ich mir an diesem Tag kaum vorstellen. Diese Plakette hängt seitdem zu Hause über meinem Schreibtisch. Während

Die von Richard Schröder „verliehene" Auszeichnung
für vorbildliche Leistungen zu Ehren der DDR

des Festaktes hielten Sabine Bergmann-Pohl, als amtierendes Staatsoberhaupt der DDR, und Richard von Weizsäcker, als Bundespräsident, eine Rede, in der beide die deutsche Einheit als glücklichen Endpunkt, aber zugleich als Beginn von etwas ganz Neuem darstellten.

Den gleichen Gedanken hatte ich in meiner letzten Fernsehansprache am 2. Oktober 1990 verfolgt, als ich sagte: „Die deutsche Einheit ist mit dem Beitritt nicht abgeschlossen. Sie ist und bleibt eine Gemeinschaftsaufgabe aller Deutschen. Sie ist nicht nur eine materielle Frage, sondern ein Frage des praktizierten Gemeinsinns. Die Einheit will nicht nur bezahlt, sondern auch mit dem Herzen gewollt sein."

Wie ich die Politik wieder los geworden bin

WOCHEN VOR DEM 3. Oktober 1990 hatte ich im kleineren Kreis geäußert, dass ich nach der Wiedervereinigung aus der Politik ausscheiden und wieder in meinen Beruf zurückgehen wolle. Ich wurde von den Mitgliedern der ostdeutschen CDU gedrängt, weiter in der Politik zu bleiben. Die Ostdeutschen bräuchten weiterhin eine Stimme, wurde gesagt, und dies könne nur ich sein. Diese und ähnlich schmeichelhafte Argumente stimmten mich um. Ich ließ mich überreden und vielleicht hatte ich insgeheim auch auf diesen Ruf gewartet. Doch heute, 20 Jahre danach, ist mir klar, dass die Entscheidung falsch war. Ich hätte bei meinem ersten Impuls bleiben und der Politik nach getaner historischer Arbeit den Rücken zukehren sollen.

Doch ich blieb und wurde auf dem Einigungsparteitag in Hamburg zum stellvertretenden Vorsitzenden der CDU Deutschlands gewählt. Unmittelbar nach der Wiedervereinigung war ich zum Bundesminister für Besondere Aufgaben ernannt worden. Insgesamt waren wir fünf Ostdeutsche, die in ein solches Ministeramt gehoben wurden. Neben mir waren dies Günther Krause, Sabine Bergmann-Pohl, von der CSU Hansjoachim Walter und für die Liberalen Rainer Ortleb. Besondere Aufgaben waren uns nicht zugeordnet und ich fühlte mich in der Rolle eigentlich nicht wohl. Es war schon eine drastische Veränderung vom Amt eines Ministerpräsidenten, der über eine Fülle von nationalen und internationalen Aufgaben und Kompetenzen verfügt, nun in die Rolle eines Bundesministers ohne Geschäftsbereich und ohne konkrete Aufgaben zu fallen.

Im Wesentlichen habe ich die Zeit genutzt, um mein bisheriges Amt abzuwickeln und Wahlkampf für die CDU Deutschlands mit Blick auf den 2. Dezember 1990 zu machen. Das Adenauer-Haus, das den Wahlkampf koordinierte, schickte mich mit besonderer Vorliebe in die westdeutschen Länder, wo ich für den Einigungsprozess und die damit verbundenen Probleme werben sollte. Dies tat ich sehr gerne.

Die Kabinettssitzungen unter Helmut Kohl liefen völlig anders ab, als wir es von den Kabinettssitzungen der letzten DDR-Regierung gewohnt waren. Dort hatten wir die Vorlagen einzeln aufgerufen, umfänglich besprochen, Änderungsvorschläge entgegen genommen, die dann redaktionell im Nachhinein eingearbeitet wurden. Jedenfalls fand ein gemeinsamer Meinungsbildungsprozess statt. In die Kabinettssitzung von Helmut Kohl kamen nur absolut fertige Vorlagen, die zwischen den Ministerien abgestimmt und von den Staatssekretären vorab geprüft waren. Der Aufruf der Kabinettsvorlagen war dann nur noch ihre Beschlussfassung. Nur gelegentlich gab es Aussprachen. Eine davon ist mir in besonderer Erinnerung, da sie den Handel mit der Sowjetunion betraf.

Günther Krause und ich waren der Meinung, dass die von Staatssekretär Dieter von Würzen aus dem Bundeswirtschaftsministerium erarbeitete Vorlage der besonderen Situation des Osthandels nicht gerecht würde. Dass der Handel mit der Sowjetunion nicht als Ware-Geld-Beziehung abgewickelt werden könnte, sondern dass lediglich Bartergeschäfte (Tauschgeschäfte) möglich seien. Dazu müssten bestimmte Instrumente entwickelt werden, um den Osthandel nicht vollständig abzuwürgen. Kohl setzte diesen Tagesordnungspunkt von der Tagesordnung ab und ordnete an, dass wir Ostminister mit von Würzen nachsitzen sollten. Der Staatssekretär war ein knallharter Marktwirtschaftler, der unsere Einwendungen mehr als sozialistische Eierschalen ansah, die wir noch hinter den Ohren hätten, und setzte durch, dass die Vorlage fast unverändert bei der nächsten Kabinettssitzung wieder eingebracht wurde. Das Ergebnis ist bekannt. Spätere Bemühungen der Treuhandanstalt mit einer eigens eingerichteten Osteuropa-

Abteilung, die Bartergeschäfte wieder in Gang zu bringen, sind ganz überwiegend gescheitert.

Im Bundestag, in den 144 von uns Volkskammer-Abgeordneten kooptiert worden waren, wurden wir freundlich empfangen, fanden aber so recht nicht unseren Platz. Die Ausschüsse hatten mehr als dreieinhalb Jahre miteinander gearbeitet, ihren eigenen Arbeitsstil gefunden und die Aufgaben waren klar verteilt. Ich war in den Rechtsausschuss übernommen worden und versuchte dort, zumindest bei den Gesetzesvorlagen, die den Osten Deutschlands tangierten, meine Sicht einzubringen.

Czerni und der lange Schatten der Stasi

Dann fand die erste gesamtdeutsche Wahl statt und die merkwürdige Übergangssituation sollte ein Ende haben. In diese Zwischen-Phase platzte eine „Spiegel"-Veröffentlichung. Eine Woche nach der ersten gesamtdeutschen Wahl, am 10. Dezember 1990, erschien in dem Nachrichtenmagazin ein Artikel, in dem behauptet wurde, ich sei unter dem Decknamen „Czerni" informeller Mitarbeiter (IM) der Staatssicherheit gewesen. Dem lag im Wesentlichen eine Karteikarte zugrunde, aus der sich ergeben sollte, dass besagter IM Czerni, wohnhaft am Treptower Park 52, seit 1981 als IM, ab 1984 gar als IMB (inoffizieller Mitarbeiter mit Feindberührung) für die Staatssicherheit tätig gewesen sei.

Ich bestritt dies entschieden, doch hielt ich es für richtig, die anlaufenden Koalitionsverhandlungen nicht mit dieser Problematik zu belasten und trat deshalb von meinem Posten als Bundesminister zurück. Zugleich erklärte ich, dass ich meine Parteiämter, also das Amt des stellvertretenden Bundesvorsitzenden und des Vorsitzenden des Landesverbandes Brandenburg, bis zum Zeitpunkt einer abschließenden Überprüfung ruhen lassen wollte. Ich bat den Bundesinnenminister, Wolfgang Schäuble, der die Fach- und Rechtsaufsicht über die Stasiunterlagenbehörde hatte, eine entsprechende Überprüfung einzuleiten.

Das Thema Staatssicherheit hatte uns in der Volkskammer schon unmittelbar nach der Wahl beschäftigt. Damals hatten wir folgendes Vorgehen vereinbart: Wer eine Verpflichtungserklärung unterschrieben hat, wer Geld oder geldwerte Vorteile entgegengenommen hat und wer erkennbar anderen Menschen geschadet hat, wird aufgefordert, sein Mandat niederzulegen. Die Überprüfung sollte so erfolgen, dass ein Mann der Kirche und eine Person des Vertrauens bzw. ein Anwalt, die der Volkskammer-Abgeordnete zu benennen hatte, die Überprüfung durchführen sollten. Auf dieser Grundlage habe ich beispielsweise Sabine Bergmann-Pohl mit überprüft, weil diese vor ihrer Wahl zur Volkskammerpräsidentin Klarheit haben wollte. Gleiches traf auf mich zu. Ich wollte, bevor ich zum Ministerpräsidenten gewählt würde, für Transparenz sorgen. Ich bat deshalb Bischof Gottfried Forck, mit dem mich ein langes Vertrauensverhältnis verband, und Gregor Gysi, für mich die Überprüfung vorzunehmen. Gottfried Forck war verhindert, teilte mir dies mit und sagte zugleich, dass er Manfred Stolpe gebeten habe, an seiner statt tätig zu werden. Diese Nachforschung blieb ohne Erfolg. Später ist behauptet worden, dass ich bewusst Stolpe und Gysi, die später unter ähnlichen Verdacht gerieten, ausgewählt hätte, mich zu überprüfen. Dies ist aus der Sicht von März/April 1990 barer Unsinn. Dies umso mehr, als ich zunächst nicht Stolpe, sondern Gottfried Forck gebeten hatte, meine Akte einzusehen.

Die Volkskammer hatte zudem einen Stasi-Untersuchungsausschuss eingesetzt, dem Joachim Gauck vorstand. Im Ergebnis der Tätigkeit dieses Ausschusses wurden in einer der letzten Volkskammersitzungen die Namen der belasteten Abgeordneten öffentlich gemacht. Ich gehörte nicht dazu. Joachim Gauck schreibt zwar in seinem Buch „Winter im Sommer – Frühling im Herbst", dass schon während meiner Amtszeit als Ministerpräsident Nachforschungen über mich erfolgt seien. Davon hatte ich allerdings keine Kenntnis. Ich finde es vielmehr, um es freundlich auszudrücken, „merkwürdig", wenn ein Ausschuss gegen seinen Regierungschef ermittelt, ohne diesen davon in Kenntnis zu setzen. Erst lange nach der Wiedervereinigung habe ich erfahren, dass ein Mitglied des Ausschusses, Ralf Geisthardt, der der CDU-Fraktion angehörte, Verbindung zu Alexander Schalck-Golodkowski aufgenommen hatte, um ihn zu meiner Person zu befragen. Schalck-Golodkowski konnte ihm wohl die erhoffte Antwort nicht geben. Ende Januar 1991 legte die Stasiunterlagenbehörde ihren Bericht bei Wolfgang Schäuble vor. Dieser hatte parallel dazu noch weitergehende Untersuchungen durchführen lassen. Es kam zu einem Dreier-Gespräch mit Wolfgang Schäuble, Joachim Gauck und mir. Gauck sagte dabei, dass er es als erwiesen ansähe, dass IM Czerni und ich identisch seien. Auf die Befragung von Wolfgang Schäuble, welche konkreten Handlungen man mir vorwerfen könne oder wolle, blieb Joachim Gauck die Antwort schuldig. Er erachtete es als ausreichend, die Identität zwischen IM Czerni und mir nachgewiesen zu haben. In seinem bereits erwähnten Buch schreibt Joachim Gauck: „Trotz belastender Indizien erklärte Wolfgang Schäuble de Maizière aber für entlastet, möglicherweise habe er nicht gewusst, dass er als IM geführt worden sei." Bezeichnend ist, dass Joachim Gauck nicht von Beweisen, sondern von Indizien redet. Er unterstellt Wolfgang Schäuble, dass er aus parteipolitischen Gründen mich entlastet habe.

Wesentlich vorsichtiger geht der Historiker Walter Süß in seinem 1999 im Christoph Links Verlag Berlin erschienenen Buch „Staatssicherheit am Ende" vor. Auf insgesamt neun Seiten setzt er sich mit jedem Aktenfund der Stasiunterlagenbehörde auseinander, der entweder mir oder dem IM Czerni zugeordnet werden kann und kommt im Ergebnis zu folgendem Schluss: „Wirkliche Klarheit ist bei dieser Aktenlage meines Erachtens nach nicht zu gewinnen. Die juristische Regel, in dubio pro reo, im Zweifel für den Angeklagten ist in einer historischen Arbeit nicht anzuwenden. Es geht um kein strafrechtliches Urteil; hohe Plausibilität muss als Kriterium häufig genügen. Aber selbst eine zwingend erscheinende Schlussfolgerung drängt sich in diesem Fall nicht auf."

Ich selbst habe, nachdem die Vorwürfe im Raum standen, immer wieder versucht, mich zu erinnern, wann und in welchem Zusammenhang ich mit Vertretern der Staatssicherheit Kontakt hatte. 1980, bald nach der Beerdigung meines Vaters, er starb am 9. Juni 1980, erschienen bei mir in meiner Treptower Privatwohnung zwei Herren, die sich als Mitarbeiter der Staatssicherheit ausgaben. An ihre Namen erinnere ich mich nicht mehr. Ich ging ohnehin davon aus, dass solche Herren ihre tatsächlichen bürgerlichen Namen nicht nennen würden, sondern irgendwelche Decknamen. Sie erklärten mir, dass sie festgestellt hätten, dass ich relativ häufig in kirchlichem Auftrag als Anwalt tätig sei und dass sie interessiert wären, über die Hintergründe informiert zu werden. Kurz: Sie fragten, ob ich für sie tätig werden wollte.

Dazu sei ich keinesfalls bereit, erklärte ich ihnen. Die anwaltliche Verschwiegenheit sei oberste Berufspflicht eines Rechtsanwaltes. Und diese bezöge sich nicht nur auf den konkreten Fall, sondern auch auf den Auftraggeber. Ich suchte nach Ausflüchten und führte aus, dass ich erst seit fünf Jahren Anwalt sei. Diesen Beruf hätte ich erst relativ spät, mit 35 Jahren, ergriffen, deswegen müsste ich mich bemühen, meine Position als Rechtsanwalt auszubauen. Von daher würde ich mich voll auf meine Arbeit als Anwalt konzentrieren. In den Fällen, in denen die Staatssicherheit ermittelte, könnte ich den notwendigen Kontakt zur Staatssicherheit über den jeweiligen Vernehmer herstellen. Über kirchliche Interna sei ich ohnehin nicht informiert, sagte ich. Ich hätte auch kein kirchenleitendes Amt und strebte ein solches auch nicht an.

Die beiden Herren meinten, ich solle mir dies noch einmal überlegen und sie würden noch einmal auf mich zukommen.

Ich erklärte ihnen ausdrücklich, dass ich weitere Besuche von ihnen in meiner Wohnung nicht wünschte, dass ich auch nicht bereit sei, sie in ihrer Dienststelle zu besuchen. Wenn sie noch etwas von mir wollten, könnten sie mich in meinem Büro nach vorheriger Anmeldung bei meiner Sekretärin aufsuchen.

Ich entsinne mich genau, dass dieses Gespräch 1980 war, weil ich mit meiner Mutter darüber gesprochen habe und sie mir eindringlich riet, bei erneutem Anwerbeversuch hart zu bleiben. Unsere Mutter ist dann ein Jahr später 1981 gestorben, und zwar am gleichen Tag wie im Vorjahr unser Vater. Aus der Tatsache, dass ich über diesen unerwünschten Besuch mit meiner Mutter gesprochen habe, schließe ich zwingend, dass es im Jahre 1980 gewesen sein muss. Deswegen ist mir völlig unverständlich, warum die Staatssicherheit mich ab 1981 als IM geführt haben will. Genauso unverständlich ist für mich eine Umregistrierung 1984 in IMB.

Es wird vermutet, dass dies mit meinen gelegentlichen Besuchen in der Ständigen Vertretung der Bundesrepublik Deutschland zu tun hatte. Diese habe ich jedoch erst 1985 erstmalig betreten. Die Ständige Vertretung führte regelmäßig zwei Empfänge im Jahr durch. Einen im Mai, am 23. Mai, anlässlich des Tages des Grundgesetzes und einen im Dezember, zu dem auch viele Künstler eingeladen wurden, deshalb gab es den Spitznamen „Pullover-Empfang". Ich war, wenn ich mich richtig entsinne, erstmalig beim Dezember-Empfang 1985 in der Ständigen Vertretung. Ich erinnere mich daran, dass ich bei diesem Anlass Martin Ziegler traf, der mir mitteilte, dass die Konferenz der Kirchenleitungen des Kirchenbundes beschlossen habe, mich in die Bundessynode zu berufen. Er würde schon den halben Tag hinter mir her telefonieren, um zu erfragen, ob ich diese Berufung annähme. Ich erklärte ihm gegenüber meine Annahme und er bat mich, ihm dies auch noch schriftlich mitzuteilen.

Da mich die Berufung überraschte, fragte ich ihn nach den Gründen. Er erläuterte mir, dass die Bundessynode aus 60 Synodalen bestünde, von denen 50 von den Landessynoden der acht ostdeutschen Landeskirchen gewählt würden. Zehn Personen würden von der Konferenz der Kirchenleitungen nach Sachgesichtspunkten berufen. Unter den gewählten Synodalen sei kein Jurist und da man den Rat eines fähigen Juristen brauche, sei man auf mich gekommen. Ich hatte meinen Ruf und meine Stellung als christlich engagierter Rechtsanwalt inzwischen soweit ausgebaut, dass ich glaubte, eine solche Berufung nicht ausschlagen zu können.

Über die Teilnahme bei Empfängen in der Ständigen Vertretung wurde die Staatssicherheit im Übrigen in anderer Weise informiert. Im Gesetz über die Kollegien der Rechtsanwälte hieß es, dass Kontakte der Kollegien mit dem Ausland der Genehmigung des Ministers bedürften. Darunter wurde auch der Besuch eines Empfangs in der Ständigen Vertretung verstanden, da die Bundesrepublik nach DDR-Verständnis Ausland war. Wenn wir solche Einladungen erhielten, mussten wir diese über das Kollegium dem Ministerium der Justiz melden. Meist erst nach vier Wochen erhielten wir vom Ministerium den Rücklauf, ob wir diesen Empfang besuchen dürften oder nicht. Die lange Dauer erklärt sich allein dadurch, dass sich das Ministerium der Justiz mit dem Ministerium für Staatssicherheit rückkoppelte. Ich weiß, dass mir diese lange Dauer zwischen Einladung und Zusage peinlich war, und ich habe später Hans-Otto Bräutigam, den Leiter der Ständigen Vertretung, über diesen komplizierten Weg informiert.

Die Genehmigung, so einen Empfang besuchen zu dürfen, stelle einen hohen Vertrauensbeweis dar, hat mir später der zuständige Hauptabteilungsleiter im Justizministerium gesagt. Offensichtlich reichte das Vertrauen aber nicht so weit, mir eine Reise zu einem 80. Geburtstag einer meiner Onkel zu genehmigen. Bei solchen Westreisen musste man vor Antragstellung bei der Polizei eine so genannte Unbedenklichkeitsbescheinigung des eigenen Betriebes vorweisen. Dafür war im Falle des Kollegiums der Rechtsanwälte nicht das Kollegium zuständig, sondern das Ministerium der Justiz. Als mir diese Reise abgelehnt wurde, habe ich mich beschwert, und mir wurde im Justizministerium mitgeteilt, dass ich zu viele Fälle von „besonderer Bedeutung" gehabt hätte und dass man befürchte, dass ich dieses Wissen an den Klassenfeind weitergeben könnte. Verfahren mit „besonderer Bedeutung" waren politische Verfahren, die das Ministerium für Staatssicherheit ermittelt hatte.

Seit Aufkommen der Behauptung, ich sei IM der Staatssicherheit gewesen, habe ich immer wieder betont, dass ich selbstverständlich Kontakte mit der Staatssicherheit hatte, und zwar im Zusammenhang mit den von mir durchgeführten Verfahren. So habe ich beispielsweise im Januar/Februar 1988 Regine und Wolfgang Templin vertreten, die im Zusammenhang mit den Karl-Liebknecht-und-Rosa-Luxemburg-Demonstration inhaftiert worden waren. In gleichem Zusammenhang waren Stephan Krawczyk und Freya Klier inhaftiert worden und noch andere mehr.

Jeden Abend gab es für die Inhaftierten in Berlin sogenannte Fürbittandachten in verschiedenen großen Kirchen der Stadt. Diese Veranstaltungen veränderten ihren Charakter im Laufe der Zeit. Zunehmend versuchten so genannte Antragsteller, also diejenigen, die einen Antrag auf Entlassung aus der Staatsbürgerschaft der DDR gestellt hatten, diese Fürbittandachten als öffentliches Forum für ihr Anliegen zu nutzen. Der Staat hatte ein erkennbares Interesse daran, dass diese Fürbittandachten aufhörten. Das setzte allerdings wiederum voraus, dass eine Lösung für die Inhaftierten gefunden werden musste. In den Verfahren, an denen auch ich beteiligt war, gelang es dann, eine Ausreise zu erreichen. Bärbel Bohley ging zu Paul Östreicher nach England, Vera Wollenberger ging nach Dänemark und Regine und Wolfgang Templin konnten nach Bethel ziehen.

Die notwendigen Verhandlungen dafür habe ich selbstverständlich mit der Staatssicherheit geführt, mit wem denn sonst.

Zwar war der Generalstaatsanwalt der DDR offiziell Herr des Verfahrens, doch dieser hatte letztlich nichts zu befinden, sondern die Staatssicherheit war die entscheidende Größe. Ich entsinne mich, dass ich eines Abends nach 20 Uhr in meinem Büro einen Anruf von der Staatssicherheit bekam, in dem sie mir mitteilten, dass meine Mandanten, die Templins, mich unbedingt sofort sprechen wollten. Ich erklärte, dass ich nicht kommen könnte, da mein Auto in der Werkstatt sei und ich auch noch im Büro zu tun hätte. Dies sei alles keine Schwierigkeit, man würde mich abholen und in die Haftanstalt fahren, um mit den Templins das Notwendige zu besprechen. Dort kamen wir dann überein, dass sie nach Bethel gehen sollten und ich erklärte mich bereit, die notwendigen sonstigen Formalitäten zu klären, insbesondere zu klären, wie es mit ihren Kindern weitergehen sollte.

Später haben einige Oppositionelle mir und anderen Anwälten vorgeworfen, wir hätten sie im Auftrage der Staatssicherheit außer Landes gedrängt und uns auf diese Weise zu Komplizen gemacht. Tatsache ist, dass zum Zeitpunkt dieser Verfahren das Ende der DDR noch nicht abzusehen war und dass wir davon ausgehen mussten, dass unsere Mandanten Freiheitsstrafen zwischen drei und fünf Jahren bekommen würden. Vor diesem Hintergrund entschlossen sie sich dann wohl, auch selbst zu gehen. Erst als die DDR dann ihr Ende nahm, wären sie lieber komplette Märtyrer gewesen. Nicht so verhielt sich Wolfgang Templin, den ich am 7. Dezember 1989 zur ersten Sitzung des Runden Tisches wiedersah und der mir später, nachdem er seine Stasi-Akte eingesehen hatte, bestätigte, dass er keinerlei Hinweise auf treuewidriges Verhalten meinerseits gefunden habe.

Immer wieder, wenn es in die politische Landschaft passt, wird behauptet, ich sei ein Anwalt im Auftrag der Staatssicherheit gewesen. Im Jahr 2000 schrieb der Journalist und Historiker Ralf Georg Reuth in der „Welt am Sonntag", ich sei indirekt verwickelt gewesen in das furchtbare Schicksal von Winfried Baumann, der zum Tode verurteilt wurde und dessen Urteil auch vollstreckt wurde. Das Ganze geschah unter der reißerischen Überschrift „Der unheimliche Jurist".

Baumann war bei der Staatssicherheit der DDR. Außerdem hatte er Kontakt zum BND aufgenommen. Er trug, wie man wohl sagt, auf beiden Schultern. Die Staatssicherheit kam dahinter und inhaftierte ihn. Er schrieb mir einen Brief, ob ich bereit sei, seine Verteidigung zu übernehmen. Ich antwortete wie üblich in solchen Fällen, dass ich dazu bereit sei, dass er die beiliegende Vollmacht unterzeichnen und zur Akte reichen solle und dass er mir mitteilen solle, wer möglicherweise der Kostenträger für meine Tätigkeit wäre. Des Weiteren teilte ich ihm mit, dass ich nach Erledigung dieser Formalitäten ihn in der Haftanstalt aufsuchen würde. 14 Tage später etwa bekam ich einen weiteren Brief von ihm, in dem er sich für meine Bereitschaft, ihn zu vertreten, bedankte. Gleichzeitig teilte er mir mit, dass er sich aber entschlossen habe, einen anderen Anwalt mit seiner Verteidigung zu beauftragen.

Dies ist mir im Laufe der Jahre immer wieder passiert, dass die Staatssicherheit offensichtlich potenzielle Mandanten von mir dahingehend belehrte, dass sie besser einen anderen Anwalt nähmen. Mal wurde behauptet, de Maizière wäre für solche Verfahren gar nicht zugelassen. Mal wurde behauptet, der de Maizière sei ohnehin kein besonders guter Anwalt oder er sei bei Gericht nicht besonders gelitten, so dass andere Anwälte dem Beschuldigten besser helfen könnten. Ich weiß, wer Baumann dann verteidigt hat, und ich weiß, dass dieser Kollege auf das Engste mit der Staatssicherheit verbandelt war. Erst nach der Wende habe ich erfahren, dass Baumann zum Tode verurteilt und das Urteil auch vollstreckt wurde. Noch heute bin ich froh, dass ich dieses Mandat nicht hatte, denn ich weiß nicht, wie ich mit einem Todesurteil innerlich fertig geworden wäre.

Walter Süß geht in dem erwähnten Buch „Staatssicherheit am Ende" allen nur denkbaren Spuren nach, die sich in der Stasiunterlagenbehörde befanden. Er geht insbesondere der Frage nach, wieso die Staatssicherheit über die Vorkommnisse im Präsidium der Bundessynode informiert war und setzt sich in diesem Zusammenhang mit einer Operativinformation auseinander, der Sitzungsprotokolle des Präsidiums der Bundessynode beigefügt seien. Lange habe ich gegrübelt, welche Erklärung dies haben könnte, und ich habe lange keine Erklärung gefunden.

Vor einigen Jahren gelangten Kopien von Unterlagen der Stasiunterlagenbehörde in meine Hände, aus denen sich ergab, dass ein in unserem Büro 1980 ausgebildeter Anwaltsassistent IM der Staatssicherheit war und dass er der Staatssicherheit einen Schlüssel zu unserem Büro gegeben hatte. In dieser Unterlage heißt es: „Der IM erschien pünktlich in der IMK und übergab zunächst den bereits telefonisch vorgemeldeten Schlüssel zur Eingangstür der Zweigstelle Mitte V des RA-Kollegiums Berlin, von dem sofort ein Zweitschlüssel gefertigt wurde, so dass dem IM noch während des Treffs der Originalschlüssel zurückgegeben werden konnte." Dieser Unterlage ist beigefügt eine Abbildung des Sicherheitsschlüssels und eine Erklärung: „Betr.: Zweigstelle Mitte V des RA-Kollegiums von Berlin, 104 Berlin, Friedrichstraße 114." Mitte V war die Zweigstelle des Berliner Anwaltskollegiums, in der ich zusammen mit zwei weiteren Kollegen tätig war. Der Sicherheitsschlüssel gehört genau zu dem Schloss, das ich selbst in die Tür zu unserer Zweigstelle eingebaut hatte.

Ich bewohnte seit 1968 bis zum Ende der DDR mit meiner zunächst vierköpfigen, später fünfköpfigen Familie eine Zweieinhalb-Zimmer-Wohnung am Treptower Park 31. Ich hatte in der Wohnung kein eigenes Arbeitszimmer, sondern lediglich einen kleinen Arbeitsplatz im Schlafzimmer und hatte deshalb eine größere Wohnung beantragt. Seit 1980 stand ich auf der so genannten Dringlichkeitsliste des Stadtbezirks Berlin-Treptow, was jedoch nicht dazu führte, dass ich eine größere Wohnung bekam. Diese räumliche Beengtheit führte dazu, dass ich alle meine beruflichen Unterlagen, aber auch die Unterlagen meiner kirchlichen und sonstigen ehrenamtlichen Tätigkeit in meinem Büro, also in der Zweigstelle Mitte V aufbewahrte. Dieses Büro war ganz offensichtlich durch die Untreuehandlung des Anwaltsassistenten zum Selbstbedienungsladen geworden.

Ich habe nicht die Absicht, allen diesbezüglich gegen mich erhobenen Verdächtigungen nachzugehen. Eins soll aber gesagt sein: Es wird immer behauptet, die Staatssicherheit hätte Decknamen mit den betreffenden IMs abgestimmt. Wäre dies in meinem Fall auch so gewesen, hätte ich wenigstens dafür gesorgt, dass der arme Pianist Carl Czerny (1791–1857), der nun seinen Namen für die Stasi hergeben sollte, richtig geschrieben worden wäre, nämlich mit „y" am Ende. In den Akten aber steht zumeist Czerni.

Nach der mich entlastenden Pressekonferenz, die Wolfgang Schäuble gegeben hatte, nahm ich meine Parteiämter wieder auf, begegnete aber weiterhin nicht unerheblichem Misstrauen. Immer stärker wurde in mir die Überzeugung, dass es ein Fehler gewesen war, nicht am 3. Oktober 1990 aufzuhören, sondern weiterhin in der Politik zu bleiben. Ich versuchte deshalb noch als Abgeordneter, meine anwaltliche Tätigkeit in Berlin wieder aufzunehmen und zu intensivieren. Ich hatte mir fest vorgenommen, keinesfalls auf Dauer von der Politik materiell abhängig zu sein. Dazu hatte ich im Wahlkampf zu viele Bonner Abgeordnetenkollegen erlebt, die bangten, ob ihr Listenplatz sicher oder ob sie ihr Direktmandat erringen bzw. verteidigen könnten.

Ich musste jedoch feststellen, dass volle Abgeordnetentätigkeit mit voller Anwaltstätigkeit nicht vereinbar ist. Hinzu kam, dass das Verhältnis zwischen Helmut Kohl und mir sich zunehmend schwieriger gestaltete, was – das räume ich gerne ein – nicht nur an ihm lag. Immer mehr merkte ich, dass es mir schwer fiel, ein gesamtdeutscher Politiker zu werden, wozu ich als stellvertretender Bundesvorsitzender der CDU Deutschlands verpflichtet gewesen wäre. Nein, nach wie vor empfand ich mich als Ostdeutschen und nur den ostdeutschen Problemen verpflichtet. Offensichtlich konnte ich die Rolle des Anwalts der Ostdeutschen nicht abstreifen. Erschwerend kam hinzu, dass innerhalb der CDU insgesamt, aber auch in den ostdeutschen Landesverbänden die Auseinandersetzung begann zwischen den sogenannten Erneuern und den alten Blockflöten.

Obgleich ich in der DDR-CDU nie ein Amt bekleidet hatte, sondern erst nach dem Fall der Mauer, an jenem denkwürdigen 10. November 1989, Verantwortung übernahm, wurde ich ob meiner langen Zugehörigkeit zu den Blockflöten gerechnet. Nach einigen innerparteilichen Querelen, über die ich nicht berichten will, entschloss ich mich im Herbst 1991 von allen Funktionen zurückzutreten. Und da ich mir nicht den Vorwurf machen lassen wollte, dass ich nur die Ehrenämter niederlegte, aber das gutbezahlte Bundestagsmandat behielte, habe ich auch dieses niedergelegt.

Ich habe diesen Schritt nie bereut. Im Gegenteil, dieser Schritt gab mir ein Gefühl von innerer Freiheit, die es mir seither immer wieder erlaubt, mich auch öffentlich in die Diskussion um die Zukunft unseres Gemeinwesens einzubringen.

Lob des Rechts

Mein Verständnis von Politik war nicht populär, weder bei den Medien noch in der politischen Klasse Westdeutschlands. Das merkte ich immer wieder. Im Frühsommer 1990 erreichte mich ein Rat des Staatsrechtlers und früheren Verteidigungsministers Rupert Scholz. Über die Medien ließ er mir mitteilen, dass er es für überflüssig hielte, dass wir in der DDR noch Verfassungsänderungen vornehmen. Die Verfassung der DDR sei durch die friedliche Revolution des Herbstes 1989 gegenstandslos geworden, sodass wir ohne Bindung an die Verfassung Gesetze jeder

Art beschließen könnten und dazu auch keine qualifizierte Mehrheit benötigten.

Ich halte diese Einschätzung nach wie vor für falsch und sogar gefährlich. Unsere gesamte Arbeit in den wenigen Monaten der demokratischen DDR baute auf der Respektierung des staatsorganisatorischen Teils der DDR-Verfassung von 1968 auf. Aber mehr noch, gerade in revolutionären Zeiten ist es wichtig, nicht alle Strukturen über Bord zu werfen. Es ist gerade das Wesen der friedlichen Revolution gewesen, nicht alles sofort zu zerstören. Ich bin der tiefen Überzeugung, dass ein Volk, wenn es seine Verfassung verliert, auch seine Verfasstheit verliert. Deswegen war ich für einen gewissen Respekt vor der DDR-Verfassung und deswegen war ich auch dagegen, das Grundgesetz, dem wir beitreten sollten, zugunsten eines langwierigen Verfassungsprozesses zur Disposition zu stellen. Bis heute trauern einige Bürgerrechtler und Intellektuelle dieser fehlenden Verfassungsdiskussion im Zuge der Deutschen Einheit nach. Für mich ist das unverständlich. Das Grundgesetz genoss ja gerade auch bei den Menschen im Osten eine hohe Wertschätzung. Denn im Sinne des Grundgesetzes waren wir schon Bürger desselben. Eine Vorstellung, die vielen in der DDR gut getan hat.

Eine meiner wichtigsten Bestrebungen in dieser Zeit war, keine rechtsfreien Räume zuzulassen. Ich habe im kleineren Kreis immer wieder betont, dass es darauf ankommt, dass es uns gelingt unsere Revolution in der girondistischen Phase zu halten und dafür zu sorgen, dass wir nicht in eine jakobinische Phase rutschen. Das Vermeiden von rechtsfreien Räumen konnte nur so geschehen, dass wir ein altes Gesetz aus der sozialistischen Zeit immer erst dann aufgehoben haben, wenn für den gleichen Regelungsgegenstand ein neues an demokratischen Wertvorstellungen orientiertes Gesetz geschaffen war.

Das Wesen der Demokratie ist, dass der Souverän die Macht kontrolliert und die Macht sich ihre Legitimation in Wahlen stets erneuern lässt. Wie richtig es war in den letzten Monaten der

DDR und auch im deutsch-deutschen Einigungsprozess, der ja andauert, rechtsfreie Räume zu vermeiden, kann jeder betrachten, der sich die Transformationsprozesse im postsowjetischen Raum etwa in Russland, Ukraine oder Weißrussland anschaut. Dass uns das dort in den 90er Jahren anzutreffende Chaos erspart blieb, ist Ergebnis unseres Bestrebens dem Recht seine Würde wiederzugeben.

Aus meiner Erfahrung in der DDR, war mir klar, wie eng Macht mit Recht verbunden sein muss. Am 18. März 1990 war uns Macht verliehen worden, Macht zur Gestaltung, doch diese Macht muss das Recht zum Bruder haben. Macht ohne Recht ist Diktatur. Sie ist die Herrschaft einer Minderheit über eine Mehrheit und sie ermangelt der Legitimation durch den Souverän. Daraus resultiert meine Liebe zum legislativen Detail, meine Freude am gesetzgeberischen Klein-Klein und meine bisweilen physische Abneigung gegen eine pathetische Große-Linien-Rhetorik, die doch nur einen Masterplan vorgaukelt, der letztlich immer in Paragrafen gegossen werden muss.

Dass Politik im Wesentlichen das Schaffen von Recht ist, das Ermöglichen und Ordnen der menschlichen Freiheit mit Hilfe des Gesetzes, das gerät mir heute zu oft aus dem Blick. Als ob sich Politik mit Umfragen und Talkshows machen lässt und mit einem Journalismus, der oft mehr auf Stimmungen schaut anstatt auf die Fakten. So hätten wir nicht die Revolution vollenden und die Einheit erreichen können.

In der Volkskammer

Register

337

269–270; 273–274; 278; 283;
285; 287; 319–320
Krause, Wolfram: S. 257–258
Krawczyk, Stephan: S. 327
Krenz, Egon: S. 36; 52; 87–88;
91; 98; 103–104; 244–245
Kretschel, Werner: S. 12; 15
Kroppenstedt, Franz: S. 289
Lafontaine, Oskar: S. 122; 134;
166; 268; 275; 310
Lehmann-Grube, Hinrich:
S. 257
Lehment, Conrad-Michel:
S. 265
Leutheusser-Schnarrenberger,
Sabine: S. 286
Löffler, Kurt: S. 38
Maaß, Hans Christian:
S. 77–79; 123; 125; 188–189
Martens, Wilfried: S. 213
Masur, Kurt: S. 311; 312
Matejka, Viktor: S. 239
Mau, Harald: S. 107; 315
Mau, Lore: S. 315
Maximytschew, Igor: S. 198
Mazowiecki, Tadeusz: S. 113;
234–235; 237
Meckel, Markus: S. 131; 133;
152–153; 201–204; 219; 232;
239–240; 276; 295
Merkel, Angela: S. 77; 128;
188–190; 203; 297
Meyer, Hans Joachim: S. 290
Mielke, Erich: S. 37
Miller, Israel: S. 216
Mitterand, François: S. 105–106
Mladenow, Petar: S. 238

Modrow, Hans: S. 24; 42;
75–76; 80; 85–88; 90–92;
96; 99–102; 104–111; 113;
120; 141; 148; 152; 170–171;
188; 247–248; 252
Mrawinski, Jewgeni: S. 316
Németh, Miklós: S. 35
Niggemeier, Adolf: S. 88
Obst, Sven Olaf: S. 172; 187;
255
Ortleb, Rainer: S. 153; 319
Östreicher, Paul: S. 327
Perlmann, Itzak: S. 216
Pohl, Gerhard: S. 155; 201;
276
Pollack, Peter: S. 264; 276
Poppe, Gerd: S. 15; 117
Portugalow, Nikolai: S. 298
Reichenbach, Klaus: S. 188;
270
Reider, Sybille: S. 276
Rize, Condolezza: S. 219
Rocard, Michel: S. 227
Rohwedder, Detlev Karsten:
S. 257; 259
Romberg, Walter: S. 111; 152;
164–166; 248; 257; 264;
274–276
Rühe, Volker: S. 74–75; 80; 82;
124–125; 311
Ryschkow, Nikolai Iwano-
witsch: S. 204; 209; 210; 250
Sanderling, Kurt: S. 316
Sauzay, Brigitte: S. 225
Schalck-Golodkowski, Alexan-
der: S. 98; 101–102; 323
Schäuble, Wolfgang: S. 76; 142;

Bildnachweise